Karl Härter
Strafrechts- und Kriminalitätsgeschichte der Frühen Neuzeit

methodica – Einführungen in die rechtshistorische Forschung

———

Herausgegeben vom Max-Planck-Institut
für europäische Rechtsgeschichte

Band 5

Karl Härter

Strafrechts- und Kriminalitäts- geschichte der Frühen Neuzeit

DE GRUYTER
OLDENBOURG

ISBN 978-3-11-037979-3
e-ISBN (EPUB) 978-3-11-037980-8
e-ISBN (PDF) 978-3-11-039667-6

Library of Congress Cataloging-in-Publication Data
A CIP catalog record for this book has been applied for at the Library of Congress.

Bibliografische Information der Deutschen Nationalbibliothek
Die Deutsche Nationalbibliothek verzeichnet diese Publikation in der Deutschen
Nationalbibliografie; detaillierte bibliografische Daten sind im Internet über
http://dnb.dnb.de abrufbar.

© 2018 Walter de Gruyter GmbH, Berlin/Boston
Umschlagabbildung: Caspar Krebs, Ein erschröckliche That eines Jungen Ehemans / welcher sein
eygen Weib / das er erst fünff wochen gehabt / Jämerlich ermordet hat / Auch wie er / den 21. Aprilis /
1589 seiner Mißhandlung halber / zu Newburg an der Thonaw gestraffet worden, Einblattdruck
Augsburg 1589 (Staats- und Stadtbibliothek Augsburg, S Einblattdrucke, Nr. 8).
Satz: jürgen ullrich typosatz, Nördlingen
Druck und Bindung: CPI books GmbH, Leck
♾ Gedruckt auf säurefreiem Papier
Printed in Germany

www.degruyter.com

Vorwort der Herausgeber

Einführungen in die Rechtsgeschichte und ihre Teilbereiche gibt es einige. Sie sind nicht selten mit Blick auf Vorlesungen verfasst und ihre Aufgabe ist, Ergebnisse der Forschung zusammenzufassen. Sie versuchen, ein Gesamtbild zu zeichnen und müssen dazu notwendigerweise auf Vertiefung verzichten. Nur selten können sie praktische Hinweise geben, über Hilfsmittel informieren oder Anleitungen zum Umgang mit konkreten Quellen bieten. Die Reihe »*methodica« Einführungen in die rechtshistorische Forschung* hat ein anderes Ziel. Sie richtet sich gerade an diejenigen, die auf der Grundlage des Forschungsstandes selbst als Studierende, als Lehrende oder als Forschende weiterarbeiten möchten. Sie versucht deswegen erst gar nicht, das Universum der Rechtsgeschichte vollständig abzubilden. Vielmehr werden Schlaglichter auf unterschiedlich dimensionierte Forschungsfelder geworfen. Einige Bände widmen sich langen Zeiträumen und historischen Großregionen, andere stellen spezifische Themen in den Mittelpunkt oder beschränken sich bewusst auf einen Moment in der Geschichte. Der Zuschnitt folgt der Logik der Forschungspraxis und die Bände sind verfasst von Wissenschaftlerinnen und Wissenschaftlern, die in dieser Praxis stehen. Gemeinsam ist allen Bänden das Ziel, in einen bestimmten Bereich einzuführen und grundlegende Informationen über Quellen, Hilfsmittel, Forschungstraditionen und wichtige Literatur zu geben. Diesem Ziel dient auch der einheitliche Aufbau: Auf die Einleitung und einen historiographischen Überblick folgen eine Einführung in Quellen und Hilfsmittel, in Methoden und wichtige Forschungsfragen sowie eine ausführliche Bibliographie.

Die Reihe antwortet damit auf ein nach unserem Eindruck steigendes Bedürfnis nach solchen praktischen Anleitungen, denn das Interesse an der Rechtsgeschichte ist in den letzten beiden Jahrzehnten enorm gestiegen. In der allgemeinen Geschichtswissenschaft ist die Bedeutung des Rechts als eines gesellschaftlichen Teilsystems und Sinnproduzenten wieder stärker anerkannt, Sozial- und Kulturwissenschaften sind zunehmend interessiert an unterschiedlichen Formen von Normativität, an Regelungskollektiven und den von diesen produzierten Regelungsregimen. Theologie, Philosophie, Religionswissenschaften und Anthropologie fragen nach der Geschichte normativer Systeme und ihrem Verhältnis zum (staatlichen) Recht. Auch in der Rechtswissenschaft selbst wird eine historische Perspektive als Erkenntnismittel genutzt. Weitab der klassischen Bezugsfelder rechtshistorischer Forschung etwa im Privatrecht integriert heute eine steigende Zahl der kreativsten Rechtswissenschaftlerinnen und Rechtswissenschaftler historische Perspektiven in ihre Analysen. Die grundlegenden Transformationen, denen sich unsere Gesellschaften und ihr Recht mit der Globalisierung und Digitalisierung ausgesetzt sehen, haben sicherlich zu dieser Entwicklung beigetragen. Die Rechtsgeschichte erfährt daher immer mehr Interesse aus unterschiedlichen Fachtraditionen und nicht zuletzt aus Regionen, mit

https://doi.org/10.1515/9783110379808-202

denen die deutsche Rechtsgeschichtswissenschaft bislang nur wenig Austausch hatte: Asien, die islamischen Welten, Nord- und Südamerika. Diese internationale und interdisziplinäre Aufmerksamkeit hat angesichts einer institutionell schwächeren Präsenz der Rechtsgeschichte an den juristischen Fakultäten im deutschsprachigen Raum aber auch dazu geführt, dass ein großer Bedarf an methodischen Einführungen zur Rechtsgeschichte besteht, der bislang nicht angemessen befriedigt wurde. Wichtige Forschungstraditionen gerade der deutschsprachigen Rechtsgeschichte bleiben häufig unberücksichtigt. In dieser Situation schien uns eine Reihe wie die hier begonnene besonders wichtig. Die Idee zu »methodica« ist im Max-Planck-Institut für europäische Rechtsgeschichte entstanden, viele Bände werden von Mitarbeiterinnen und Mitarbeitern des Instituts verfasst. Wir hoffen, dass sie dabei helfen, die faszinierenden Geschichten des Rechts besser zu verstehen und fortzuschreiben.

Thomas Duve – Caspar Ehlers – Christoph H.F. Meyer
April 2016
Frankfurt am Main

Vorwort

Kriminalität, Strafrecht und Strafjustiz haben sich in den letzten Jahrzehnten als wichtige Felder der internationalen historischen Forschung etabliert. Die in der Jurisprudenz verankerte Strafrechtsgeschichte und die sich als historische Subdisziplin formierende jüngere historische Kriminalitätsforschung haben vom Mittelalter bis zur Moderne und inzwischen auch über Europa hinausgreifend reichhaltige Forschungsergebnisse erbracht. Diese beschränken sich keineswegs auf die Rechtsgeschichte im engeren Sinn, sondern beinhalten weiterführende Erkenntnisse für die Sozial- und Gesellschaftsgeschichte, die politische und Verfassungsgeschichte und neuerdings auch für die Medien- und Kulturgeschichte. Historische Forschungen zu Kriminalität, Strafrecht und Strafjustiz eröffnen damit neue Zugänge zu vergangenen Rechtssystemen, Gesellschaften, Konflikten sowie Formen ihrer Bearbeitung und tragen zu einer interdisziplinären Erweiterung der Methoden, Konzepte und Theorien der allgemeinen wie der Rechtsgeschichte bei. Denn ein breites methodisches Spektrum ist unerlässlich, um die große Vielfalt unterschiedlicher Quellen – strafrechtliche Normen, Texte der Strafrechtswissenschaft, Gerichts- und Kriminalakten, Verhörprotokolle und Urteile, populäre Druckerzeugnisse und Medien – zu untersuchen, die vergangene Gesellschaften und Rechtssysteme im Umgang mit Kriminalität produziert und hinterlassen haben.

Hiervon ausgehend, will der vorliegende Band wesentliche Quellen und Methoden sowie die damit verbundenen Themenfelder, Konzepte, Deutungen und Kontroversen der neueren Strafrechts- und Kriminalitätsgeschichte vorstellen. Dabei wird eine integrative Perspektive angestrebt, die zwar die unterschiedlichen disziplinären Methoden und Forschungskonzepte deutlich macht, aber auch die Elemente herausarbeitet, die Strafrechtsgeschichte und historische Kriminalitätsforschung verbinden und die jeweiligen Forschungen befruchten können.

Es versteht sich, dass die mehr oder weniger gleichwertige Berücksichtigung zweier unterschiedlicher Disziplinen angesichts der Fülle von Quellen, Methoden und Themen eine deutliche Begrenzung nötig macht. Diese betrifft zunächst Raum und Epoche: Dem frühneuzeitlichen Heiligen Römischen Reich deutscher Nation kommt ein exemplarischer Charakter für die Strafrechtsgeschichte wie die historische Kriminalitätsforschung zu. In der weit verstandenen Frühen Neuzeit, die den Übergang vom späten Mittelalter und die „Sattelzeit" ab 1750 mit erfasst, formten sich prägende und langfristig wirkende Strukturen von Strafrecht, Strafjustiz und auch Kriminalität aus. Das Heilige Römische Reich deutscher Nation umfasste nicht nur den deutschen Sprachraum, sondern Gebiete von zahlreichen heutigen Mitgliedstaaten der Europäischen Union, und es wies durch das gemeine Recht und die Justizpraxis eine universale europäische Dimension auf.

https://doi.org/10.1515/9783110379808-203

Über die räumliche und zeitliche Begrenzung hinaus erwies sich auch bezüglich der Forschungsfelder eine exemplarische Schwerpunktsetzung als notwendig: Gang und Stand der Forschung werden vorwiegend anhand der neueren Literatur – teilweise nur exemplarisch – rekonstruiert; ältere Untersuchungen und spezielle Forschungsliteratur können durch die zitierten Forschungsberichte und Einführungen erschlossen werden. Die Darstellung der Probleme und Perspektiven der Forschung konzentriert sich ebenfalls auf wesentliche, auch in der internationalen Forschung diskutierte Themen, wie das Verhältnis von strafrechtlichen Normen und Justizpraxis, Gewalt und Kriminalität, soziale Randgruppen und Eigentumskriminalität sowie die Funktionen der Strafjustiz zwischen Kriminalitätsbekämpfung, sozialer Kontrolle, Konfliktregulierung und Justiznutzung. Aktuelle Forschungsperspektiven können ebenfalls nur exemplarisch anhand kultur- und mediengeschichtlicher Themen sowie für politische Kriminalität und Transnationalität umrissen werden.

Das Buch beruht auf einer langjährigen Forschungs- und Lehrpraxis als Forschungsgruppenleiter des Max-Planck-Instituts für europäische Rechtsgeschichte und als Lehrender an den Universitäten von Darmstadt und Köln sowie der International Max Planck Research School on Retaliation, Mediation and Punishment (REMEP). Den Studierenden, Doktoranden und Kollegen, die ich über lange Jahre mit Kriminalität und Strafe traktiert habe, sei deshalb ausdrücklich für die gute Zusammenarbeit und die vielen Anregungen gedankt, ohne die dieses Buch nicht möglich gewesen wäre.

Inhalt

Teil 1: **Einführung**

1 Überblick zur Forschungsgeschichte

Die Geschichte von Kriminalität, Strafrecht und Strafjustiz wird sowohl von der Rechts- als auch der Geschichtswissenschaft erforscht, die trotz einer allgemeinen Annäherung thematisch und methodisch unterschiedliche Schwerpunkte setzen und in den letzten Jahrzehnten unterschiedliche Forschungsergebnisse erbracht haben. Das erste, einführende Kapitel gibt daher zunächst einen getrennten Überblick über die Forschungsgeschichte von Strafrechtsgeschichte und historischer Kriminalitätsforschung und stellt wesentliche Themenfelder, Methoden und Ergebnisse beider Disziplinen auch im Hinblick auf interdisziplinäre Überschneidungen knapp vor. Das folgende zweite Kapitel fasst die für beide Forschungsrichtungen grundlegenden Begriffe und Konzepte von Kriminalität, Strafrecht und Strafjustiz zusammen, insbesondere im Hinblick auf einen historischen Kriminalitäts- und Rechtsbegriff und die Konzeptualisierung des Systems der Strafjustiz mit seinen unterschiedlichen Akteuren, Institutionen, Verfahren und Praktiken. Die Berücksichtigung von zwei produktiven Forschungsrichtungen macht eine räumliche und zeitliche Beschränkung auf das frühneuzeitliche Heilige Römische Reich deutscher Nation nötig. Diese wird im dritten Kapitel begründet und im Hinblick auf die sich überlappenden, interdependenten Räume und Ebenen von Strafrecht und Strafjustiz als eine wesentliche methodische Voraussetzung der Forschung diskutiert. Ausgehend von dem Problem der Periodisierung der Frühen Neuzeit als einer mehr oder weniger eigenständigen Epoche der Strafrechts- und Kriminalitätsgeschichte wird abschließend eine gedrängte Darstellung der Geschichte von Kriminalität, Strafrecht und Strafjustiz gegeben, die auf die Perioden beschleunigten Wandels zwischen spätem Mittelalter, Frühneuzeit und Moderne fokussiert und grundlegende Entwicklungslinien skizziert.

1.1 Strafrechtsgeschichte

Die bereits im 19. Jahrhundert einsetzende juristische Strafrechtsgeschichte behandelt überwiegend die Entwicklung strafrechtlicher Normen und des gelehrten Rechts unter Einbeziehung theoretischer und dogmatischer Themenstellungen. Einen Schwerpunkt bilden

https://doi.org/10.1515/9783110379808-001

auch die Strafgerichtsbarkeit und ihre Institutionen sowie das Strafverfahren, insbesondere der Inquisitionsprozess mit zentralen Verfahrenselementen wie Folter und Geständnis. Strafgerichtsbarkeit und Strafverfahren werden meist aus normativen Quellen und dem gelehrten Recht rekonstruiert, während die Praxis der Strafjustiz oder die Kriminalitätsentwicklung kaum aufgrund von Gerichts- und Kriminalakten untersucht werden. Neben wenigen Überblicksdarstellungen entstanden zahlreiche Studien zur normativ-dogmatischen Entwicklung der Strafgesetzgebung, einzelner Delikte und des Strafverfahrens sowie Biographien und Werkanalysen einflussreicher Juristen und ihrer Lehren im rechtswissenschaftlichen Kontext (Hausmann 2002; Kesper-Biermann 2010). Obwohl das gelehrte Recht und seine Autoren einen Schwerpunkt bilden, fehlt eine moderne Wissenschaftsgeschichte des Strafrechts, die Rechtswissenschaft, Autoren/Gelehrte, Universitäten/Ausbildung und dogmatische Themen verknüpft und beispielsweise methodisch als juristischen Diskurs rekonstruiert und in die zeitgenössischen gesellschaftlichen und politischen Entwicklungen einbettet. Insbesondere in den stärker dogmatisch orientierten Darstellungen fungiert die Strafrechtsgeschichte noch häufig als vorgeschaltete „Einleitungshistorie" und empirische Beschreibung, um „mit dem gewonnenen Wissen eine historisch angeleitete Bewertung des geltenden Rechts vornehmen" zu können (Vormbaum 2009, 1).

Überblicksdarstellungen

Die erstmals 1947 und zuletzt 1995 in mehreren Auflagen bzw. Nachdrucken erschienene Einführung von Eberhard Schmidt ist aufgrund ihrer Materialfülle und der Einbeziehung des Strafverfahrens bzw. der „Strafrechtspflege" noch immer kaum verzichtbar (Schmidt 1965). In ihrer Fixierung auf Dogmatik und Staat und in ihren Deutungen ist sie allerdings überholt; zudem spielt die Praxis der Strafjustiz gegenüber Normen, gelehrtem Recht und Verfahren eine untergeordnete Rolle und wird lediglich aus normativen Quellen rekonstruiert. Auch die Behandlung von „Kriminalität" und „Verbrechen" – in Anlehnung an den bereits 1931 konzipierten Versuch einer historischen Kriminologie von Radbruch und Gwinner (1951) – folgt teils fragwürdigen sozial-ätiologischen Interpretationsmustern, die die moderne Kriminologie hinter sich gelassen hat. Den aktuellsten, knappen Überblick über die historische Entwicklung vom fränkischen Mittelalter bis zur Zeitgeschichte bietet der inzwischen in sechster, überarbeiteter Auflage erscheinende *Grundriss der Strafrechtsgeschichte* (Rüping/Jerouschek

2011), der für die Frühe Neuzeit die Bereiche „forensische Praxis"
und „Kriminalität" einbezieht. Sie wird ergänzt durch das zweibän-
dige *Studien- und Quellenbuch zur Geschichte der deutschen Strafrechtspflege*, das ausführliche einleitende Kapitel enthält und ein
umfangreiches Quellen- und Literaturverzeichnis bietet (Sellert/
Rüping 1989, 191–273, 347–378), und eine ebenfalls in mehreren
Auflagen vorliegende *Einführung in die moderne Strafrechtsgeschichte*, die mit der Aufklärung im 18. Jahrhundert einsetzt und
das 19. und 20. Jahrhundert behandelt (Vormbaum 2009). Ergänzend berücksichtigen einige aktuelle Forschungsberichte auch die
Strafrechtsgeschichte, wobei insbesondere die regelmäßigen Lite-
raturberichte in der *Zeitschrift für die gesamte Strafrechtswissenschaft* von Jerouschek und Rüping einen guten Überblick über
aktuelle Entwicklungen bieten und auch historische Kriminologie
und Kriminalitätsforschung einbeziehen (1994, 163–183; 1995, 171–
188; 1996, 166–180; 1998, 143–165; 2001, 369–389; 2006, 462–486).
Wer sich über die Entwicklung der internationalen Forschung und
interdisziplinäre Anknüpfungspunkte im Bereich des Strafrechts
informieren möchte, kann auf Handbücher wie das *Handbook of
Criminal Law* (Dubber/Hörnle 2014) oder die aktuelle Darstellung
von Knepper (2016, 5–29) zurückgreifen. Der Leser wird allerdings
mit dem Problem konfrontiert, dass diese überwiegend auf das
angloamerikanische Strafrechtssystem abstellen, das sowohl bezüglich der Rechtspraxis als auch im Hinblick auf die methodischen Probleme teilweise deutlich von der kontinentaleuropäi-
schen Entwicklung abweicht.

Der Schwerpunkt der deutschsprachigen Strafrechtsgeschichte
liegt auf der Entwicklung von materiellem und Verfahrensrecht
sowie der Strafrechtswissenschaft, die anhand wichtiger Texte bzw.
Autoren behandelt werden. Methodisch werden Wirkung und historische Entwicklung meist anhand der Beiträge der Autoren zur
Dogmatik (z. B. zu den allgemeinen Lehren) bewertet, die allerdings
stark aus moderner Perspektive konstruiert wird (Dorn 2002). Eine
historische Kontextualisierung erfolgt durch biographisch ausgerichtete Studien, die einzelne bedeutende Autoren wie Benedict
Carpzov, Hanns Ernst von Globig, Gallus Aloys Kleinschrod oder
Paul Johann Anselm von Feuerbach und deren Beiträge zum Strafrecht (Lehren, Lehrbücher, Kodifikationsentwürfe) behandeln. Allerdings liegt auch diesbezüglich der Schwerpunkt auf der Auf-
klärungsepoche und der Entstehung des modernen Strafrechts

*Themen und
Schwerpunkte*

(Jerouschek/Schild/Gropp 2000; Schmidt 1990; Koch/Kubiciel/Löhnig/Pawlik 2014). Ein von der Strafrechtsgeschichte bis in die jüngste Zeit in monografischen Studien immer wieder aufgegriffenes Thema bilden der Strafprozess sowie einzelne Verfahrenselemente wie Verhör, Folter, Geständnis und Verteidigung. Trotz detailreicher Rekonstruktionen und neuer Erkenntnisse, die die älteren Forschungskontroversen über den römisch-rechtlichen oder germanischen Ursprung des Inquisitionsprozesses hinter sich lassen, überwiegt diesbezüglich noch immer eine normative Herangehensweise, die auf der Basis der gemeinrechtlichen Literatur ein eher idealtypisches Bild des Verfahrens zeichnet und die Praxis kaum als konstitutiv für die rechtliche Ausformung einbezieht (Schmoeckel 2000; Ignor 2002; Schumann 2016). Dies gilt auch für die wenigen Untersuchungen zu Straftaten und Strafen im gelehrten Recht, die z. B. Tötung und Diebstahl aus der Perspektive des zeitgenössischen juristischen Diskurses unter dogmatischen Fragestellungen behandeln (Schnyder 2010).

Strafrechtspflege und historische Kriminologie

Nur einzelne Studien untersuchen ausführlicher forensische Praxis, Strafjustiz und Strafrechtspflege. So entstanden anknüpfend an die Pionierstudie von Ernst Boehm zu den Quellen des Leipziger Schöppenstuhls neuere Arbeiten, welche die konkrete Spruch- und Gutachtertätigkeit von Juristenfakultäten im Strafverfahren behandeln (Boehm 1940–42; Hahn 1989; Lück 1998; Kischkel 2016). Weitere Fallstudien haben die Strafrechtspflege einzelner Territorialstaaten unter Einbeziehung der Gerichts- und Strafvollzugspraxis umfassender anhand von Justiz- und Verwaltungsquellen untersucht (Krause 1991; Heydenreuter 2003). Nach ersten Ansätzen von Radbruch und Gwinner (1951), die eine eher impressionistische „täterzentrierte" Geschichte des Verbrechens begründeten, entstanden im Kontext der Strafrechtsgeschichte auch empirische Fallstudien zur historischen Kriminologie, die historische Strukturen und Entwicklungen von Kriminalität mit modernen kriminalsoziologischen Konzepten und quantitativen Methoden erforschen und Kriminalitätsraten, Deliktverteilung und Sozialprofile der Delinquenten mit Bezug zu gesellschaftlichen und ökonomischen Faktoren analysieren. Einige Arbeiten beziehen die Praxis der Strafjustiz sowie Kriminalitätsbekämpfung und Kriminalitätspolitik mit ein (Roth 1997; Becker 2001; Moses 2006). Justizakten oder einzelne Fälle werden allerdings kaum herangezogen und der Schwerpunkt der Untersuchungen liegt auf dem 19. und 20. Jahrhundert, da die Quellenbasis meist aus zeitgenössischen, z. T. bereits statistisch erhobenen Daten besteht. Eine direkte Ausweitung der historischen Kriminologie in die vorstatistische Epoche der Frühen Neuzeit ist daher methodisch problematisch; sie bietet aber dennoch wichtige Ansatzpunkte für die historische Kriminalitätsforschung, um Fragen der „Kriminalstatistik" oder der „Deliktkategorien" kritisch zu reflektieren und neue Perspektiven für die traditionelle Strafrechtsgeschichte zu gewinnen (Romer 1992; Thome 1992).

Der auch für die Binnenperspektive des Rechts wesentliche Bereich der Kriminalitätsverfolgung, Gerichts- und Strafpraxis wird folglich zwar gelegentlich empirisch einbezogen, bleibt aber insgesamt in der Strafrechtsgeschichte methodisch von eher sekundärer Bedeutung hinsichtlich der Untersuchung und Deutung historischer Strukturen und Entwicklungen. Damit besteht die Gefahr, einer retrospektiven „historische[n] Betrachtung des deutschen Strafrechts von der Carolina bis zum Reichsstrafgesetzbuch" (Geus 2002), die sich bezüglich Forschungsgegenstand und Methoden im engeren dogmatisch-normativen Rahmen der eigenen Disziplin bewegt. Ein für die historische Analyse des komplexen Verhältnisses von Normen, Diskursen und Praxis des Strafrechts und des Umgangs mit Kriminalität überzeugendes methodisches Gesamtkonzept, das Konzepte und Methoden der Geschichtswissenschaft wie der Sozialwissenschaften gleichwertig und konstitutiv einbezieht, wurde kaum entwickelt. Die diesbezüglichen Ansätze dokumentieren einige Sammelbände, in denen Rechtshistoriker, Historiker und Literaturwissenschaftler unter sozialen, rechtlichen, philosophischen und literarischen Aspekten und im Hinblick auf Konzepte und Methoden interdisziplinäre Perspektiven auf Kriminalität und abweichendes Verhalten zwischen ausgehendem Mittelalter und neuzeitlicher Kriminalitätsgeschichte entwickeln (Berding/Klippel/Lottes 1999; Kesper-Biermann/Klippel 2007; Habermas/Schwerhoff 2009).

Die neuere strafrechtsgeschichtliche Forschung hat dann auch Impulse aus der historischen Kriminalitätsforschung und der Rechtsgeschichte aufgenommen und sich stärker den Strukturen, Institutionen, Verfahren und Strafen der vormodernen Strafgerichtsbarkeit zugewandt. Waren ältere Darstellungen weitgehend auf normative Quellen wie z. B. Gerichts- und Verfahrensordnungen und das gelehrte Recht gestützt, so werden jetzt auch zeitgenössische praktische Literatur sowie Kriminal- bzw. Gerichtsakten einbezo-

Methodische Probleme

Entstehung des öffentlichen Strafens

gen, um Strukturen und Praxis der frühneuzeitlichen Strafgerichtsbarkeit zu rekonstruieren. Realisiert wurde dies insbesondere in dem
interdisziplinären Forschungsprojekt zur Entstehung des öffentlichen Strafens (oder Strafanspruchs) zwischen Mittelalter und Früher Neuzeit, das die Entwicklung von strafrechtlichen Normen,
Strafrechtswissenschaft, Verfahren (Inquisitionsprozess), Gerichtsbarkeiten (Ausschaltung intermediärer Gewalten und Verstaatlichung) und Strafen bearbeitet hat, die zur Formierung eines „öffentlichen" bzw. „staatlichen" Systems der Strafjustiz in der Frühen
Neuzeit führten (Willoweit 2009). Durch eine konsequente histori-
sierende Einbeziehung gesellschaftlicher Wandlungsprozesse, der
Veränderungen der Denkweisen (Rechtsdenken und Strafrechtsleh-
re) und der Rechtspraxis wurden die genannten langfristigen Trans-
formationsprozesse untersucht und ältere, meist dogmengeschicht-
lich argumentierende Erklärungsmodelle (Reaktion auf steigende
Kriminalität „schädlicher Leute", Ausdehnung der Blutgerichtsbarkeit, Wiederentdeckung „germanischer Traditionen") in Frage gestellt. Mehrere Sammelbände geben in europäisch vergleichender
und interdisziplinärer Perspektive einen guten Überblick über die
allgemeine Entwicklung des Strafrechts zwischen spätem Mittelalter
und Früher Neuzeit, fassen den Forschungsstand zusammen und
eignen sich auch als Einführung in neuere Ansätze und Methoden
der rechtshistorisch ausgerichteten Strafrechtsgeschichte (Willoweit 1999; Schlosser/Willoweit 1999; Schlosser/Sprandel/Willoweit
2002; Lüderssen 2002). Deren Anwendung dokumentieren zahlreiche Fallstudien, welche die Strafgerichtsbarkeit im ländlichen Raum
und in einzelnen Städten untersuchen und die Strukturen und Funktionen gerichtlicher Institutionen für niedere städtische und ländliche und die Centgerichtsbarkeit aufhellen (Schorer 2001; Birr 2002a;
Hägermann 2002; Schultheiß 2007). Erforscht wurden weiterhin
Veränderungsprozesse im Strafverfahren wie die Ablösung des Ak-
kusations- durch den Inquisitionsprozess, das Verbot der Appellation in Strafsachen und die Herausbildung der Strafklage (Szidzek
2002; Guthke 2009), der Wandel der Urfehde zum Strafmittel und
quasi polizeilichen Verwaltungsakt (Blauert 2000), die Einflüsse des
mittelalterlichen Kirchenrechts (Kéry 2006) sowie Schuldzurechnung, Strafzwecke und Strafbegriff im gelehrten Recht bzw. juristischen Diskurs (Stübinger 2000; Maihold 2015). Allerdings beziehen
nur einige Fallstudien zu den Städten Nürnberg, Konstanz oder
Strasburg „Devianz und Kriminalität" als gleichwertigen For-

schungsgegenstand mit ein, die dann meist auch der historischen Kriminalitätsforschung zuzuordnen sind (Martin 1996; Schuster 2000; Franke 2013). Die breite Erforschung der Entstehung des öffentlichen Strafens belegt insgesamt die Durchsetzung des öffentlichen Strafanspruchs: Der frühneuzeitliche (Territorial-)Staat übernahm *ex officio* die Verfolgung von Kriminalität, wobei sich als Funktionen sowohl Repression bzw. Vergeltung als auch die Bewältigung sozialer Konflikte ausmachen lassen.

    Diese Impulse haben neuere Forschungen der Strafrechtsgeschichte zumindest teilweise aufgenommen, die sich mit dem Strafgedanken in seiner historischen Entwicklung (Hilgendorf/Weitzel 2007), Strafzweck und Strafform (Schulze/Vormbaum/Schmidt/Willenberg 2008) oder der Abschaffung der Folter (Altenhain/Willenberg 2011) meist in Form von Sammelbänden beschäftigen. Neuere Ansätze und Perspektiven haben sich in den letzten Jahren auch in einem fruchtbaren, methodische Probleme thematisierenden Austausch mit der allgemeinen Rechtsgeschichte entwickelt, die sich stärker den Themen Devianz, strafrechtliche Normen und Justizpraxis zugewandt hat. Die Interdependenzen der Strafrechtsgeschichte und der Geschichte des öffentlichen Rechts haben insbesondere die Forschungen zur frühneuzeitlichen „guten Policey" herausgearbeitet, die als Leitkategorie eines „wohlgeordneten" Gemeinwesens, Feld administrativen Handelns und durch die entsprechende Normgebung (Policeyordnungen bzw. Ordnungsgesetze) die Entwicklung von Strafrecht, Strafjustiz und auch Kriminalität in der Frühen Neuzeit beeinflusste. Die Policeyforschung hat im Hinblick auf den Rechts- und Gesetzesbegriff, die Konzeptualisierung der devianten/strafbaren Handlungen, den Strafprozess (summarisches Policeystrafverfahren), die Strafen und die Strafzwecke (Utilitarismus, Sicherheit) Konzepte und Methoden weiterentwickelt, die auch die Strafrechtsgeschichte befruchtet haben bzw. befruchten können. So lassen sich Policeygesetze, die das Strafrecht ergänzten und weiterentwickelten, als Manifestation frühneuzeitlicher Multinormativität begreifen. Methodische Probleme bei der Erforschung und Interpretation von Funktion und Wirkung oder der Implementation bzw. Um- und Durchsetzung lassen sich auf das Strafrecht bzw. die Strafjustiz übertragen (Landwehr 2000; Härter 2005a, 2007, 2009b; siehe Kapitel 7). Im Folgenden wird daher die Policeyforschung bei der Darstellung der Quellen und Methoden konstitutiv mit einbezogen (siehe Kapitel 4.2).

[Randnotiz:] Öffentliches Recht und Policeyforschung

Obwohl die Strafrechtsgeschichte ein wichtiges Feld insbesondere der Geschichte des öffentlichen Rechts bildet, hat auch diese bislang noch keine moderne Wissenschaftsgeschichte der frühneuzeitlichen Strafrechtswissenschaft hervorgebracht (Stolleis 1988). Dies mag auch damit zusammenhängen, dass das Interesse der auf Strafrecht spezialisierten Juristen an der Strafrechtsgeschichte nach 1945 vergleichsweise abgenommen hat. Ob die jüngsten, thematisch eher spezifischen Ansätze insgesamt zu einer dauerhaften Revitalisierung der historischen Forschung im engeren Rahmen des Strafrechts führen, muss sich noch zeigen. Dazu wäre es notwendig, die letztlich noch immer dominierende Ausrichtung auf die normative Sphäre (Recht, Gesetze, gelehrtes Recht), die Dogmengeschichte und einzelne Juristen und deren Werke thematisch und methodisch deutlich zu erweitern im Hinblick auf eine integrative Geschichte von rechtlichen Normen, juridischen und populären Diskursen, Gerichts- und Strafpraxis und Kriminalität unter Einbeziehung der politischen und Gesellschaftsgeschichte (Klippel 2002, 139; Willoweit 2009). In dieser Perspektivierung bleibt die Strafrechtsgeschichte freilich für die Rechtsgeschichte wie die historische Kriminalitätsforschung unverzichtbar, um die jeweiligen normativ-diskursiven Vorstellungen und Konzepte von abweichendem bzw. kriminellem Verhalten und die Funktionsweisen von Strafjustiz untersuchen und deuten zu können.

1.2 Historische Kriminalitätsforschung

Die historische Kriminalitätsforschung hat sich seit den 1980er Jahren in der Geschichtswissenschaft als Forschungsfeld etabliert, das sich primär in der Sozial- und Gesellschaftsgeschichte und der historischen Kulturforschung verortet. Sie untersucht die Geschichte von Kriminalität und Strafjustiz auf der Basis von Kriminalakten und Gerichtsquellen, um Erkenntnisse über Devianz bzw. abweichendes Verhalten, soziale Kontrolle und die gesellschaftliche wie juridische Praxis des Umgangs mit abweichendem bzw. kriminellem Verhalten zu gewinnen (Schwerhoff 1999, 2011). Ausgehend von der Rechtspraxis wird Kriminalität im „Dreieck von Normen, abweichendem Verhalten und Sanktionen" analysiert, um über den engeren Bereich von Rechtnormen und Justizsystem hinaus sozial- und kulturgeschichtliche Fragestellungen zu bearbeiten und das gesellschaftliche Bedingungsgefüge von Kriminalität bzw. abweichendem Verhalten und die damit verbundenen Konflikte zu erforschen (Schwerhoff 1999, 13; Habermas/Schwerhoff 2009, 9–11). Einige Autoren zielen vorwiegend darauf ab, das „soziale und lebensweltliche Umfeld" von Devianz zu rekonstruieren und betrachten Kriminalitätsgeschichte mehr oder weniger nur als Zugang zu einer mikrohistorischen Alltagsgeschichte „von unten", um die „Vermittlung von Sozialgeschichte und Historischer Kulturforschung" voranzubringen (Eibach 1996, 709, 681). Die Perspektive auf Kultur und Konflikt und die Einbeziehung entsprechender Fragestellungen und Konzepte wird nach den frühen Studien van Dülmens (1990) jüngst insbesondere im internationalen Forschungszusammenhang wieder stärker betont und bietet insofern interdisziplinäre Verbindungslinien zu neueren Ansätzen der Rechtsgeschichte wie „Rechtskultur", „Konfliktregulierung" „Protest, Widerstand und Revolten" und „Expertendiskurse", die allerdings auch kritisch diskutiert werden (Häberlein 1999; Habermas/Schwerhoff 2009; Schennach 2014; Schuster 2016).

Insgesamt fungiert Kriminalitätsforschung damit als methodisch-theoretisches Schlüsselkonzept und „Laboratorium" der spätmittelalterlichen und frühneuzeitlichen (Rechts-)Geschichte, auch um Methoden und Konzepte wie Devianz/Kriminalität, soziale Kontrolle, Disziplinierung, Infrajustiz, Justiznutzung oder den Etikettierungsansatz weiterzuentwickeln, die aus der Sozial- und Gesellschaftsgeschichte, der Soziologie oder der Kriminologie übernommen wurden; zu Letzteren bietet sich z.B. die Einführung von Kunz (2008) an. Das Forschungsfeld mit seinen Konzepten und Methoden hat Schwerhoff (1999; 2011) in zwei grundlegenden Einführungen dargelegt, die im Wesentlichen das späte Mittelalter und die Frühe Neuzeit abdecken und bezüglich methodischer Fragen die Kriminal- und Gerichtsquellen in den Mittelpunkt stellen. Ergänzend kann die neuere Einführung von Knepper (2016) herangezogen werden, der aus der Perspektive der angloamerikanischen Forschung die Forschungsdiskussion systematisch darstellt, wobei die Frühe Neuzeit und der deutsche Sprachraum (sowohl als Thema wie bezüglich der Forschungsliteratur) allerdings kaum einbezogen werden. Einen breiteren Zugang zur Historiographie und zu fundamentalen Methoden der historischen Kriminalitätsforschung, die in eigenen Kapiteln behandelt werden, ermöglicht das *Handbook of the History of Crime and Criminal Justice* (Knepper/Johansen 2016). Unverzicht-

Einführungen Kriminalitätsforschung

bar für den europäischen und auch internationalen Forschungsstand ist die seit 1997 von der *International Association for the History
of Crime and Criminal Justice* herausgegebene, auch online zugängliche Zeitschrift *Crime, histoire & sociétés/Crime, History & Societies*,
die nicht nur aktuelle Artikel und Rezensionen bietet, sondern auch
grundlegenden methodischen Fragen Raum gibt.

Forschungs-
stand

Aus der deutschsprachigen Perspektive fassen zahlreiche Sam-
melrezensionen und Forschungsüberblicke die Entwicklung des
Forschungsstands und die thematische Ausdifferenzierung zusammen, die allerdings teils sehr verstreut in Zeitschriften erschienen
sind und eher selten die neueren Ergebnisse der Strafrechtsgeschichte einbeziehen (Eibach 1996, 2001; Härter 1996a, 2002; Habermas 2003; Krischer 2006; Reinke 2009; Jerouschek 2010). Sie
werden ergänzt durch einige ausführlichere Forschungsüberblicke
in Sammelwerken, die auf internationale Tagungen oder die Treffen
des Arbeitskreises „Historische Kriminalitätsforschung in der Vormoderne" (1991–2010) und das „Kolloquium zu Kriminalität und
Strafjustiz in der Neuzeit" (ab 2011) zurückgehen und insofern teilweise deren spezifischen Themen und Fragestellungen Rechnung
tragen (Blauert/Schwerhoff 1993; Bellabarba/Schwerhoff/Zorzi
2001; Griesebner/Scheutz/Weigl 2002; Petry 2002; Rudolph/Schna-
bel-Schüle 2003; Scheutz/Winkelbauer 2005; Habermas/Schwer-
hoff 2009; Schuster 2016; Schwerhoff 2017). Den breitesten, auch
europäisch und interdisziplinär ausgerichteten Überblick über die
Forschungslandschaft bietet ein von Blauert und Schwerhoff (2000)
herausgegebener Sammelband, in dem einzelne Beiträge auch Methoden und Konzepte wie Justiznutzung, Infrajustiz, Diskurs- und
Geschlechtergeschichte thematisieren. Die (Straf-)Rechtsgeschichte
hat die Fortschritte der historischen Kriminalitätsforschung ebenfalls zur Kenntnis genommen, aber im Hinblick auf rechtshistorische Desiderate wie die Vernachlässigung von Normen und Jurisprudenz teils auch kritisch kommentiert (Jerouschek/Rüping 1994,
1995, 1996, 1998, 2001, 2006; Klippel 2002, 135 f.; Jerouschek 2010).

Hexenfor-
schung, Räuber-
banden und
Straftheater

Wesentliche Impulse zur Etablierung der historischen Kriminalitätsforschung in der frühneuzeitlichen Geschichte gingen von der
Hexenforschung aus, in der sich Strafrechtsgeschichte und Kriminalitätsforschung bereits begegneten, die aber im Folgenden als
eigenständiges Forschungsgebiet ausgeklammert bleibt. Angeregt
durch die internationale Forschung kamen seit den 1970er Jahren
Fallstudien zu Diebs- und Räuberbanden im 18. und frühen 19. Jahr-

hundert hinzu, die diese als spezifisches soziales Phänomen der Eigentums- und Gewaltkriminalität von Randgruppen und Unterschichten analysierten (Küther 1976; Danker 1988; Gerstenmayer 2013). Eine Hinwendung zu Gerichtspraxis und Strafritualen im frühneuzeitlichen „Theater des Schreckens" unter Anwendung quantitativer Methoden zur Auswertung von Kriminalakten als einer seriellen Quellengattung erfolgte bereits mit den Forschungen van Dülmens (1988). Dieser Zugriff basiert allerdings auch auf älteren rechtsgeschichtlichen Studien, stellt auf schwere Kriminalität und das „blutige" Straftheater ab und ist insbesondere hinsichtlich der Auswertung heterogener quantitativer Daten methodisch teils unbedarft.

Die methodisch abgesicherte Auswertung von Kriminal- und Gerichtsakten mit quantitativen Methoden setzte mit der Arbeit Gerd Schwerhoffs zur Reichsstadt Köln ein, in deren Folge weitere empirische Fallstudien zu Kriminalität und Strafjustiz in einzelnen Städten entstanden. Der zeitliche Schwerpunkt liegt dabei auf dem 15. und 16. Jahrhundert und der höheren Strafgerichtsbarkeit, so dass insbesondere die „schwere Kriminalität" bzw. Delikte wie Zauberei/Hexerei, Abtreibung und Kindsmord, Raub und Diebstahl analysiert werden (Schwerhoff 1991; Schuster 2000). Neuere Studien zur städtischen Kriminalität und Strafjustiz im spätmittelalterlichen Nürnberg (Henselmeyer 2002) und in Görlitz (Behrisch 2005) haben die Rechtsprechungs- und Strafpraxis bei geringfügigeren Delikten einbezogen und damit stärker auf Konzepte wie Devianz und soziale Kontrolle rekurriert; für die Reichsstadt Frankfurt wurde der Untersuchungszeitraum erstmals ins 18. Jahrhundert ausgedehnt (Eibach 2003).

Fallstudien städtische Strafjustiz

Die Einbeziehung der niederen Straf- und Policeygerichtsbarkeit und damit eines breiteren Spektrums von Devianz und Kriminalität, die stärkere Berücksichtigung des Zeitraums zwischen Westfälischem Frieden (1648) und dem Ende des Reiches (1806) sowie die Ausdehnung auf ländliche Gerichte und frühneuzeitliche Territorialstaaten des Alten Reiches kennzeichnen zahlreiche neuere Fallstudien, die damit den Regionalstudien der angloamerikanischen und französischen Forschung folgen. Sie unterscheiden sich allerdings hinsichtlich der Quellenbestände (Gerichtsbücher, Strafprotokolle, Rechnungen, Gerichtsakten, juristische Gutachten) und in der Anwendung quantitativer und qualitativ-hermeneutischer Methoden, was zu teilweise differierenden Ergebnissen führt.

Fallstudien territoriale Strafjustiz

Der Schwerpunkt der Studien, die das Fürstentum Siegen, das Herzogtum Württemberg, österreichische Landgerichte, das Fürstbistum Osnabrück, Kurmainz und Kursachsen für längere Zeiträume von einhundert und mehr Jahren untersuchen, liegt auf der zentralen bzw. territorialstaatlichen Ebene und damit auf den Strafgerichten, die überwiegend „schwere" Kriminalität sanktionierten. Über die quantitative Auswertung der von diesen Gerichten produzierten Kriminalakten hinaus, beziehen sie in unterschiedlicher Intensität das Zusammenspiel mit der lokalen Ebene, die Supplikations- und Gnadenpraxis und einen weiteren Bereich von deviantem Verhalten mit ein, die mit qualitativ-hermeneutischen, teils auch mikrohistorischen Methoden und einer „dichten Beschreibung" exemplarischer Kriminal- und Konfliktfälle analysiert werden (Plaum 1990; Schnabel-Schüle 1997; Griesebner 2000; Scheutz 2001; Rudolph 2001; Härter 2005a; Ludwig 2008a). Begrenzungen zeigen sich insbesondere im Hinblick auf die Anzahl der Fälle, die für längere Zeiträume nur bedingt quantitativ-vergleichbare Ergebnisse zulassen, und die juridischen Entscheidungsprozesse, die eher selten im Kontext der strafrechtlich relevanten Normen und der jeweiligen lokalen und sozialen Umstände von Devianz ausreichend aufgehellt werden können. Erst jüngst hat sich auch die Landesgeschichte der Kriminalitätsgeschichte zugewandt und Ansätze diskutiert, um Kriminalität und Strafjustiz über räumlich auf einzelne Städte, Gerichte oder Territorien ausgerichtete Fallstudien auch in einer übergreifenden Perspektive unter Einbeziehung der lokalen Ebenen zu untersuchen (Wüst 2017).

Fallstudien Niedergerichte   Eine Konsequenz bestand in der Hinwendung zur mikrohistorischen Untersuchung einzelner lokaler, dörflich-ländlicher, kleinstädtischer oder patrimonialer Niedergerichte und deren Rechtsprechungspraxis bei geringfügigeren Delikten. Exemplarische Studien behandeln ein Lippisches Gogericht, das Landgericht Perchtoldsdorf, das steirisch-österreichischen Grenzgebiet, ein altmärkisches Patrimonialgericht, das Kurtrierer Amt Cochem oder eine Kleinstadt der Uckermark (Frank 1995; Griesebner 2000; Scheutz 2001; Thauer 2001; Brachtendorf 2003; Franke 2013). Im Ergebnis erlaubt dieser Ansatz zwar exemplarische Einblicke in Devianz und Strafpraxis insbesondere der ländlichen Gesellschaft, kann aber meist nur lokal und durch die jeweilige Zuständigkeit des Gerichts limitierte Ausschnitte aus der Praxis präsentieren. Strafverfahren und Entscheidungsprozesse und die darin erkennbaren Normen, Intentio-

nen und Strafzwecke der jeweiligen Gerichte, die Kriminalität zu-
schrieben und straften, werden nicht immer ausreichend aufgehellt.
Allerdings zeigen sich bezüglich der leichteren Delikte, Vergehen,
Verstöße und Frevel Verbindungslinien zur Policeyforschung, die
Kriminalisierung und Bestrafung „leichterer" und „mittlerer" Delikte im Bereich der frühneuzeitlichen „guten Policey" thematisiert.
In der Konsequenz wird durch die Verbindung von „Policey und
Strafjustiz" ein Anliegen der historischen Kriminalitätsforschung –
die Erweiterung des engeren Kriminalitätsbegriffs in den Bereich
des abweichenden Verhaltens – weiter vorangetrieben (Härter
2005a).

Neben den räumlich auf städtische, territoriale und niedere **Konflikt- und**
Gerichtsbarkeiten begrenzten Fallstudien entstanden zahlreiche Ar- **Deliktfelder**
beiten zu spezifischen Bereichen von Devianz und Kriminalität bzw.
einzelnen Konflikt- und Deliktfeldern, so insbesondere zu Eigentumskriminalität und sozialen Randgruppen bzw. Vaganten, Dieben und Räubern (Ammerer 2003; Fritz 2004; Ammerer/Fritz 2013),
zu sexueller Devianz und Sittlichkeit bzw. Unzucht, Ehebruch und
sexualisierter Gewalt (Breit 1991; Gleixner 1994; Burghartz 1999;
Hehenberger 2006; Loetz 2012), zu religiöser Devianz, Religionsdelikten und religiösen Minderheiten wie insbesondere den Juden
(Kästner/Schwerhoff 2013; Piltz/Schwerhoff 2015; Boes 2013; Kallenberg 2015) oder zur Gewaltkriminalität (Lacour 2000; Wittke
2002; Nolde 2003). Bezüglich der Quellen, Methoden und Konzepte
bedienen sich diese ebenfalls quantifizierender Methoden und serieller Kriminal- und Gerichtsakten, setzen den Schwerpunkt aber
meist auf die qualitativ-hermeneutische exemplarische Analyse einzelner Fälle, um Akteure und ihre „Lebenswelten" und Handlungs-
strategien, Konflikte, Zuschreibung und Umgang mit Devianz und
Kriminalität und die Mechanismen der Sanktionierung und Regulierung detaillierter herauszuarbeiten. Die damit einhergehende verstärkte gesellschafts- und sozialhistorische Ausrichtung schlägt
sich in einer Erweiterung der analytischen Kategorien und Methoden nieder, die überwiegend aus den Sozialwissenschaften und der
allgemeinen Geschichtswissenschaft stammen: Ehre, Geschlecht,
Alltagskultur, ethnische und kulturelle Diversität, Mentalitäten und
Stereotypen, Kommunikation und Medien, Verbrecherbilder, Justiznutzung, Aushandlungsprozesse, außergerichtliche Konfliktlösung
oder Infrajustiz lassen sich hier nur schlagwortartig benennen und
werden im Folgenden ausführlicher behandelt.

Gewalt und
Kultur-
geschichte

      Insbesondere die Geschichte der Gewalt zeigt exemplarisch die unterschiedlichen Methoden und Deutungshorizonte der Kriminalitätsgeschichte: Die quantitative Methoden verwendenden Arbeiten fokussieren auf die langfristige Abnahme der Tötungsdelikte seit der Frühen Neuzeit und den Wandel des staatlichen Strafens von den „blutigen" Körper- und Todesstrafen zu den disziplinierenden Arbeits- und Freiheitsstrafen. Gedeutet wird diese Entwicklung meist als Prozess der Zivilisierung (Norbert Elias) und Disziplinierung (Michel Foucault) des männlichen Gewaltverhaltens einhergehend bzw. ermöglicht durch die Etablierung des staatlichen Gewaltmonopols und eines Systems sozialer Kontrolle (Spierenburg 2013). Demgegenüber haben auf Detailstudien und qualitative Methoden setzende Arbeiten wie z. B. zur sexualisierten männlichen Gewalt gegen Frauen und Kinder primär die sozialen und kulturellen Kontexte von Gewaltkriminalität, die Motive, Nutzungsstrategien und Aushandlungsprozesse der Akteure sowie die Gerichtsverfahren und die verhängten Strafen untersucht (Nolde 2003; Loetz 2012). Sie verzichten auf theoretische Deutungskonzepte wie „Zivilisierung", „Disziplinierung" oder „Gewaltmonopol" und plädieren stattdessen für eine konsequente Historisierung von Gewalt und eine „lebendige", sich wandelnde Rechtskultur mit durchaus eigenen juridischen Strukturen, Diskursen und Logiken (Schwerhoff 2006c; Schwerhoff/ Reinke 2015). Die fruchtbare Verbindung moderner kulturgeschichtlicher Ansätze mit der Kriminalitätsforschung haben auch die jüngst wieder aufgenommen Forschungen zum Duell demonstriert, das als Gewaltverbrechen, soziale Praxis von Ehrkonflikten und kommunikativ-mediales Konstrukt gedeutet werden kann (Ludwig/Krug-Richter/Schwerhoff 2012). Andere rezente Forschungsfelder wie religiöse Devianz und Religionsdelikte, kulturelle und ethnische Diversität, politische Konflikte und Gewalt oder die Repräsentation von Kriminalität und Strafjustiz in populären Medien profitieren ebenfalls von einer kulturhistorischen Erweiterung, die auch zur weiteren interdisziplinären Vernetzung von historischer Kriminalitätsforschung und Strafrechtsgeschichte beitragen.

Strafen und
Strafzwecke

      Eine thematische und methodische Ausdifferenzierung lässt sich ebenfalls für das Themenfeld „Strafen" feststellen, das bereits die ältere, auf „blutige Leibes- und Lebensstrafen" abstellende Rechts- und Kulturgeschichte intensiv beschäftigte. Die Geschichte der Todesstrafe, ihrer Zwecke und Funktionen, ihres gesellschaftlichen wie institutionellen Umfelds, zu denen auch Scharfrichter und

Strafvollzugspraxis gehören, blieben ein Thema, das Strafrechts- und Kriminalitätsgeschichte weiterhin bearbeiteten (Nowosadtko 1994; Evans 1996; Martschukat 2000). Erstere fokussiert allerdings häufiger auf Kritik und Abschaffung und verortet die Todesstrafe gerne in allgemeinen Entwicklungstendenzen wie Reform und Humanisierung des Strafrechts seit der Aufklärung (Ammerer 2010). In dieser Epoche ansetzend, aber einem anderen Ansatz folgend, hat sich das Forschungsinteresse der Kriminalitätsforschung auch auf die Haftstrafen bzw. die Geschichte von Gefängnis und Zuchthaus gerichtet. Theoretischer Ausgangspunkt ist hier insbesondere die Arbeit Foucaults zur Genese des Zuchthauses als Disziplinareinrichtung der sich formierenden bürgerlichen Gesellschaft, was freilich kritisch hinterfragt wurde (Foucault 1976; Dinges 1996). Die Entstehung von Zuchthäusern und Gefängnissen bzw. Freiheits- und Arbeitsstrafen als wesentliche Strafformen frühneuzeitlicher Strafjustiz lassen sich im Alten Reich bereits seit dem 16. Jahrhundert nachweisen und die Strafzwecke erschöpften sich nicht nur in der Disziplinierung, sondern traditionelle soziale Wirkungen wie insbesondere die Entehrung bildeten ein konstitutives Element (Krause 1999; Ammerer/Bretschneider/Weiß 2003). Weitere Studien zu Haft- und Arbeitsstrafen, sozial ausgrenzenden Ehren- und Schandstrafen oder dem räumlich ausgrenzenden Stadt- und Landesverweis belegen die große Bandbreite des frühneuzeitlichen Strafensystems, die Ausdifferenzierung unterschiedlicher Strafzwecke und die Flexibilität des Strafens bzw. des sozialen und rechtlichen Umgangs mit Devianz und Kriminalität (Schnabel-Schüle 1995; Schwerhoff 2006a; Lidman 2008; Bretschneider 2008; Sère/ Wettlaufer 2013; Härter 2016a). Die Einordnung und Interpretation im Hinblick auf langfristige gesellschaftliche und rechtliche Entwicklungen wird allerdings weiterhin kontrovers diskutiert, wobei sich die auf Strafzwecke abstellende Strafrechtsgeschichte der Kriminalitätsforschung kaum angenähert hat (Kubink 2002; Schulze 2008; Ammerer 2010). Insgesamt fehlt es noch an einer interdisziplinären Theorie der historischen Entwicklung des Strafens in der Frühen Neuzeit, was seitens der Kriminalitätsforschung auch mit der Skepsis gegenüber dem „strafenden Staat" und langfristigen Wirkungs- und Modernisierungstheorien begründet sein mag.

Differenzen zeigen sich auch im Hinblick auf den institutionellen und rechtlichen Rahmen und die Funktion strafrechtlicher Normen, Verfahren und Entscheidungen. Während die Strafrechts- Differenzen und Schnittmengen geschichte juridische Verfahrensweisen, Logiken und Rationalitäten betont, vernachlässigt die Kriminalitätsforschung teilweise die Entscheidungspraxis und konstruiert Differenzen zwischen Norm und Praxis eher vereinfachend als „Sanktionsverzicht" oder Ergebnis außergerichtlicher Aushandlungsprozesse mittels Supplikationen und Gnade, die wiederum von der Strafrechtsgeschichte kaum zur Kenntnis genommen werden. Beide Perspektiven bieten aber auch – gerade im Hinblick auf Quellen und Methoden – Potentiale für eine stärke interdisziplinäre Vernetzung von Kriminalitätsforschung und Strafrechtsgeschichte (Klippel 2002, 135–141; Habermas 2009; Kesper-Biermann/Ludwig/Eisfeld 2010, 1084 f.). Erstere hat die Relevanz der strafrechtlichen Normen, der zeitgenössischen Rechtswissenschaft, der juristisch-politischen Diskurse und der rechtlich-institutionellen Rahmenbedingungen von Kriminalität und Strafjustiz durchaus erkannt: „Daß die normativen Quellen [...] unabdingbar sind, um die Rechtspraxis angemessen zu analysieren, bedarf wohl keiner weiteren Begründung" (Schwerhoff 2002, 285). Die Einbettung von strafrechtlichen Normen und Verfahren in eine frühneuzeitliche Rechtskultur, die auch pragmatische, infrajustizielle, außergerichtliche oder populäre Kommunikationen und Medien konstitutiv integriert, ermöglicht auch der Strafrechtsgeschichte eine Erweiterung der Perspektiven und Methoden, wie die oben dargestellten Forschungsvorhaben zur Entstehung des öffentlichen Strafrechts oder zur „guten Policey" sowie verschiedene, auch internationale Forschungen zu Kriminalität, Recht und Kultur gezeigt haben (Schönert 1991; Berding/Klippel/Lottes 1999; Rudolph/Schnabel-Schüle 2003; Kesper-Biermann/Klippel 2007; Habermas/Schwerhoff 2009; Linder/Ort 2013; Knepper 2016).

Trotz zweifellos noch vorhandener disziplinären Abschottungen und „blinder Flecken" in der gegenseitigen Rezeption von Methoden und Forschungsergebnissen kann man insgesamt eine Annäherung der Strafrechts- und Kriminalitätsgeschichte feststellen, die ihre gemeinsamen Schnittmengen in den Quellen und den allgemeinen sozial- und kulturwissenschaftlichen Konzepten findet. Dieses interdisziplinäre Potential soll in dem folgenden Überblick zu Begriffen, Konzepten und Theorien der Geschichte von Kriminalität, Strafrecht und Strafjustiz weiter ausgelotet werden.

2 Kriminalität, Strafrecht, Strafjustiz: Räume, Epochen, Strukturen, Begriffe und Konzepte

Strafrechtsgeschichte und historische Kriminalitätsforschung verwenden gemeinsame zentrale Begriffe und Konzepte, um die historische Entwicklung von Kriminalität, Strafrecht und Strafjustiz zu untersuchen und zu beschreiben. Sie stammen meist aus den modernen Rechts- und Sozialwissenschaften, werden aber im Hinblick auf die differierenden vormodernen Strukturen häufiger modifiziert und vereinfacht, da einige moderne Untersuchungsmethoden für die quellengebundene historische Forschung nicht anwendbar sind. Die Geschichtswissenschaft wie die Rechtsgeschichte stehen ebenfalls vor dem Problem, dass moderne Definitionen nicht linear übertragen werden können und historisch flexible Begriffe und Konzepte von Kriminalität und Recht verwendet werden müssen, denen damit eine gewisse theoretische Unschärfe zukommen kann. Die sich daraus ergebenden methodischen Folgerungen werden im zweiten Teil ausführlicher vorgestellt und diskutiert. Hier sollen zunächst die zentralen Strukturen, Begriffe und Konzepte in ihren historisch-analytischen Dimensionen knapp dargestellt werden, die auch zum Verständnis der Darstellung von Räumen, Epochen und empirischen Entwicklungen relevant sind.

2.1 Räume: das Heilige Römische Reich deutscher Nation

Weder Kriminalität noch Strafrecht oder Strafjustiz lassen sich im frühneuzeitlichen Europa auf eindeutige, abgegrenzte geographische oder politische Räume beschränken. Dies gilt insbesondere für das frühneuzeitliche Heilige Römische Reich deutscher Nation (1495–1806, kurz: das Reich) mit seinen rechtlich, politisch und kulturell sehr unterschiedlichen Mitgliedern (Kurfürsten, Fürsten, Reichsstädte), die als Reichsstände und Landesherrschaften auch im Bereich von Strafrecht und Strafjustiz über unterschiedliche Rechte und Jurisdiktionsgewalten verfügten. Insofern muss die Forschung als wesentliche methodische Voraussetzung unterschiedliche, aber sich teilweise überlappende interdependente Ebenen be-

https://doi.org/10.1515/9783110379808-002

rücksichtigen: das gemeine Recht, den frühneuzeitlichen, nach Souveränität strebenden Staat, das Heilige Römische Reich deutscher Nation, die darin eingebetteten Territorialstaaten, Städte und Landesherrschaften sowie regionale und lokale Jurisdiktionen und einzelne Gerichte. Diese Ebenen formten keine eindeutige hierarchische Ordnung, sondern bildeten ein System von Rechtsräumen, die in komplexen Verbindungs- und Interaktionsverhältnissen zueinander standen und durch rechtlichen Pluralismus und Diversität gekennzeichnet waren (Stollberg-Rilinger 2006; Härter 2013a, 2015).

Gemeines Recht   Das frühneuzeitliche Reich kann für die Strafrechts- und Kriminalitätsgeschichte als exemplarisches Modell fungieren, da es als ein überstaatliches Rechts- und Verfassungssystem sowie durch die im Spätmittelalter einsetzende Rezeption des römischen Rechts und das sich ausdifferenzierende gelehrte Recht in einen europäischen Rechtsraum eingebettet war. Dieses allgemeine Recht Europas (*ius commune*) manifestierte sich in einem grenzübergreifenden juridischen Diskurs, an dem Universitäten bzw. juristische Fakultäten, Rechtsgelehrte und auch Praktiker (z. B. Richter) teilnahmen. Die Autoren publizierten ihre Werke primär in der Gelehrtensprache Latein, aber bereits seit dem späten 16. Jahrhundert nahm die Zahl der deutschsprachigen Texte (zunächst oft Übersetzungen) zu, die dann in der zweiten Hälfte des 18. Jahrhunderts dominierten.

Strafrecht im Reich   Im Rahmen des gemeinen Rechts entwickelte sich das Strafrecht seit dem 16. Jahrhundert erst allmählich zu einem eigenständigen Rechtsgebiet einer professionalisierten Strafrechtswissenschaft, die allerdings besonders eng mit den verschiedenen Ebenen des Reiches und der strafrechtlichen Praxis verwoben war. Die an den juristischen Fakultäten der zahlreichen Universitäten des Reiches lehrenden Juristen kommentierten nicht nur die Strafgesetze des Reiches und verschiedener Reichsmitglieder, sondern sie waren durch Rateinholung, Aktenversendung und Rechtsgutachten in das Strafverfahren und damit die Praxis der Strafjustiz eingebunden (Härter 2000a, 465 f., 476–478; Falk 2006, 4–8; Griesebner/Hehenberger 2008; Oestmann 2008; Kischkel 2016). Darüber hinaus waren universitär ausgebildete und in der Regel promovierte Juristen in den Gerichten und administrativen Institutionen des Reiches und der verschiedenen Reichsmitglieder tätig und formten damit eine juristische Funktionselite, die Strafrecht und Strafjustiz im Hinblick auf Normen, gelehrte und populäre Diskurse und die Praxis der Rechtsprechung maßgeblich beeinflusste. Dies manifestierte sich sowohl in der praktischen Tätigkeit als auch in den verschiedenen Schriften. Kommentaren, Lehrbüchern, Konsilien- und Spruchsammlungen, in die Erfahrungen aus der Praxis der Strafjustiz einflossen. Das gelehrte Strafrecht zielte folglich nicht nur auf den wissenschaftlichen Diskurs und die universitäre Lehre, sondern auch auf die strafrechtliche Praxis in den unterschiedlichen Ebenen des Reiches (Dorn 2002; Rüping/Jerouschek 2011, 48 ff.). Das Reich selbst war allerdings von einer geringeren Bedeutung, denn außer der Peinlichen Halsgerichtsordnung von 1532 und den ergänzenden Landfriedensordnungen (1495, 1521, 1548), Reichspoliceyordnungen (1530, 1548, 1577) und Exekutionsordnungen erließen Kaiser und Reichstag keine strafrechtlichen Normen (Härter 2004, 2006). Zudem war die Strafgerichtsbarkeit der beiden Reichsgerichte (Reichskammergericht und Reichshofrat) auf den Landfriedensbruch und Gewaltverbrechen wie Fehde und Aufstände/Revolten begrenzt. Appellationen oder Rechtsmittel in Straf- und Policeysachen waren faktisch abgeschafft worden bzw. nur bei Verfahrensmängeln oder der Verletzung überkommener Rechte und Privilegien möglich (Szidzek 2002). Im Hinblick auf strafrechtliche Normen und Strafverfolgung konnten nur die zur Exekution von reichsgerichtlichen Urteilen anfangs des 16. Jahrhunderts geschaffenen zehn Reichskreise eine Bedeutung für den Bereich grenzübergreifender Kriminalität, insbesondere der Räuber- und Diebsbanden gewinnen (Härter 2011b; Wüst 2017).

Strafgesetzgebung, Strafverfolgung und Strafgerichtsbarkeit lagen damit im Wesentlichen bei den einzelnen Mitgliedern des Reiches, die über die entsprechenden Kompetenzen und Rechte verfügten, die traditionell verankert und ihnen durch das Reich auch eingeräumt worden waren. Die Reichsstände bzw. Territorialstaaten, Reichsstädte und sonstigen Landesherrschaften konnten daher jeweils eigenes Strafrecht schaffen und eigene Strafrechtssysteme aufbauen, solange sie damit nicht das Reichsrecht oder die Rechte und Privilegien anderer Inhaber von Gesetzgebungs- und Jurisdiktionsrechten verletzten. Letztere waren zu Beginn der Frühen Neuzeit allerdings noch mannigfaltig vorhanden: Sogenannte intermediäre Gewalten wie Kirche und Geistlichkeit, der Adel, einzelne Städte, Gerichtsgemeinschaften bzw. Gerichte und Korporationen (Zünfte, Universität) verfügten über eigene strafrechtliche Normen und jurisdiktionelle Rechte, übten die niedere oder höhere Strafgerichtsbarkeit aus oder hatten einen eigenen exemten Gerichtsstand, der eine Strafverfolgung durch andere Gerichte verhinderte. Folglich waren

Landesherrschaft und intermediäre Gewalten

auch die Territorialstaaten und Landesherrschaften häufig in unterschiedliche Rechtsräume fragmentiert, so dass lokale Akteure und Institutionen eine erhebliche Bedeutung in der Praxis der Strafjustiz gewinnen konnten. Sie interagierten zudem in vielfältiger Weise mit anderen Ebenen, indem z.B. lokale Gerichte in Strafsachen durch Aktenversendung Rat bei auswärtigen Rechtsfakultäten einholten, Delinquenten Gnadenbitten an Landesherren oder den Kaiser richteten, einzelne Akteure verschiedene Gerichtsbarkeiten nutzten oder intermediäre Gewalten bei den Reichsgerichten gegen Verletzungen ihrer Jurisdiktionsrechte klagten. Zahlreiche Territorialstaaten strebten daher insbesondere nach dem Westfälischen Frieden von 1648 nach der Formierung eines homogenen strafrechtlichen Raumes durch Kontrolle, Zentralisierung, Entzug und Monopolisierung von Normgebungs- und Jurisdiktionsrechten intermediärer Gewalten. Obwohl dies in vielen Fällen weit vorangetrieben werden konnte, führte dieser von der Forschung kontrovers beurteilte Prozess der Verstaatlichung im frühneuzeitlichen Reich nicht zur Etablierung souveräner Staaten mit einem homogenen, auf einem „Gewaltmonopol" beruhenden Strafrechtssystem (Härter 2008b, 2009a).

Grenzübergreifende Räume und methodische Konsequenzen

Das frühneuzeitliche Reich und das gemeine Recht konstituierten einen grenzübergreifenden strafrechtlichen Raum, in dem sich grundlegende Strukturen und Probleme eines transnationalen Strafrechts ausformten. Dies gilt für die staatliche, territoriale, politische und jurisdiktionelle Räume bzw. Grenzen übergreifende Strafverfolgung wie für die Ausformung von Nacheile, Requisition, Rechtshilfe, Verfolgungs- und Bestrafungspflicht, stellvertretender Strafrechtspflege, Gerichtsstand, Asyl und Auslieferung als spezifischen grenzübergreifenden Instrumenten und Praktiken (Maierhöfer 2006; Härter 2011c, 2017a). Im frühneuzeitlichen Reich – wie auch in anderen europäischen Ländern – vollzog sich Strafjustiz folglich in komplexen Kommunikations- und Interaktionsprozessen in einem Mehrebenensystem, das durch Rechtspluralismus, Diversität, Heterogenität, Hybridität und Fragmentierung gekennzeichnet war. Die unterschiedlichen interdependenten Räume, Ebenen, Jurisdiktionen, Interaktionen und Kommunikationen im frühneuzeitlichen Reich bilden für die Strafrechtsgeschichte wie für die Untersuchung von Kriminalität eine besondere methodische Voraussetzung und Herausforderung, sowohl im Hinblick auf die Analyse von Kriminalität als auch bezüglich des Strafrechts und der Praxis der Strafjustiz. Nimmt man nur den Zustand am Ende des

Alten Reiches um 1800, dann übten mehr als 250 Reichsstände (8 Kurfürsten, über 200 Fürsten und 50 Reichsstädte) die hohe Strafgerichtsbarkeit über zumindest ein Strafgericht bzw. entsprechende juridische Institutionen aus, wobei meist die jeweiligen juristischen Fakultäten der Landesuniversitäten (soweit vorhanden) einbezogen waren (Härter 2013a, 2015; Kischkel 2016). Dazu kamen die Strafgerichtsbarkeiten der kleineren Reichsmitglieder (z. B. der Reichsritter) und die unzähligen lokalen Strafgerichte, welche die niedere Strafgerichtsbarkeit und in einigen Fällen auch die höhere ausübten, sowie zahlreiche spezifische Gerichtsbarkeiten von Kirche/Geistlichkeit, Universitäten, Zünften und weiteren intermediären Gewalten (Leiser 1971; Rudolph/Schnabel-Schüle 2003). Die Zahl der Normgeber und juridischen Institutionen im frühneuzeitlichen Alten Reich geht folglich in die Tausende; ein umfassender Überblick existiert nicht und nur ein kleiner Teil ist in meist räumlich, zeitlich und thematisch begrenzten Fallstudien erforscht.

Die Strafrechtsgeschichte hat das Problem der komplexen Rechtsräume meist dadurch umgangen, dass sie sich entweder dem grenzübergreifenden gemeinrechtlichen Diskurs, der Tätigkeit juristischer Fakultäten wie Helmstedt (Hahn 1989), Wittenberg (Lück 1998) und Gießen (Kischkel 2016) oder einzelnen Autoren widmete. Letztere wurden bis auf wenige Ausnahmen – wie vor allem der kursächsische Jurist Benedict Carpzov (Jerouschek/Schild/Gropp 2000) – kaum in ihren konkreten territorialen Kontexten oder im Hinblick auf die kommunikative Vernetzung im Reichssystem untersucht. Zu den gerichtlichen Strukturen in einzelnen Territorien liegen rechtshistorische Studien zur Centgerichtsbarkeit der Würzburger Fürstbischöfe (Birr 2002a), zum Strafgerichtswesen in der Kurpfalz (Hägermann 2002) oder dem Centgericht Burghaslach in Franken (Schultheiß 2007) vor. Das Strafrecht in einzelnen Territorien wird ebenfalls in einigen Fallstudien behandelt, allerdings meist anhand der größeren Ordnungen und Strafgesetze, so zum Bayerischen Criminalcodex von 1751 (Heydenreuter 1991), der österreichischen Theresiana von 1768 und der Josephina von 1787 (Hellbling 1996; Ammerer 2010) oder zum preußischen Allgemeinen Landrecht (ALR) von 1794 (Bitter 2013); lokales Strafrecht in einem Territorium untersucht eine Studie zu den Stadt- und Halsgerichtsordnungen im Fürstbistum Würzburg (Allmansberger 2003). Lediglich die Ordnungs- und Policeygesetzgebung wird für eine größere Zahl an Territorien und Reichsstädten umfassend durch ein Reper-

Untersuchungsräume Strafrechtsgeschichte

torium erschlossen, das auch die einschlägigen strafrechtlichen Normen und Gesetze nachweist (Härter/Stolleis 1996–2017). Eine zusammenfassende oder vergleichende Darstellung fehlt dagegen.

Untersuchungs-
räume Kriminali-
tätsforschung

Die historische Kriminalitätsforschung hat ebenfalls grenzübergreifende Zusammenhänge eher selten beleuchtet, so für das Urfehdewesen im deutschen Südwesten (Blauert 2000), die Eigentumskriminalität von Räuber- und Diebsbanden und die grenzübergreifende Sicherheitspolitik (Fritz 2004; Heller 2011; Härter 2017a), die Reichskreise als transterritoriale Ordnungs- und Rechtsräume (Wüst/Müller 2011) und jüngst mit einem landesgeschichtlichen Ansatz für den Südwesten des Reiches (Wüst 2017). Überwiegend liegen zeitlich, räumlich und thematisch begrenzte monografische Fallstudien zu einzelnen Städten und Territorien vor, so zu den Kurfürstentümern und größeren Territorien Bayern (Behringer 1990; Heydenreuter 2003), Brandenburg (Rehse 2008), Braunschweig/Hannover (Krause 1991), Mainz (Härter 2005a), Österreich (Griesebner 2000; Scheutz 2001), Sachsen (Ludwig 2008a) und Trier (Brachtendorf 2003). Von den weltlichen und geistlichen Fürstentümern bzw. Fürstbistümern wurden in neueren Studien untersucht Siegen (Plaum 1990), Württemberg (Schnabel-Schüle 1997) oder Osnabrück (Rudolph 2001), von den Reichsstädten Köln (Schwerhoff 1991), Konstanz (Schuster 2000) und Frankfurt (Eibach 2003; Boes 2013). Weitere Studien behandeln einzelne lokale, ländliche und städtische Gerichte in Lippe (Frank 1995), Brandenburg (Thauer 2001), Dithmarschen (Kertelhein 2003), Baden (Holenstein 2003) und die Städte Görlitz (Behrisch 2005), Strasburg (Franke 2013), Schaffhausen und Konstanz (Gubler 2015). Bereits die bloße Aufzählung der unterschiedlichen Fallstudien macht die Komplexität der Räume und Strukturen von Kriminalität, Strafrecht und Strafjustiz im frühneuzeitlichen Reich deutlich, die eine große Vielfalt und Vielzahl unterschiedlichster Quellen bedingt und methodisch eine exemplarische Vorgehensweise unabdingbar macht.

2.2 Epoche, Periodisierung und Phasen beschleunigten Wandels in der Frühen Neuzeit

So wie das frühneuzeitliche Reich keinen geschlossenen staatlichen Raum des Strafrechts bildete, kann auch die Frühe Neuzeit nicht als eine in sich abgeschlossene Epoche der deutschen oder mitteleuropäischen Strafrechts- und Kriminalitätsgeschichte gelten, die von 1495 (Wormser Reichstag) bis 1806 (Auflösung des Reiches) reichte. Zwischen dem 15. und 16. sowie zum 19. Jahrhundert existieren fließende, allmähliche Übergänge, in denen sich Veränderungen verstärkten. Dennoch weisen Strafrecht, Strafjustiz und z. T. auch die Kriminalität im frühneuzeitlichen Reich epochenspezifische Strukturen auf, die eine gesonderte Betrachtung rechtfertigen, die allerdings Wandel und Kontinuitäten einbeziehen und methodisch reflektieren sollte.

Auf der Basis von Normen und Wissenschaft hat die Strafrechtsgeschichte die Frühe Neuzeit meist als Epoche des gemeinen Rechts konzeptualisiert, die mit der Rezeption des römischen Rechts im ausgehenden 15. Jahrhundert beginnt und mit der Aufklärung im späten 18. Jahrhundert endet. Die Peinliche Halsgerichtsordnung Kaiser Karls V. von 1532 (Carolina) und ihr Vorläufer, die Bambergische Halsgerichtsordnung (Bambergensis) fungieren dabei auf der Ebene des Strafrechts als die zentralen Periodisierungsmarker, während der Beginn einer „eigenständigen deutschen Strafrechtswissenschaft" mit dem kursächsischen Juristen Benedict Carpzov und dessen Hauptwerk, der *Practica Nova* (1635), angesetzt wird (Jerouschek/Schild/Gropp 2000; Dorn 2002, 168–170). Die einsetzende Epoche des modernen Strafrechts wird dann meist an prominenten Juristen wie Kant, Hegel und Feuerbach und ihren „modernen" Straftheorien sowie an den um 1800 entstehenden straf- bzw. „naturrechtlichen" Kodifikationen – toskanische Leopoldina 1786, österreichische Josephina 1787, französischer Code pénal 1810 (und seine deutschen Derivate) und Bayerisches Strafgesetzbuch 1813 – festgemacht (Hausmann 2002, 47–56; Rüping/Jerouschek 2011, 37–76). Die ältere historische Kriminologie hat versucht, den Wandel vom Mittelalter zur Frühen Neuzeit und zur Moderne auch mit Veränderungen bei Verbrechen und Verbrechern – z. B. „schädliche Leute", Fehde, Gewalt bzw. „Berufsverbrechertum" und „internationales Gaunertum" – und der staatlichen Verbrechensbekämpfung in Verbindung zu bringen (Radbruch/Gwinner 1951; Schmidt 1965). Dies kann sich allerdings nicht auf empirische Kriminalitätsdaten stützen und wurde durch die historische Kriminalitätsforschung problematisiert oder widerlegt. Zudem richtet sich die Perspektive meist auf „Neuerung" und „Modernisierung", während das Fortbestehen traditioneller Strukturen im Strafrecht wie in der Strafjustiz (vor allem auch auf der lokalen Ebene) und die bis weit

Epoche des gemeinen Rechts

ins 19. Jahrhundert reichenden Kontinuitäten insbesondere des Inquisitionsprozesses eher vernachlässigt werden.

Periodisierung
und historischer
Wandel

Es erscheint folglich methodisch problematisch, Epochen des (Straf-)Rechts lediglich aus der Binnenperspektive von Normen und Wissenschaft zu konzeptualisieren, die zudem auf bedeutende oder herausragende Gesetze, Schriften und Juristen beschränkt ist und weder die Praxis der Strafjustiz noch gesellschaftliche, politische und kulturelle Entwicklungen als konstitutiv einbezieht. Daraus kann freilich nicht – wie das gelegentlich in der historischen Kriminalitätsforschung geschieht – der umgekehrte Schluss gezogen werden, dass Jurisprudenz, professionelle Juristen und der frühmoderne Staat als Bezugsgrößen und Momente historischen Wandels eine eher sekundäre Rolle gespielt hätten. Vielmehr lassen sich die um 1500 entstehenden Strafordnungen, die Formierung des gelehrten Rechts und einer professionellen juridischen Funktionselite wie die Etablierung neuer gerichtlicher Institutionen und des inquisitorischen Strafverfahrens als Reaktionen und Katalysatoren allgemeinen historischen Wandels begreifen. Sie sind damit Teil von Staatsbildungs- und sozioökonomischen Prozessen, mit denen sie in interdependenten Wechselwirkungen stehen, die durch lineare Reaktionsmodelle oder retrospektive Modernisierungstheorien allerdings eher verdunkelt als erhellt werden. Das jeweils zu bestimmende Verhältnis zwischen allgemeinen gesellschaftlichen, politischen und kulturellen Faktoren und der Ausdifferenzierung des Rechts wird daher aus der Perspektive des Forschungsgegenstandes und Fragehorizontes jeweils konkret und methodisch reflektiert im Hinblick auf Kontinuitäten und Wandel zu bestimmen sein. Allerdings hat auch die Kriminalitätsforschung keine völlig überzeugenden, theoretisch abgesicherten Periodisierungskonzepte vorlegen können, die frühneuzeitlichen Wandel primär aus Devianz und Kriminalität und dem gesellschaftlichen Umgang damit erklären könnten. Zwar lassen sich die Hexenverfolgungen des 16. und 17. Jahrhunderts, die Abnahme von Tötungsdelikten seit dem Mittelalter oder die Verschiebung von der Gewalt- zur Eigentumskriminalität zu gesellschaftlichen, ökonomischen, mentalitär-kulturellen oder naturweltlichen Phänomenen in Bezug setzen. Die daraus resultierenden, an allgemeine sozialwissenschaftliche Theorien anknüpfenden Deutungen wie „die Krise des Spätmittelalters", die „Zivilisierung der Gewalt" oder die „violence-au-vol-These" (Zunahme der Eigentums- und Abnahme der Gewaltkriminalität) haben sich in ihrer Erklärkraft gerade im Hinblick auf die gesamte Frühe Neuzeit als begrenzt erwiesen und sind weiterhin umstritten (Schwerhoff 2011, 115–120; Reinke/Schwerhoff 2014, 147–151; siehe Kapitel 7).

Letztlich wird sich weder aus der Perspektive von Devianz und Kriminalität noch des Strafrechts eine spezifische, mehr oder weniger einheitliche frühneuzeitliche Epoche der Kriminalitäts- und Strafrechtsgeschichte theoretisch überzeugend begründen lassen. Insofern empfiehlt sich eine pragmatische Herangehensweise, die sich einerseits an die allgemeine Periodisierung der Frühen Neuzeit anlehnt – und diese im Bewusstsein der allgemeinen Kontroversen über deren Periodisierungsprobleme kritisch reflektiert –, und andererseits aus der Perspektive von Kriminalität, Strafrecht und Strafjustiz die Übergangsphase vom spätem Mittelalter zum 16. Jahrhundert und die „Sattelzeit" 1750–1850 akzentuiert. Diese lassen sich als Phasen beschleunigten Wandels beschreiben, in denen sich Entwicklungslinien von Strafrecht und Strafjustiz verdichteten, aber gleichzeitig auch traditionelle Strukturen fortbestanden. Wandel und Veränderungsprozesse im Bereich von Devianz und Kriminalität werden dabei methodisch als Prozesse der Kriminalisierung und Entkriminalisierung und damit nicht als genuine Phänomene, sondern in Abhängigkeit von anderen Akteuren und Faktoren – gesellschaftliche Konflikte und Krisenerscheinungen, Mentalitäten und Kultur, Staatsbildung und Recht – konzeptualisiert.

*Übergangs-
phasen und
beschleunigter
Wandel*

Im Übergang vom späten Mittelalter zur Frühen Neuzeit entstand allmählich das öffentliche Strafrecht und formten sich wesentliche Strukturen eines obrigkeitlichen Strafrechtssystems aus. Es ist aus der Perspektive der Normen gekennzeichnet durch spezifische Strafrechtsgesetze – insbesondere peinliche Malefiz- und Halsgerichtsordnung wie die Carolina von 1532 –, die neben das partikulare und traditionale Recht treten, dieses aber nicht vollständig obsolet machen (Langbein 1974; Sellert 1983; Landau/ Schroeder 1984; Schroeder 1986; Willoweit 1999; Lück 2003). Hinzu kommt eine wachsende Zahl an obrigkeitlichen Policeyordnungen und Ordnungsgesetzen, die wie die Reichspoliceyordnungen von 1530, 1548 und 1577 und zahlreiche reichsstädtische und territoriale Ordnungen das Strafrecht bezüglich der Delikte, des Verfahrens (summarische Amts- und Policeystrafverfahren), der Strafmöglichkeiten (Arbeits- und Freiheitsentzug bzw. Arbeits- und Zuchthäuser sowie Geld- und Ausweisungsstrafen) und der Strafzwecke (Bes-

*Übergang zur
Frühen Neuzeit*

serung/Disziplinierung und Sicherheit) ergänzen und fortent-
wickeln (Härter 2007, 2009b). Im 16. Jahrhundert wandte sich auch
das gelehrte Recht stärker dem Strafrecht zu und es entstanden im
Reich erste spezifische Werke, die die Verwissenschaftlichung, Professionalisierung und schließlich die Ausdifferenzierung einer
mehr oder weniger eigenständigen Strafrechtswissenschaft markieren. Die akademisch ausgebildeten, professionellen Juristen formten eine Funktionselite, die zahlreiche Aufgaben in Verwaltung und
Justiz – und damit auch in der Strafgerichtsbarkeit als Gutachter,
Advokaten oder Richter – übernahm (Stolleis 1988, 68 ff.; Rüping/
Jerouschek 2011, 37 ff.). Dies war begleitet von der Verdrängung des
öffentlichen, mündlichen, unmittelbaren und von „Parteien" be-
triebenen Akkusationsverfahrens durch den Inquisitionsprozess,
gekennzeichnet durch Schriftlichkeit, Pflicht zu obrigkeitlicher
Strafverfolgung und Wahrheitsermittlung und einer strukturelle
Zweiteilung in ein meist lokales Untersuchungs- und ein zentrales
juridisches Entscheidungsverfahren (Trusen 1984; Trusen 1988; Jerouschek 1992; Härter 2000a; Ignor 2002, 41 ff.). Damit steht der
Wandel im Bereich der Gerichtsverfassung in einem engen Zusammenhang: Lokale, genossenschaftliche und kommunale Strafgerichte wurden zunehmend durch landesherrliche und mit
promovierten Juristen besetzte zentrale juridische Institutionen
kontrolliert und verloren jurisdiktionelle Entscheidungskompetenzen in der höheren peinlichen Strafgerichtsbarkeit an diese. Diese
Entwicklung setzte mit der Carolina ein, die den Inquisitionsprozess
mit Aktenversendung und Rateinholung etablierte, und verdichtete
sich in der Zeit der Hexenprozesse (ab ca. 1570), die auch aufgrund
der hohen Verfolgungsintensität der lokalen, oft mit Laien besetzten
Schöffengerichte und Ausschüsse eine verstärkte Kontrolle durch
zentrale, juridische Institutionen oder Juristen nach sich zogen
(Härter 1996b; Oestmann 2008).

Kriminalität und
Krise am Beginn
der Frühen
Neuzeit

Die Etablierung und Ausdifferenzierung einer stärker obrigkeitlich-staatlichen Strafjustiz war in den Kontext allgemeiner historischer Entwicklungen und Prozesse des 15. und 16. Jahrhunderts
eingebettet und die jeweiligen Wechselwirkungen sollten berücksichtigt werden. Im Hinblick auf eine katalytische Rolle von „Kriminalität" wird dies in der Forschung freilich kontrovers diskutiert
(Schwerhoff 1999, 46–61; Schüßler 1996/1999/2000; Willoweit
2009). Einerseits wird eine Zunahme von Gewalt- und Eigentumsverbrechen durch „landschädliche Leute" oder ein sich „hemmungs-

los ausbreitendes Berufsverbrechertum" behauptet (Sellert 1989, 197) und auch in der historischen Kriminalitätsforschung bezüglich Fehde, Mordbrennerbanden, Sexualdelikten oder Hexerei/Zauberei eine zunehmende Verfolgung und Bestrafung konstatiert. Andererseits lässt sich mangels verlässlicher umfassender Daten für das ganze Reich kaum empirisch eindeutig ermitteln, ob Kriminalität seit dem späten Mittelalter insgesamt tatsächlich zugenommen hat oder ob die beobachteten Veränderungen nicht Ergebnis von Kriminalisierungs- und Staatsbildungsprozessen und einer insgesamt veränderten Wahrnehmung von sozioökonomischen, politischen und kulturellen Entwicklungen und Krisenphänomenen (Bevölkerungswachstum, Zunahme von Randgruppen und Migration, Kriege, Hungersnöte, Preissteigerungen, Seuchen) waren, die auch als Strafe Gottes für deviantes/kriminelles Verhalten und allgemeine Ordnungskrise gedeutet wurden. Diese Entwicklungen verdichteten sich im 16. Jahrhundert und manifestierten sich als Reichskrise bzw. Reichsreform, religiöse Krise bzw. Reformation und einer allgemeinen Intensivierung obrigkeitlicher Ordnungs- und Strafgesetzgebung und damit auch der Kriminalisierung abweichender Verhaltensweisen insbesondere in den Bereichen Hexerei/Zauberei, Sittlichkeit und Sexualität (Verbot der Prostitution/Frauenhäuser, Pönalisierung von Unzucht und Ehebruch), Religion (Gotteslästerung/Blasphemie) sowie Sekten und mobile soziale Randgruppen (Vaganten, Diebs- und Räuberbanden), die zunehmend als Bedrohung von Sicherheit und Ordnung kriminalisiert wurden. Inwieweit dies zu einer empirisch fassbaren Veränderung der „realen" Kriminalität führte, ist zwar umstritten, zahlreiche Fallstudien bestätigen aber eine Intensivierung obrigkeitlich-staatlicher Strafverfolgung und Strafjustiz seit dem 16. Jahrhundert (Schuster 2000; Behrisch 2005; Schwerhoff 2005; Härter 2005a, 2007; Schwerhoff 2011, 136– 170; Kästner/Schwerhoff 2013; Piltz/Schwerhoff 2015).

Damit vollzog sich im frühneuzeitlichen Reich seit dem 16. Jahrhundert ein allmählicher Wandel von Strafrecht und Strafjustiz, der als Zentralisierung, Verstaatlichung, Professionalisierung, Verrechtlichung, Verwissenschaftlichung und Säkularisierung charakterisiert werden kann, der allerdings auf die höhere Strafgerichtsbarkeit, die zentrale, obrigkeitlich-staatliche Ebene und das gelehrte Recht begrenzt blieb. Im Bereich der lokalen gerichtlichen und administrativen Strukturen, Verfahren, Akteure und Normen zeigen sich dagegen vielfach Kontinuitäten bis zum Ende des Alten Reiches und

Wandel und Kontinuitäten

darüber hinaus. Die meisten Territorialstaaten konnten trotz weitgehender Verstaatlichungstendenzen kein unumschränktes Gesetzgebungs-, Justiz- und Gewaltmonopol durchsetzen, noch gar ein geschlossenes „staatliches" Strafrechtssystem etablieren und sie blieben auf traditionale lokale Institutionen und Akteure bei der „Administrierung" der Strafjustiz sowie bezüglich der Verfolgung und Sanktionierung von Kriminalität angewiesen. Auch im Bereich der strafrechtlichen Normen und des inquisitorischen Strafverfahrens kam es kaum zu substantiellen Veränderungen: Am Ende des 18. Jahrhunderts war im Reich noch immer die Carolina von 1532 in Geltung, wenn auch vielfach modifiziert durch partikulare strafrechtliche Normen und das gelehrte Recht, und das Inquisitionsverfahren bestimmte die Praxis der Strafverfolgung (Härter 1998, 2008a, 2008b; Rudolph 2001; Eibach 2003).

Übergang zum modernen Strafrecht Die Heterogenität der insbesondere durch Ordnungs- und Policeygesetzgebung angewachsenen strafrechtlichen Normenmasse, die nicht mehr als zeitgemäß empfundene Carolina, der durch Geständniserzwingung, Folter, fehlende Verteidigungsmöglichkeiten und Rechtsmittel gekennzeichnete Inquisitionsprozess, eine flexible, arbiträre Entscheidungs- und Strafpraxis sowie auch das Fortbestehen traditionaler lokaler Strukturen in der Strafgerichtsbarkeit kennzeichneten die Strukturen von Strafrecht und Strafjustiz im Alten Reich noch in der zweiten Hälfte des 18. Jahrhunderts. Die damit einhergehenden praktischen Probleme in Justiz und Verwaltung sowie der durch die europäische Aufklärung initiierte Reformdiskurs leiteten in diesem Zeitraum eine Übergangsphase zwischen Aufklärungszeit, Französischer Revolution (1789), Reichsende (1806), Rheinbund (1806–1813) und Deutschem Bund (1815) ein, die freilich erst nach dem Ende des Alten Reiches in den neuen, souveränen deutschen Einzelstaaten zu dauerhaferen strukturellen Veränderungen führte (Kesper-Biermann/Klippel 2007; Habermas/Schwerhoff 2009; Vormbaum 2009; Härter 2009a).

Reformdiskurs und Strafrecht Die Entwicklung von Strafrecht und Strafjustiz in dieser Phase des beschleunigten Wandels setzte mit dem aufklärerischen Reformdiskurs ein, der sich ab etwa 1770 intensivierte und sich in einzelnen Territorialstaaten in konkreten Reformvorhaben manifestierte. Diskurs und Reform kreisten um die Kodifizierung des Strafrechts und eine strikte proportionale Normierung von Delikt und Strafe, die Entkriminalisierung von Verbrechen wie Hexerei/Zauberei und Unzucht (im Zusammenhang mit der Kindsmorddebatte), die Abschaffung oder Milderung von Folter und peinlichen Körper- und Todesstrafen sowie die Einschränkung oder Beseitigung von richterlicher Willkür, Ermessensspielräumen, Eingriffsmöglichkeiten des Herrschers (Gnade, Bestätigungsrecht, „Kabinettsjustiz"), Unbestimmtheit und Rechtsunsicherheit. Dabei ging es nicht nur um eine Humanisierung, sondern auch um eine Rationalisierung und Effektivierung von Strafrecht und Strafvollzug mittels „nützlicher" Strafformen wie z. B. Arbeitsstrafen und Zuchthaus. Damit einher ging die Abkehr von der religiös begründeten Vergeltung und eine Hinwendung zu utilitaristischen bzw. etatistischen Strafzwecken wie allgemeiner Abschreckung (Generalprävention), Besserung und Disziplinierung der Delinquenten (Spezialprävention) und Sicherheit des Staates (Schmoeckel 2000; Ignor 2002, 147 ff.; Klippel/Henze/Kesper-Biermann 2006; Schulze/Vormbaum/Schmidt/Willenberg 2008; Vormbaum 2009, 20 ff.; Ammerer 2010; Altenhain/Willenberg 2011; Koch 2014). Zahlreiche Juristen, Praktiker und auch Politiker legten thematisch enger begrenzte Reformschriften und Entwürfe zu neuen Strafgesetzbüchern vor, die auch die Carolina ersetzen und für das gesamte Reich ein einheitliches kodifiziertes Strafrecht etablieren sollten (siehe Kapitel 4.1). Dabei ging es um eine Vereinheitlichung und Rationalisierung der heterogenen, zersplitterten, fragmentierten, unsystematischen strafrechtlichen Normen und der policeylichen bzw. strafrechtlichen Einzelgesetzgebung, auch im Hinblick auf eine gesetzlichen Klassifizierung der strafbaren Handlungen und der jeweils proportional zuzuordnenden Strafen und die schärfere systematische Abgrenzung zwischen den „Kriminalverbrechen" und den unzähligen policeylichen und sonstigen Vergehen. Umgesetzt in konkrete Gesetzgebung wurden diese Entwürfe jedoch kaum. Die zaghafte Initiative zur Ersetzung der Carolina durch ein neues Reichsstrafgesetzbuch scheiterte im Ansatz. Die wenigen Kodifikationsversuche in Österreich (1787, 1803), Preußen (ALR 1794/1996; Criminal-Ordnung 1805) und Bamberg (1796) enthielten zwar einige moderne Elemente wie die Entkriminalisierung von Hexerei/Zauberei und Religionsdelikten, die Reduzierung der Todesstrafe zugunsten von Haft- und Arbeitsstrafen und die Priorisierung utilitaristischer Strafzwecke wie „Besserung" anstelle bloß theokratischvergeltender. Sie orientierten sich aber weiterhin am gemeinen Strafrecht, behielten die policeyliche Einzelgesetzgebung bei und hielten an Inquisitionsprozess, Geständniserzwingung, schweren Strafen und utilitaristischen Strafzwecken fest (siehe Kapitel 4.1).

Reformvorhaben

Die konkreten Reformvorhaben in einigen Territorialstaaten zielten ebenfalls auf die Neuordnung bzw. weitere Verstaatlichung der heterogenen lokalen Gerichtsbarkeiten und Strukturen, die weitere Ausschaltung von intermediären Gewalten und eine effektive, kostengünstigere Durchführung der Strafverfahren bei Entlastung der zentralen juridischen Institutionen. Immerhin wurden die meist geringen Verteidigungsmöglichkeiten erweitert (insbesondere wenn schwere Strafen drohten), die Anwendung der Folter als Beweismittel reduziert oder weitgehend abgeschafft sowie Ehren-, Scham- und Todesstrafen stark limitiert und andere Strafformen wie vor allem Arbeits- und Zuchthausstrafen weiter ausgebaut. Insgesamt erwiesen sich die meisten Reformmaßnahmen, die zudem in den einzelnen Territorien sehr unterschiedlich ausfielen, als begrenzt, blieben auf halbem Weg stehen, scheiterten oder beschränkten sich auf punktuelle Veränderungen. Das inquisitorische und summarische Strafverfahren, weite richterliche Ermessensspielräume, arbiträre, außerordentliche Strafen und die institutionelle Verknüpfung von Verwaltung und Strafgerichtsbarkeit und flexible strafrechtlich-policeyliche Einzelgesetzgebung behielten die Obrigkeiten im Reich bei; Gerichtsorganisation und Gerichtsverfassung wurden kaum einheitlich normiert und modernisiert. Die institutionelle Verknüpfung von Landesherr, Zentralverwaltung und Strafjustiz, finanzielle und organisatorische Schwächen, Konflikte mit intermediären Gewalten, das Festhalten an traditionalen lokalen Strukturen sowie das schützende Dach der Reichsverfassung blockierten letztlich eine vollständige Modernisierung und Verstaatlichung der Strafjustiz und die Durchsetzung eines staatlichen Gewalt- und Justizmonopols (Regge 1988; Blasius 1996; Härter 2008a).

Wandel nach 1806

Erst nach dem Ende des Alten Reiches bewirkten der Einfluss oder Transfer des modernen französischen Strafrechts – insbesondere des Code pénal von 1810 – und die theoretischen wie praktischen Fortschritte des juridisch-politischen Diskurses weiterreichende Veränderungen in den nach 1806 entstehenden souveränen deutschen Staaten, die sich z. B. in dem von Paul Johann Anselm von Feuerbach konzipierten Bayerischen Strafgesetzbuch von 1813 manifestierten (Koch/Kubiciel/Löhnig/Pawlik 2014). Die Rolle des Staates wird in der Strafrechts- und Kriminalitätsgeschichte zwar unterschiedlich bewertet, grundsätzlich dominiert jedoch das Modell einer Modernisierung durch staatliche Reformen und aufklärerisch inspirierte Reformer (Schulze/Vormbaum/Schmidt/Willenberg 2008; Vormbaum 2009; Habermas/Schwerhoff 2009). Danach mündete die unter diesen Vorzeichen beschriebene Entwicklung in das staatliche Gewalt- und Justizmonopol und war gekennzeichnet durch Humanisierung, Liberalisierung, Entkriminalisierung, Kodifizierung bzw. Verrechtlichung, Rationalisierung und Verstaatlichung des Strafrechts. Sie ging einher mit einer Ausrichtung der Strafzwecke auf Prävention, der „Geburt des Gefängnisses" um 1800 (Foucault 1976), einer entsprechend neu konfigurierten Kriminalpolitik und einer sich neu ausrichtenden und Einfluss nehmenden Strafrechtswissenschaft, der neue, mehr oder weniger verwissenschaftlichte Disziplinen und Spezialisten der „Verbrechensbekämpfung" wie „Criminalpsychologie" oder Kriminologie an die Seite traten (Ludi 1999; Lorenz 1999; Greve 2004; Kästner/Kesper-Biermann 2008). Die Reformen zielten allerdings nicht nur auf eine Humanisierung von Strafrecht und Strafjustiz im Sinne der Reformdiskussion der Aufklärung und der Strafrechtswissenschaft; wesentlich waren auch staatliche Interessen wie die Durchsetzung des staatlichen Gesetzgebungs- und Justizmonopols, die Territorialisierung, Vereinheitlichung und Rationalisierung einer auf Sicherheit ausgerichteten möglichst effektiven Strafjustiz und eine „defensive Modernisierung" (Hans-Ulrich Wehler) im Sinne der Abwehr und Verhinderung „revolutionärer" und liberaler Einflüsse (Härter 1998, 2008b, 2009a). Auf der gesamtdeutschen Ebene kam es weder zur Schaffung eines Strafgerichts noch zum Erlass eines Strafgesetzbuches, das bekanntlich erst 1871 (Reichsstrafgesetzbuch) in Kraft trat (Kesper-Biermann 2009).

Die Wechselwirkungen zwischen den verschiedenen Ebenen und Bereichen – strafrechtliche Normen, gelehrtes Recht, Staat, Kriminalitätsentwicklung, soziökonomische und politischer Wandel – sowie die Deutungsmodelle im Hinblick auf Staatsbildung, Modernisierung oder Humanisierung werden in der Forschung allerdings kontrovers diskutiert (siehe Kapitel 7) und sind abhängig von der methodischen Konzeptualisierung von Kriminalität, Strafrecht und Strafjustiz, die im Folgenden näher ausgeführt wird.

2.3 Kriminalität, Devianz und Zuschreibung

Kriminalität bezeichnet die Summe der von einer Gesellschaft (straf-)rechtlich als besonders schädlich und strafbar definierten normwidrigen strafbaren Verhaltensweisen bzw. Normverstößen: die Verbrechen (zeitgenössisch *crimina*), heute im engeren Sinn die Straftaten. Wenn Kriminalität ein Verhalten beschreibt, das strafrechtliche Normen verletzt und das dafür von einem Gericht sanktioniert wird, so ist eine solche enge Legaldefinition zumindest für die Frühe Neuzeit nicht unproblematisch. Obwohl sich auch für die Vormoderne ein Kernbestand von strafbaren Handlungen konstruieren lässt, variieren die historischen Erscheinungsformen von Kriminalität, da die strafbaren Normbrüche gesellschaftlich, kulturell und rechtlich jeweils unterschiedlich konstruiert, normiert, zugeschrieben und von verschiedenen Institutionen sanktioniert wurden. Moderne Kriminalitätstheorien (Kunz 2008) lassen sich folglich nicht unmittelbar auf vergangene Kriminalitätsphänomene übertragen. Die Kriminalitätsforschung verwendet daher einen historischen Begriff von Kriminalität, den sie in das Konzept des abweichenden Verhaltens einbettet (Schwerhoff 1992, 2011, 8–10). Dem weiteren Begriff der Devianz fehlt die prinzipielle „Anbindung an die Rechtssphäre, und er trägt der Tatsache Rechnung, daß die Definition dessen, was als ‚abweichend' definiert wird, eben nur zu einem Teil der Justiz obliegt" (Blauert/Schwerhoff 1993, 10). Devianz und damit Kriminalität bilden folglich ein gesellschaftliches Konstrukt und Produkt von Normen, Diskursen und Zuschreibungen, das historisch variabel und Wandlungen unterworfen ist. Ein solches historisches Kriminalitätskonzept beinhaltet als definitorische Grundelemente die normwidrigen, kriminellen und devianten Handlungen, welche die zeitgenössischen Akteure als solche in strafrechtlichen oder äquivalenten Normen definierten, mit Strafen bzw. Sanktionen bedrohten, zuschrieben und mittels dazu legitimierter Institutionen in einem Verfahren verfolgten und gegebenenfalls straften (Schwerhoff 2008; Kesper-Biermann/Ludwig/Eisfeld 2010; Härter 2016b).

Legaldefinition   Eine enge Legaldefinition von Kriminalität stößt bereits hinsichtlich der strafrechtlichen Normen an Grenzen, die in der Vormoderne kein einheitliches, vollständiges, gesetzlich vorgegebenes oder gar kodifiziertes materielles Strafrecht bildeten, das ein staatliches Rechtssystem garantierte und durchsetzte. Auch die obrigkeitlich erlassenen Malefiz-, Halsgerichts- oder Criminalordnungen normierten keinen abschließenden materiellrechtlichen Verbrechenskatalog. Die strafrechtlichen Normen waren vielmehr durch Multinormativität, Pluralität und Diskursivität gekennzeichnet und können nur mit einem historisch flexiblen Rechts- und Gesetzesbegriff adäquat erfasst werden (siehe unten 2.4). Kriminalität war folglich weder rechtlich eindeutig, noch systematisch oder widerspruchsfrei normiert, sondern es existierten fließende Übergänge und Interdependenzen zwischen schweren (peinlichen) und leichten Verbrechen und sonstigen, mit Sanktionen bedrohten normabweichenden Handlungen, zeitgenössisch z. B. als Frevel, Policeydelikte oder sonstige leichte oder außerordentliche Vergehen kategorisiert (Rüping/Jerouschek 2011, 51–53; Kesper-Biermann/ Ludwig/Eisfeld 2010, 1083 f.). Insbesondere die frühneuzeitliche Ordnungs- und Policeygesetzgebung normierte eine Vielzahl abweichender Handlungen als strafbar, die damit auch (aber nicht zwingend) als Kriminaldelikt im Rahmen der Strafjustiz verfolgt und bestraft werden konnten (Härter 2005a, 2007; Schwerhoff 2011, 74–76). Eine klare systematische, eindeutig festgeschriebene Trennung (wie etwa die moderne Trinität der strafbaren Handlungen als Ordnungswidrigkeiten, Vergehen und Verbrechen) existierte nicht, auch wenn Unterscheidungskriterien wie Gerichtszuständigkeiten (hohe und niedere Gerichte, Malefizgerichte, Blutgerichte, Frevel- und Rügegerichte) und Strafen (peinliche, Leib- und Lebensstrafen, nicht peinliche, bürgerliche Strafen und Bußen) angewandt wurden.

Ein positives Strafgesetz war nicht einmal zwingende Voraussetzung für die Strafbarkeit einer als kriminell klassifizierten oder zugeschriebenen Handlung, deren Bestrafung z. B. auch auf der Basis religiöser und moralischer Normen oder mittels Analogieschlüssen erfolgen konnte. Da die religiöse Ordnung die zentrale Grundlage der vormodernen Ständegesellschaft und Herrschaftsordnung bildete, galten Sünden wie Gotteslästerung oder Ehebruch ebenfalls als strafbare Verbrechen oder Vergehen und wurden als gemischte Delikte (*delicta mixta*) mit Sanktionen bedroht, die von der Kirchenbuße bis zur Todesstrafe reichen konnten. Erst allmählich vollzog sich in der Frühen Neuzeit die Trennung zwischen Sünde und Verbrechen und damit eine Säkularisierung des Kriminalitätsbegriffs. Die frühneuzeitliche Rechtswissenschaft seit Benedict Carpzov sicherte dies durch rechtliche Figuren wie unbestimmte Delikte (Stellionat, *delicta innominata*) oder außerordentliche, nicht im materiellen Strafrecht definierte Verbrechen (*crimina extraordinaria)* ab und integrierte sowohl religiöse Normen als auch den weiten Bereich der Policeydelikte in den Kontext des Strafrechts (Schaffstein 1985; Härter 2000b). Die Strafrechtswissenschaft konzeptualisierte zwar systematisch-theoretisch wesentliche Be-

Strafrechtlicher Kriminalitätsbegriff

griffe der Strafbarkeit wie rechtswidriges und schuldhaftes Verhalten, Zurechnungs- bzw. Unzurechnungsfähigkeit, Schuld, Vorsatz, Fahrlässigkeit, Unterlassung und Versuch. Sie gelangte aber nur allmählich zu einer genaueren theoretischen Abgrenzung der unterschiedlichen strafbaren Handlungen und beschränkte sich vorwiegend auf die Differenzierung von schweren „peinlichen" Delikten und leichteren „bürgerlichen" Vergehen bzw. von Kriminal- und Policeydelikten, wobei Form und Höhe der Sanktionen und die Jurisdiktion der Gerichte als Unterscheidungskriterien fungierten. Letztlich entwickelte sie keine zusammenfassende systematische Lehre der Rechtswidrigkeit und damit keinen rechtlich eindeutig definierten Kriminalitätsbegriff (Rüping/Jerouschek 2011, 50 f.). Das gelehrte Recht trug insofern ebenfalls zur Flexibilisierung des Verbrechensbegriffs bei und ermögliche Etikettierungs- und Zuschreibungsprozesse für ein weites Feld strafbarer devianter bzw. krimineller Handlungen.

Kriminalisierungs- und Entkriminalisierungsprozesse

Pluralität und Diskursivität der strafrechtlichen Normen und die Möglichkeit, Handlungen zu verfolgen und zu bestrafen, auch wenn sie materiellrechtlich nicht gesetzlich normiert waren, hat zur methodischen Konsequenz, dass Kriminalisierungs- und Zuschreibungsprozessen eine große Bedeutung zukommt. So lässt sich beispielsweise seit dem späten Mittelalter eine zunehmende Pönalisierung der gewaltsamen Selbsthilfe (Fehde), der Körperverletzungen und des Totschlags feststellen, die *ex officio* verfolgt und anstelle von Kompensationen mit Leib- und Lebensstrafen sanktioniert werden sollten. Ebenso wurde deviantes Verhalten im Bereich von Sittlichkeit und Sexualität im Zeitalter der Reformation verstärkt kriminalisiert und konnte wie der „öffentliche Ehebruch" von der weltlichen Obrigkeit im Rahmen der Kriminaljustiz gestraft werden. Auch im Bereich des Politischen und des Staates kam es seit dem 16. Jahrhundert zu einer deutlichen Intensivierung und Ausdifferenzierung der strafbaren Delikte wie Majestätsverbrechen, Hoch- und Landesverrat, Landfriedensbruch, Versammlungs- und Zensurvergehen oder der Korruption (Härter/de Graaf 2012; De Benedictis/Härter 2013). Seit der zweiten Hälfte des 17. Jahrhundert zeigt sich im Kontext der aufkommenden Leitkategorie der öffentlichen Sicherheit eine verstärkte Kriminalisierung von Eigentumsdelikten und mobilen sozialen Randgruppen. Gleichzeitig setzte die Entkriminalisierung von Hexerei und Zauberei ein, und im Zeitalter von Aufklärung und Reform begann die verstärkte Entkriminalisierung der Religions-, Sittlichkeits- und Sexualdelikte. Diese Entwicklungen lassen sich anhand normativer Quellen wie insbesondere Policeyordnungen und Ordnungsgesetzen, der begleitenden juridisch-politischen Diskurse und auch in der Praxis der Strafjustiz beobachten (Opitz/Studer/Tanner 2006; Hilgendorf/Weitzel 2007; Schulze/Vormbaum/Schmidt/Willenberg 2008; Schwerhoff 2011, 113–177; Härter 2016b).

Damit ist freilich nur ein Teil der Kriminalisierungsprozesse erfasst, denn deviantes Verhalten muss als kriminelles wahrgenommen, zugeschrieben, gerichtlich verfolgt und schließlich bestraft werden, damit es zum Verbrechen bzw. zu Kriminalität wird. Daran waren in der Frühen Neuzeit neben Gerichten und den erst im 18. Jahrhundert allmählich entstehenden exekutiven Polizeiorganen eine Vielzahl an Akteuren beteiligt; folglich kommt der Wahrnehmung, Zuschreibung und Bewertung von Devianz und den öffentlich-medialen Kriminalitätsdiskursen wesentliche Bedeutung zu. Diese analysiert die Kriminalitätsforschung meist mithilfe rechtssoziologischer und sozialwissenschaftlicher Kriminalitätstheorien wie insbesondere dem Zuschreibungs- oder Etikettierungsansatz (*labeling approach*): „Kriminalität kann demzufolge soziologisch nur als Interaktions- und Zuschreibungsprozeß zwischen Akteuren und Instanzen verstanden werden, der in der Vergabe des Etiketts ‚kriminell' an bestimmte Menschen mündet" (Schwerhoff 1999, 77). Die damit zusammenhängenden Selektions- und Bewertungsprozesse folgen nicht nur strafrechtlichen Normen im engeren Sinn, sondern ergeben sich aus den Interdependenzen von sich wandelnden allgemeinen Ordnungsvorstellungen, der obrigkeitlich-staatlichen Sicherheits- und Kriminalpolitik, Bedrohungskonstellationen, diskursiv-medial erzeugten und vermittelten „Kriminalitätsbildern" und Bedrohungsnarrativen sowie sozialen Merkmalen der Handelnden und dem Konfliktverhalten unterschiedlicher Akteure und Institutionen. Anzeigebereitschaft und Klageverhalten Betroffener (z. B. Opfer), aber auch das Verfolgungsinteresse von Amtsträgern und obrigkeitlichen Organen bestimmen daher ebenfalls, welche devianten Handlungen als kriminell verfolgt und bestraft wurden und damit überhaupt in den Gerichts-, Kriminal- und Verwaltungsakten dokumentiert und der historischen Untersuchung zugänglich sind. Dieser methodisch-theoretische Ansatz ist hinsichtlich der begrenzten Quellenüberlieferung gut operationalisierbar, da diese im Wesentlichen aus Texten besteht, die das jeweilige System der Strafjus-

Zuschreibungs- oder Etikettierungsansatz

tiz einschließlich der sozialen Akteure produziert hat, um abweichendes Verhalten als „kriminell" zu konstruieren, zuzuschreiben und zu verfolgen bzw. zu strafen. Die bedeutet allerdings auch, dass die Kriminalitätsforschung nur einen begrenzten Ausschnitt der „tatsächlichen" zeitgenössischen Kriminalität analysieren kann, da sich das „Dunkelfeld" mangels Quellen nicht aufhellen lässt.

Kriminalitätsbilder

Historische Kriminalitätsforschung wie neuere Strafrechtsgeschichte verwenden keine ätiologischen Kriminalitätstheorien, die Verbrechen als gegeben oder gar biologisch bedingt voraussetzen. Demzufolge werden die Ursachen von Devianz/Kriminalität eher selten untersucht. Bestenfalls werden allgemeine sozioökonomische Entwicklungen wie Hungersnöte, Preissteigerungen oder Gruppenkonflikte benannt, um ein quantitativ auffälliges Anwachsen z. B. von Eigentumskriminalität zu deuten. Da in der Vormoderne solche Krisenerscheinungen jedoch ubiquitär auftraten, ist die Erklärkraft dieser Wirkungszusammenhänge eher gering. Dennoch spielen soziale, ökonomische und vor allem kulturelle Faktoren eine Rolle – jedoch weniger als sozioökonomisch messbare Bedingungen oder Anlässe, die kriminelles Verhalten verursachten, denn als diskursiv erzeugte und vermittelte Verbrechensbildern und Bedrohungsnarrative. Charakteristische frühneuzeitliche Beispiele sind Hexen, Mordbrenner, landschädliche Leute, Zigeuner oder die Räuber- und Diebsbanden, die als spezifische Kriminalitäts- und Sicherheitsbedrohungen wahrgenommen bzw. in Diskursen und in populären wie juridisch-politischen Medien als solche repräsentiert und vermittelt wurden und damit auch „Kriminalitätsfurcht" auslösen konnten. Im 19. Jahrhundert setzte sich dies z. B. mit dem „Gaunertum" oder dem „internationalen Verbrechertum" fort. Insofern waren die frühneuzeitlichen Kriminalitätsdiskurse teils eng verwoben mit parallelen Ordnungs- und Sicherheitsdiskursen und der Entwicklung populärer wie pragmatisch-juridischer Medien (Spicker-Beck 1995; Härter 2008c, 2010; Fritz 2004; Opitz/Studer/Tanner 2006; Bretschneider 2007; Härter/Sälter/Wiebel 2010).

Kriminalpolitik, Kriminalexperten und populäre Medien

Damit gerieten „individuelle Verbrecher" und „kriminelle Milieus" stärker in den Blick, die zum zentralen Gegenstand der sich seit dem 18. Jahrhundert allmählich etablierenden obrigkeitlich-staatlichen Kriminalpolitik und spezifischer Expertendiskurse der sich als *Criminalisten* bezeichnenden Strafrechtler und Praktiker oder der *Criminalpsychologie* avancierten. Diese produzierten und vermittelten in ihren Schriften und Diskursen Bilder von Verbrechern und Verbrechen, die zwar von der juridischen Praxis abwichen, gleichwohl die öffentliche Wahrnehmung von Kriminalität und damit auch Kriminalisierungs- und Zuschreibungsprozesse erheblich beeinflussen konnten. Soziale und kulturelle Kategorien, „Täterbilder", Polizeitätigkeit, Kriminalpolitik und Kriminalexperten beeinflussten damit auch das Strafverfahren und die Strafpraxis, in denen letztlich Kriminalität zugeschrieben, bewertet und sanktioniert wurde (Ludi 1999; Lorenz 1999; Becker 2005; Greve 2004; Schauz/Freitag 2007; Kästner/Kesper-Biermann 2008). Die verschiedenen Druckerzeugnisse und Medien, die Kriminalpolitik, Kriminalexperten und populären Kriminalitätsdiskursen zugeordnet werden können, werden von der Forschung als eigene Quellengruppen untersucht, um die mediale Dimension frühneuzeitlicher Kriminalität aufzuhellen. Darunter fallen illustrierte Einblattdrucke, Flugschriften, Armesünderblätter, Zeitungsberichte, Literatur bzw. Kriminalromane und populäre Fallsammlungen (Schönert 1991; Westphal 2008; Schwerhoff 2009; Härter/Sälter/Wiebel 2010; Wiltenburg 2012). Diese populären, sich an ein breites Publikum richtenden Medien weisen enge Verbindungen zur Praxis von Strafverfolgung und Justiz und zum pragmatischen juridischen Schrifttum auf. Sie beruhen auf oder verwenden Kriminalakten sowie Druckmedien, die in der Praxis von Strafverfolgung und Strafjustiz entstanden, wie Steckbriefe, aktenmäßige Berichte oder die Schriften der *Criminalisten* (Blauert/Wiebel 2001; Gruber 2010). Diese für die Forschung wichtigen Quellengruppen werden im Folgenden in einem eigenen Kapitel behandelt und die damit zusammenhängenden methodischen Fragen und Auswertungsmöglichkeiten diskutiert (siehe Kapitel 6).

Trotz dieses erweiterten Kriminalitätskonzepts kann die Forschung nicht ohne Rückbindung an Normativität auskommen, die normwidriges Verhalten mehr oder weniger definierte und mit Sanktionen bedrohte. Ansonsten würde das Untersuchungsfeld nahezu uferlos in einen kaum abgrenzbaren Bereich sozial divergierenden Verhaltens ausgedehnt, der sich so weder in den Quellen wiederfindet noch den jeweiligen zeitgenössischen Perzeptionen und Begriffen von kriminellem Verhalten eindeutig zuordnen lässt. Insofern bedarf die historische Analyse von deviantem und kriminellem Verhalten der Konzeptualisierung eines historischen Begriffs von „Strafrecht", der freilich die ganze Bandbreite an Normen, Recht und Gesetzen einbezieht, die strafwürdiges Verhalten festschrieben und mit Sanktionen oder Rechtsfolgen bedrohten. Da auf dieser normativen Basis deviantes bzw. kriminelles Verhalten erst durch unterschiedliche Akteure in einem mehr oder weniger strukturierten und institutionalisierten System zugeschrieben, verfolgt und sanktioniert wurde, bedarf auch das jeweilige „System der Strafjustiz" einer historischen Konzeptualisierung. Dies gilt insbesondere im Hinblick auf das methodische Problem, dass diese Systeme letztlich die Quellen produziert haben, die für die historische Untersuchung von Kriminalität wie auch für soziale und kulturelle Fragestellungen unverzichtbar sind.

2.4 Strafrecht, gelehrtes Recht und Multinormativität

Wie beim Kriminalitätsbegriff kann das frühneuzeitliche Strafrecht kaum mit einem modernen Rechts- und Gesetzesbegriff einer allgemeinverbindlichen generell abstrakten Rechtssetzung durch die Staatsgewalt erfasst werden. Dieser rekurriert auf ein festgelegtes Regelsystem in Form rechtlicher Normen, das spezifische Verhaltensweisen als kriminelle Handlungen verbindlich untersagt und im Fall einer Zuwiderhandlung bzw. eines Normbruchs ebenso eindeutige Rechtsfolgen – in der Regel Strafmaßnahmen – sowie die Institutionen und (Straf-)Verfahren festlegt. Dies ist seit dem 19. Jahrhundert unmittelbar mit dem souveränen Staat und dessen „Gewaltmonopol" verbunden, der das Strafrecht mittels Gesetzgebung (deren Verfahrensweisen unterschiedlich ausfallen) festlegt. Dies geschieht meist in Form eines Strafgesetzbuches, welches das materielle Strafrecht enthält, und einer Strafprozessordnung mit verfahrensrechtlichen Normen. Der Staat schafft, administriert und normiert weiterhin die Institutionen der Durchsetzung, wie insbesondere Polizei und Strafgerichtsbarkeit im Rahmen eines Justiz- und Strafmonopols (Kesper-Biermann/Ludwig/Eisfeld 2010).

Vielfalt von Normen und Normgebern   Einzelne dieser Elemente finden sich bereits in der Frühen Neuzeit, und im Übergang vom späten Mittelalter zum 16. Jahrhundert lässt sich die allmähliche Entstehung eines öffentlichen Strafrechts anhand obrigkeitlicher Strafrechtsordnungen und des gelehrten Rechts beobachten. Obwohl die obrigkeitlich-staatliche Normgebung in der Frühen Neuzeit im Heiligen Römischen Reich deutscher Nation gerade im Bereich der öffentlich-rechtlichen und strafrechtlichen Normen stark zunahm, formte sich dennoch kein einheitliches Strafrecht, das auf einem staatlichen Gewaltmonopol beruht hätte. Strafrecht als spezifischer Rechtsbereich und juristische Disziplin des öffentliches Recht, das alle strafbaren Handlungen, Voraussetzung der Strafbarkeit, Rechtsfolgen (Strafen/Sanktionen), Strafzwecke aufeinander bezogen eindeutig als materielles Strafrecht festschreibt sowie Strafverfolgung, Gerichte und Verfahren (Verfahrensrecht) und die Strafvollstreckung mittels formellen Strafrechts regelt, existierte in der Frühen Neuzeit noch nicht. Vielmehr setzte sich das frühneuzeitliche Strafrecht aus einer heterogenen Normenmasse zusammen, die zudem von sehr unterschiedlichen Normgebern stammte, die auf unterschiedenen Ebenen agierten. Dazu zählten das Reich bzw. Kaiser und Reichstag, die verschiedenen Reichsstände, Landesherren, Territorialstaaten und Reichsstädte, aber auch lokale und intermediäre Gewalten (lokaler Adel, Kirche, Städte, Zünfte oder einzelne Gerichte) sowie Autoren des gelehrten Rechts, die normative („gesetzesgleiche") Qualität erlangen konnten. Der frühneuzeitliche Staat verfügte weder über ein uneingeschränktes Normsetzungs- oder Gesetzgebungsmonopol, noch kam den obrigkeitlichen Gesetzen im Kontext der rechtlich differenzierten Ständegesellschaft ein genereller allgemeiner Geltungsanspruch für alle Stände bzw. gesellschaftlichen Gruppen zu, denn Geistlichkeit und Adel verfügten über Privilegien und eigene Gerichtsbarkeiten.

Kennzeichnend ist folglich eine starke Pluralität strafrechtlicher Normen: traditionales, lokales bzw. partikulares Gewohnheitsrecht, das Rechtsgenossen in Statuten oder Weistümern vereinbarten, kanonisches und rezipiertes römisches Recht, obrigkeitlich gesetztes Recht bzw. Strafgesetze wie Malefiz-, Halsgerichts- und Kriminalordnungen sowie die obrigkeitliche Ordnungs- und Policeygesetzgebung. Entsprechend variieren auch die zeitgenössischen Bezeichnungen und Benennungen der einschlägigen strafrechtlichen Normen und Gesetze stark: peinliches Recht, Criminalrecht, Malefiz-, Halsgerichts- oder Criminalordnung, Strafpoliceyordnung, Strafmandat, peinliches Edikt usw. Diese unterschiedlichen strafrechtlichen Normen finden sich in verschiedenen Gemengenlagen, wobei sich die globale Ebene des gemeinen Rechts mit der des Reichsrechts, des reichsständischen, territorial-landesherrlichen oder reichstädtischen Rechts und der des lokalen Gewohnheitsrechts überschneiden konnte. Der zeitgenössischen Strafrechtswis-

Quellenvielfalt

senschaft kam damit eine wesentliche Rolle hinsichtlich der wissenschaftlichen Durchdringung und Systematisierung der strafrechtlichen Normen zu, wobei noch am Ende des 18. Jahrhunderts trotz zahlreicher durch die Aufklärung beeinflusster Lehrbücher und Entwürfe von Strafgesetzbüchern keine überzeugende umfassende und theoretisch befriedigende Konzeptualisierung des Strafrechts gelang (Sellert 1989, 191 ff.; Willoweit 1999; Pauser 2004; Härter 2007, 2008a; Rüping/Jerouschek 2011, 37–55; Schwerhoff 2011, 74 f.).

Rechts- und Gesetzesbegriff

Das frühneuzeitliche Strafrecht lässt sich folglich weder hinsichtlich der Normgeber noch der Geltungsräume, Formen oder Inhalte eingrenzen. Rechtsgeschichte wie Kriminalitätsforschung verwenden daher auch einen weiten und historisch operationalisierbaren Rechts- und Gesetzesbegriff, der traditionelles, teils nur mündlich überliefertes bzw. aufgezeichnetes und vereinbartes Recht ebenso wie alle obrigkeitlich-autoritativen gesetzten und mit Geltungsanspruch/Geltungswillen versehenen Normen sowie auch das gelehrte Recht einbezieht. Das frühneuzeitliche Strafrecht kann folglich mit dem Konzept der Multinormativität beschrieben werden (Vec 2009), und es fungierte als eine variable, diskursive Ressource, die unterschiedliche Akteure für unterschiedliche Interessen und Funktionen nutzen konnten und die einen flexiblen Umgang mit Devianz, Kriminalität und Konflikten ermöglichte. Insofern können strafrechtliche Normen nicht als unwirksame, ineffiziente oder bloß symbolische Akte aus der Erforschung von Kriminalität und Strafjustiz oder gar der „historischen Realität" ausgeklammert werden. Vielmehr waren sie Teil frühneuzeitlicher normativer Ordnungen, Diskurse und „historischer Praxis" und ihnen kamen Relevanz, Funktionen und Wirkungen zu. Dies bedeutet freilich, dass die Strafrechts- und Kriminalitätsgeschichte eine große Vielfalt an strafrechtliche Quellen berücksichtigen kann, die unterschiedliche oder spezifische methodische Probleme aufwerfen. Sie reichen von der Frage der Normgeber und Entstehungskontexte über die der Geltungskraft und sozialen Reichweite bis zur Durchsetzung und Anwendung in der Rechtspraxis und werden im Zusammenhang mit den Quellen noch ausführlicher diskutiert (siehe Kapitel 4).

2.5 Strafjustiz und Infrajustiz

In die Durchsetzung und Anwendung strafrechtlicher Normen und die Praxis der Zuschreibung, Verfolgung und Bestrafung devianten/kriminellen Verhaltens waren in der Frühen Neuzeit eine Vielzahl von Institutionen und Akteuren involviert, die sich zudem sehr unterschiedlicher Verfahrensweisen bedienten. Die Strafrechts- und Kriminalitätsgeschichte subsumiert sie meist unter Begriffen wie „Strafrechtspflege", „Strafgerichtsbarkeit", „Strafjustiz" und „Strafverfolgung", die allerdings nicht immer exakt definiert werden und je nach Raum, Zeit und Gegenstand der jeweiligen Untersuchung in sehr unterschiedlichen konkreten historischen Ausformungen auftreten. Bei der frühneuzeitlichen Strafjustiz handelt es sich zudem weder ausschließlich um staatliche Gerichte, noch formten diese immer ein homogenes, zentralisiertes, hierarchisch organisiertes auf eindeutigen Zuständigkeiten beruhendes Gerichtswesen. Als historisches Konzept kann Strafjustiz folglich kaum als ein „geschlossenes" staatliches und auf einem Gewaltmonopol basierendes professionelles Justizsystem definiert werden, zumal es weder auf der normativen noch auf der institutionellen Ebene eine Trennung von Verwaltung und Justiz oder von staatlichen und nicht-staatlichen Organen und Akteuren gab und sich verschiedene Ebenen – hohe und niedere, zentrale und lokale, territoriale und außerterritoriale Strafgerichtsbarkeit – überlagerten (Leiser 1971; Schnabel-Schüle 1993; Rudolph/Schnabel-Schüle 2003). Insofern müssen unterschiedliche Institutionen, Akteure, Ebenen, Verfahren, Elemente und Funktionen differenziert werden, die sich – unter Beachtung zeitgenössischer Kriterien – aber durchaus systematisch beschreiben lassen.

    Die hohe, peinliche, Malefiz- oder Blutgerichtsbarkeit konnten unterschiedliche Inhaber der Gerichts- bzw. Jurisdiktionsgewalt (z. B. Gerichtsherr, Gutsherr, Landesherr, Kaiser, Bischof, Obrigkeit) in einer Grundherrschaft, einem Gerichtsbezirk, einer Stadt oder einem Territorium innehaben und mittels verschiedener juridischer Institutionen ausüben, deren Vielfalt kaum zu überblicken ist (Leiser 1971; Schnabel-Schüle 1993; Schwerhoff 1999, 95–98; Rudolph/Schnabel-Schüle 2003). Dazu zählten auf der zentralen Ebene Dikasterien und Spruchkollegien wie z. B. der für Kursachsen zuständige Leipziger Schöppenstuhl (Boehm 1940–42; Ludwig 2008a, 38 ff.), Hofgerichte, oberste Hof- und Justizkanzleien wie z. B. im

Höhere Strafgerichtsbarkeit

Fürstbistum Osnabrück (Rudolph 2001, 120 ff.), Hofräte und Landesregierungen wie in Baden, Bayern, Kurmainz, Österreich oder Württemberg (Behringer 1990; Schnabel-Schüle 1997, 72 ff.; Härter 2005a, 247 ff.; Griesebner/Hehenberger 2008) sowie der Rat einer Stadt, das Stadtgericht und diesen zugeordnete Organe wie z. B. die Augsburger Strafherren/Zuchtherren (Hoffmann 1995, 73–79; Schorer 2001); allein in der Reichsstadt Frankfurt waren nahezu 20 verschiedene Institutionen an der Strafjustiz beteiligt (Eibach 2003, 60 f.). Hinzu kamen auf der lokalen Ebene untergeordnete landesfürstliche Amtsträger wie Bannrichter, Vögte oder Vizedome sowie Stadtgerichte, Cent- und Landgerichte, die teilweise die höhere Malefiz- oder Blutgerichtsbarkeit bzw. den „Blutbann" innehatten. Diese kommunalen und genossenschaftlichen Gerichte hatten in der Frühen Neuzeit Entscheidungskompetenzen an zentrale territoriale Institutionen abgegeben oder holten bei juristischen Fakultäten und promovierten Juristen Rat und damit Rechtsgutachten, Entscheidungen und Urteilsvorschläge ein (Härter 1996b; Hägermann 2002; Birr 2002a; Schultheiß 2007; Griesebner/Hehenberger 2008; Kischkel 2016). Die häufiger auftretende Zersplitterung jurisdiktioneller Rechte und Räume führte allerdings auch zu Überschneidungen innerhalb eines Territoriums, so z. B. zwischen Landesherren und landsässigem Adel oder bezüglich der Centgerichtsbarkeit. Dies begünstigte, dass juridische Institutionen rechtlichen Rat bei außerterritorialen Institutionen wie Oberhöfen und juristischen Fakultäten oder promovierten Juristen einholten. Seit dem 16. Jahrhundert beschränkten die meisten Territorialstaaten die Einholung von Konsilien in Strafsachen auf die eigenen juristischen Fakultäten der Landesuniversitäten oder zentrale juridische Institutionen; in Reichsstädten, kleineren Herrschaften, Patrimonial- oder freien Landgerichten blieb die alte Praxis jedoch teilweise erhalten (Hahn 1989; Lück 1998; Griesebner/Hehenberger 2008). Auch die beiden höchsten Gerichte des Alten Reiches (Reichskammergericht und Reichshofrat) konnten bei Verfahrensmängeln angerufen werden; allerdings waren Appellationen oder Rechtsmittel in Strafsachen abgeschafft worden (Szidzek 2002).

Strafverfahren Innerhalb eines Territorialstaats oder einer Reichsstadt vollzog sich hohe Strafgerichtsbarkeit als komplexe Interaktion mehrerer Institutionen und Akteure in einem inquisitorischen Verfahren, das seit dem 16. Jahrhundert das traditionelle mittelalterliche akkusatorische Verfahren ablöste. Letzteres hatte sich als weitgehend mündliches, öffentliches, unmittelbares und lokales Parteiverfahren in der Trias private Kläger (oder genossenschaftliche Rüger, obrigkeitliche Fiskale), Angeklagter und Schöffengericht vollzogen. In diesem urteilten die Laienschöffen geleitet von einem herrschaftlichen Richter (als Vertreter des Gerichtsherrn) auf der Basis des traditionellen lokalen Gewohnheitsrechts und verhängten peinliche Strafen, handelten aber auch Kompensation aus und regulierten Konflikte. Der Inquisitionsprozess verdrängte seit dem späten Mittelalter und dann nach Erlass der peinlichen Halsgerichtsordnung des Reiches (Carolina 1532) dieses Verfahren, Elemente der Strafgerichtsbarkeit blieben jedoch erhalten. Lokale, meist mit Laien besetzte Gerichte, Ämter, Organe und Amtsträger (Amtmänner, Vögte, Schultheißen, Schöffen, Büttel, Schützen, Gerichtsmannschaft, Scharfrichter usw.) waren weiterhin für die Strafverfolgung, das Untersuchungsverfahren sowie die Urteilsverkündung und die Strafvollstreckung zuständig. Sie führten Fahndungen, Festnahmen und Verhöre durch, die in Protokollen festgehalten wurden, befragten Zeugen und andere Sachverständige, deren Aussagen ebenfalls verschriftlicht wurden, fragten bei anderen Gerichten und Ämtern mittels Requisitionen nach, um z.B. Straftaten zu verifizieren oder weitere Täter zu ermitteln, und waren für Bewachung und Versorgung der inhaftierten „Inquisiten" (Verdächtige, Angeklagte) zuständig. Da „kriminaltechnische" Möglichkeiten der Beweisführung praktisch nicht existierten, spielten die Aussagen von Zeugen und „Sachverständigen" sowie vor allem das Geständnis eine zentrale Rolle; Letzteres sollte durch Verhöre und bei ausreichendem Verdacht auch durch die Folter aus den „Inquisiten" „hervorgeholt" werden. Deren Stellung war folglich prekär: Die Anklagepunkte blieben oft unbestimmt bzw. mussten nicht mitgeteilt werden; es fehlte die Unmittelbarkeit, da die Inquisiten nur im Verhör auf die Fragen der Untersuchungsbeamten antworten durften. Die Verteidigungsmöglichkeiten waren eng begrenzt, denn Verteidiger waren meist nur zur Abwendung der Folter oder bei drohenden Todesstrafen zugelassen. Die Ergebnisse des Untersuchungsverfahrens wurden durch die Versendung der Protokolle, Akten und Berichte an die zentralen juridischen Institutionen und Spruchkollegien kommuniziert. In diesen vollzogen sich die Entscheidungsprozesse unter Mitwirkung promovierter Juristen und Rechtsfakultäten, aber auch adliger Räte oder des jeweiligen Landesherrn (auf dem Weg der Bestätigung von Urteilen) ebenfalls schriftlich in Form von Rechtsgutachten, Konsilien, Relationen, Urteilsvorschlägen und Reskripten (Anweisungen an die lokalen Amtsträger). Im Laufe der Frühen Neuzeit lässt sich eine starke Zentralisierung, Verrechtlichung, Professionalisierung und Verwissenschaftlichung des Entscheidungsverfahrens beobachten, das unter Heranziehung unterschiedlicher strafrechtlicher Normen und des gelehrten Rechts im Wesentlichen (aber nicht ausschließlich) von ausgebildeten Juristen durchgeführt wurde. Diese bekamen einen Angeklagten („Inquisiten") so gut wie nie zu Gesicht und fällten ihr Urteil ausschließlich auf der Basis der Akten. Diese Urteilsvorschläge wurden in einigen Territorialstaaten zumindest in schweren Fällen bzw. bei drohenden schweren Strafen vom Landesherrn als dem Inhaber der Gerichtshoheit bestätigt, der damit über weitreichende Eingriffsmöglichkeiten in die Entscheidungspraxis verfügte. Grundlegende Merkmale waren damit die strukturelle Zweiteilung in ein meist lokales, von Laien und Amtsträgern durchgeführtes Untersuchungs- und ein zentrales juristisches Entscheidungsverfahren mit durchgängiger Schriftlichkeit. Es folgte der Offizial- und Instruktionsmaxime, d. h. die Obrigkeit war *ex officio* zur Strafverfolgung und zur Ermittlung der materiellen Wahrheit verpflichtet, was auch den Einsatz von Folter zur Erzwingung des Geständnisses als dem entscheidenden Beweis oder weiteren Informationen zu anderen Verbrechen oder Tätern beinhaltete (Trusen 1988; Jerouschek 1992; Härter 2000a; Ignor 2002; Griesebner/Hehenberger 2008).

Sachverständige, exekutive Organe, soziale Akteure

Am frühneuzeitlichen Inquisitionsprozess waren neben Angeklagten, Inquisiten/Delinquenten, Schöffen, Richtern und professionellen Juristen zahlreiche weitere Akteure beteiligt: Familienangehörige und sonstige Personen aus dem sozialen Umfeld des Beschuldigten, die als Zeugen oder Supplikanten auftreten konnten; Kläger, Rüger, Anzeigende und/oder Denunzianten, die ein Delikt zur Kenntnis brachten; Zeugen, Mittäter und Amtsträger anderer Territorien, die zwecks Informationsgewinnung und zur Bestätigung von Angaben befragt wurden; „Sachverständige" wie Advokaten, Notare, Amtschirurgen, Ärzte, Hebammen, medizinische Fakultäten und Scharfrichter, um Tatumstände und/oder den Beschuldigten zu „begutachten" oder an der Geständniserzwingung mitzuwirken. Einbezogen werden konnten darüber hinaus auch Institutionen, Organe und Akteure, die exekutive Funktionen in der Strafgerichtsbarkeit wahrnahmen. Dazu zählen die Gerichtsgemeinden, die z. B. Aufsichtspersonal stellten, Visitationen und Streifen durchführten, Gerichtsgebühren und Beiträge einsammelten und die Gerichtskasse verwalten mussten. Exekutive Funktionen übernahmen auch Gerichtsmannschaften und Gerichtsbüttel sowie die Vorläufer moderner Polizeiorgane, die erst während des 18. Jahrhunderts etabliert wurden, wie z. b. Stadt- und Landmilizen, Landleutnant, Husaren, Dragoner, Hatschiere, Vögte oder Knechte. Weitere Amts- und Funktionsträger wie Scharfrichter oder Geistliche waren als „Sachverständige" an Strafverfolgung, Strafverfahren und Strafvollzug beteiligt (Nowosadtko 1994; Holenstein/Konersmann/Pauser/Sälter 2002; Bendlage 2003; Härter 2005a, 417–422; Kästner/Kesper-Biermann 2008; Schwerhoff 2011, 85–90). Ihnen konnten wesentliche Funktionen bei der Verfolgung und Zuschreibung von „Kriminalität" zukommen und sie produzierten spezifische Akten wie die medizinischen Gutachten über Wunden und Leichenschau eines Chirurgen (*visum repertum*), die Protokolle von Streifen und Polizeiorganen und vor allem Rechnungen (siehe Kapitel 5.4). Einige Beteiligte betätigten sich zudem als Autoren und publizierten so genannte „Diebslisten" oder „aktenkundige Darstellungen", die der Fahndung und der Beschreibung eines „kriminellen Milieus" dienten (siehe Kapitel 6.1).

Die Vielfalt und Komplexität der in ein Strafverfahren involvierten Institutionen und Akteure bilden wesentliche methodische Voraussetzungen für die Bearbeitung der entsprechenden Quellen, insbesondere im Hinblick auf die unterschiedlichen „Produzenten" und die Verfahren, in denen sie entstanden. Daraus ergeben sich zahlreiche Probleme und Fragen nach Spielräumen der einzelnen Beteiligten, der Bedeutung von Schriftlichkeit, Aktenversendung und Konsilienpraxis sowie von juristischen Fakultäten, Juristen und dem gelehrten Recht für die Entscheidungsprozesse, nach dem Verhältnis von rechtlichen und außerrechtlichen Normen, Entscheidungsgründen und Strafzwecken, dem Einfluss von sozialen Faktoren und sonstigen, z. B. strafmildernden oder verschärfenden „Umständen" oder den Möglichkeiten, die Verdächtige, Angeklagte und Inquisiten hatten, indem sie infrajustizielle Praktiken wie das Supplizieren oder Gnadenbitten nutzten (siehe Kapitel 5.4).

Methodische Konsequenzen

Die niedere Gerichtsbarkeit umfasste zahlreiche Rechts- und Verwaltungsbereiche (auch der kommunalen Selbstverwaltung), hatte aber einen besonderen Bereich der „Strafgerichtsbarkeit" ausgebildet. Sie konnte in einem Territorium von mehreren unter-

Niedere Strafgerichtsbarkeit

schiedlichen Inhabern und intermediären Gewalten ausgeübt werden: Neben dem Landesherrn und seinen lokalen Verwaltungsorganen (insbesondere den Ämtern bzw. der Amtsgerichtsbarkeit) waren dies landsässiger Adel („Patrimonialgerichtsbarkeit"), traditionelle, genossenschaftlich organisierte Schöffengerichte bzw. Dorfgerichte (Frevel-, Rüge-, Vogtei-, Go- oder Brüchtengerichte) sowie Stadt- und Zunftgerichte und im Prinzip auch der Klerus im Rahmen der geistlichen Gerichtsbarkeit oder als Grundherr. Die Gerichte waren für unterschiedliche strafbare Handlungen zuständig, die von Forst- und Flurfreveln über Verbalinjurien und leichte Körperverletzungen bis zu den zahlreichen „Policeydelikten" (Verstößen gegen Policeyordnungen und Ordnungsgesetze) und sonstigen Ordnungswidrigkeiten reichen konnten. In dieser niederen Strafgerichtsbarkeit agierten meist Laien als Schöffen, Beisitzer, Rüger (Anzeiger), Büttel und Schützen sowie lokale Amtsträger (Schultheißen, Amtmänner), die als vom Gerichtsherrn eingesetzte „Richter" das Verfahren leiteten. Dabei handelte es sich um summarische, meist mündliche und öffentliche Frevel-, Rüge- und Policeystrafverfahren, in denen ohne die formalen Beweisregeln der höheren Strafgerichtsbarkeit Bußen bzw. Geldstrafen, kurze Haftstrafen z. B. im Stadtturm, aber auch Scham- und Ehrenstrafen oder befristete Stadtverweise verhängt werden konnten. Die Sanktionen zielten nicht nur auf obrigkeitlich-staatliche Strafzwecke, sondern auch auf Wiedergutmachung, Schadensausgleich und Konfliktregulierung (Landwehr 1966; Frank 1995; Willoweit 1996; Krug-Richter 1997; Griesebner 2000; Scheutz 2001; Holenstein 2003).

Übergänge und Überschneidungen Die Übergänge zu den „hohen Freveln" der Malefizgerichtsbarkeit waren fließend; Frevel, Felddiebstähle oder leichte Körperverletzungen konnten bei entsprechender Schwere in den Bereich der höheren Strafgerichtsbarkeit fallen. Dabei überschnitten sich vielfach Rechte und Zuständigkeiten und zudem konnten Institutionen wie die Cent- und Landgerichte für Fälle aus der niederen und höheren Strafgerichtsbarkeit zuständig sein. Diese „Gemengenlage" war im Alten Reich und in einzelnen Territorien lokal unterschiedlich ausgeprägt und vielfach durch traditionelle Rechte und Herkommen begründet (Frank 1995; Kertelhein 2003; Brachtendorf 2003). Überschneidungen mit der zivilen Niedergerichtsbarkeit gab es z. B. bei Verbalinjurien, die auch auf dem Weg einer zivilrechtlichen Klage von Niedergerichten verfolgt werden konnten. Das Nebeneinander von zentralen und lokalen Gerichtsbarkeiten findet sich auch in der Patrimonialgerichtsbarkeit des niederen Adels, die neben der niederen teilweise auch die höhere peinliche Gerichtsbarkeit betraf. Delikte im Bereich der niederen Strafgerichtsbarkeit straften die Gerichtsherren selbst, bei schwereren, der Blutgerichtsbarkeit zugerechneten Verbrechen versandten sie die Akten zwecks Einholung eines Gutachtens nicht nur an landesherrliche Zentralbehörden oder Gerichte, sondern auch an Juristenfakultäten auswärtiger Universitäten (Hahn 1989; Winkelbauer 1992; Krug-Richter 1997; Gersmann 2000, 2003; Thauer 2001). Niedere und hohe Strafgerichtsbarkeit waren folglich nicht immer eindeutig abgegrenzt, zumal niedergerichtliche Institutionen und Akteure auch in die Praxis der höheren Strafjustiz integriert werden konnten (z. B. als Rüger/Anzeiger, Gerichtsmannschaft). Auch die zeitgenössische Rechtwissenschaft konnte sich nicht auf eindeutige Abgrenzungskriterien einigen; insbesondere die Zuordnung von Delikten und Strafen blieben in Praxis und Theorie umstritten. Meist bildete die Strafe eine Grenzlinie, und als gröbstes Unterscheidungsmerkmal galt: Delikte, die eine „peinliche" Leibes- oder Lebensstrafe nach sich zogen, gehörten zur hohen, alle, die mit „bürgerlichen" Strafen oder Ehrenstrafen sanktioniert wurden, zur niederen Strafgerichtsbarkeit (Carpzov 1638, 9 f.; Frölich von Frölichsburg 1733, 6). Diese vielgestaltige lokale, niedere Strafgerichtsbarkeit entzog sich weitgehend einer Verstaatlichung und behielt teilweise bis zum Ende des Alten Reiches Bedeutung für die Verfolgung und Sanktionierung devianten Verhaltens und die Regulierung von Konflikten (Schwerhoff 1999, 95 f.; Härter 2005a). Ohne die Einbeziehung dieser sich überschneidenden und verändernden Strukturen und Verfahrensweisen der Strafjustiz kann die konkrete Praxis der Zuschreibung und Sanktionierung devianten bzw. kriminellen Verhaltens kaum zureichend beschrieben werden. So veränderten beispielsweise die Verlagerung von Zuständigkeiten und Strafkompetenzen von der geistlichen zur weltlichen oder niederen zur höheren Gerichtsbarkeit erheblich die sich in den entsprechenden Gerichts- oder Kriminalakten niederschlagende Kriminalität.

Diese Vielzahl an Institutionen, Akteuren und Verfahren, die deviantes Verhalten auf der Basis pluraler strafrechtlicher Normen verfolgten und sanktionierten, wird meist mit einem weiten historischen Begriff von „Strafjustiz" als einem System sozialer Kontrolle beschrieben (Schwerhoff 2011, 9–11). Im Bereich formeller obrigkeitlich-staatlicher Sozialkontrolle stellt die frühneuzeitliche Straf-

Soziale Kontrolle

justiz allerdings einen speziellen punitiven Kontrollstil dar, der definiert werden kann als „organized responses to crime, delinquency and allied forms of deviant and/or socially problematic behaviour which are actually conceived of as such, whether in the reactive sense [...] or in the proactive sense" (Cohen 1993, 2). Ähnlich stellt auch das Konzept der Sozialdisziplinierung auf eine obrigkeitlich induzierte Beeinflussung und Änderung unerwünschter, devianter sozialer Einstellungen und Verhaltensweisen ab, die in entsprechenden Normen (darunter Strafrecht und Policeygesetzgebung) als Intention formuliert und mittels staatlicher Kontroll- und Disziplinierungsmaßnahmen, Sanktionen und Strafen (wie z. B. dem Zuchthaus) umgesetzt werden. Das in der Kriminalitätsforschung präferierte Konzept der Sozialkontrolle geht allerdings über Sozialdisziplinierung hinaus und wird nicht auf formale, vertikale Sozialkontrolle obrigkeitlich-staatlicher Institutionen beschränkt, sondern bezieht aufgrund der Vielzahl der lokalen, nichtstaatlichen Akteure auch informelle, horizontale Formen – und damit Phänomene der Justiznutzung und Infrajustiz – als konstitutiv mit ein (Schilling 1999; Roodenburg/Spierenburg 2004; Härter 2000c, 2005a; Schwerhoff 2011).

Justiznutzung   Pluralität und Diversität der Strafjustiz machen deutlich, dass diese nicht ausschließlich als Instrument staatlicher Herrschaft fungierte, um Strafrecht durchzusetzen oder bestimmte soziale Gruppen oder Klassen zu kontrollieren, zu disziplinieren oder zu unterdrücken, wie das insbesondere die ältere marxistisch orientierte Forschung betont hat. Neben der sicherlich vorhandenen „Repression" und „Disziplinierung" fungierte die Strafjustiz auch als ein Instrument – neben anderen –, das bereits in der Frühen Neuzeit von „Herrschaftsunterworfenen" bzw. der Bevölkerung insgesamt genutzt wurde, um Konflikte zu regulieren und Interessen durchzusetzen. Die neuere Forschung hat dies gelegentlich mit dem Konzept der Justiznutzung beschrieben, das aus modernen Ansätzen wie insbesondere „court shopping" und „access to justice" abgeleitet ist und auch Verbindungen zu Foucaults „Machtanalyse" oder zur „Verrechtlichungsthese" aufweist (Dinges 1992, 2000). Im Hinblick auf die Kriminalitätsforschung geht es folglich vor allem darum, dass soziale Akteure und Gruppen (darunter auch Minderheiten) Institutionen der Strafjustiz über die obrigkeitlich intendierte Verfolgung von kriminellen Handlungen hinaus zu anderen bzw. weiteren Zwecken nutzten, um Konflikte zu regulieren und Ansprüche durchzusetzen. Dies lässt sich z. B. für unverheiratete Frauen zeigen, die das inquisitorische Strafverfahren und die Strafverfolgung von Unzuchtsdelikten nutzten, um Unterhaltsansprüche gegen zahlungsunwillige Väter ihrer illegitimen Kinder durchzusetzen und damit auch Zivilklagen zum Erfolg zu führen (Härter 2001; Brachtendorf 2003).

Ähnliche Phänomene der mehr oder weniger parallelen Nutzung unterschiedlicher Gerichtsbarkeiten im frühneuzeitlichen Alten Reich lassen sich auch für die kirchliche Gerichtsbarkeit, lokale Niedergerichte oder die Reichsgerichtsbarkeit (insbesondere die Untertanenprozesse am Reichskammergericht) beobachten. Insofern weist das Konzept der Justiznutzung Bezüge zur rechtsgeschichtlichen Forschung auf, bezieht die Pluralität und Diversität frühneuzeitlicher Gerichtsbarkeit mit ein und relativiert das dichotome Modell einer bloß repressiven staatlichen Strafjustiz. Die damit verbundene Unschärfe begrenzt allerdings seine Erklärkraft: Denn auch die vormoderne Strafjustiz beruhte auf „regulären" Nutzungsstrategien wie Gerüchten, Anzeigen, Denunziationen oder Supplikationen und konnte unter der Bedingung des Inquisitionsprozesses kaum herrschaftsfrei als ein quasi staatliches Dienstleistungsunternehmen genutzt werden. Die Dimensionen von Herrschaft und sozialer Ungleichheit und die unterschiedlichen Macht- und Definitionspotentiale können folglich nicht ausgeblendet werden. In der Konsequenz wäre Justiznutzung daher in den weiteren theoretischen Rahmen der Sozialkontrolle und Infrajustiz zu integrieren (Dinges 2000).

Pluralität und Diversität der Strafgerichtsbarkeit

Um den Bereich der außergerichtlichen Konfliktregulierung methodisch zu erfassen, wird in der historischen Kriminalitätsforschung auch das Konzept der Infrajustiz verwendet, das zunächst die französische Forschung entwickelt hat. Es beschreibt „Alternativen zur obrigkeitlichen Rechtsprechung", die „gesellschaftliche Praxis der Konfliktregulierung", „außergerichtliche Spielräume" der „Nichtjustiz" oder den „riesigen gesellschaftlichen Vorhof der Justiz" (Loetz 2000, 545 ff.; Schwerhoff 1999, 107 f.; Härter 2012, 131). Dabei geht es zunächst um die zahlreichen Formen der Konfliktregulierung, die von nicht-staatlichen, intermediären Gewalten, Institutionen und Akteuren außerhalb und im Zusammenspiel mit der obrigkeitlich-staatlichen Strafjustiz praktiziert wurden (Schuster 2000; Rudolph 2001; Brachtendorf 2003; Eriksson/Krug-Richter 2003; Krug-Richter/Mohrmann 2004). Infrajustiz wird zumeist als

Infrajustiz

eine Übergangszone zwischen staatlicher Justiz und informeller sozialer Autoregulation von Konflikten und als Interaktionsraum zwischen außergerichtlicher und gerichtlicher Konfliktlösung konzeptualisiert. Gegenüber dem Konzept der *Alternative Dispute Resolution* berücksichtigt Infrajustiz, dass in der Frühen Neuzeit noch kein geschlossenes staatlich-professionelles Justizsystem auf der Basis eines Gewalt- und Justizmonopols operierte, neben dem „private", autonome Alternativen der Streitschlichtung existiert hätten. Insofern vermeidet es Dichotomien wie „privat-öffentlich", „außergerichtlich-gerichtlich" oder „vermitteln-entscheiden" und wird der Pluralität und Hybridität frühneuzeitlicher Strafjustiz und ihren vielfältigen Akteuren, Formen und Praktiken eher gerecht. Das obrigkeitlich-staatliche Justizsystem fungiert dabei weiterhin als Bezugsrahmen, an dessen Rändern oder in dessen Vorhof Devianz/ Verbrechen und die diesen zugrunde liegenden oder damit einhergehenden Konflikte im Zusammenspiel zwischen gerichtlichen und außergerichtlichen Akteuren reguliert wurden. Dies erfolgt mit Hilfe Dritter und eher informeller, vermittelnder Modi, aber auch durch intermediäre Gewalten oder im Zusammenspiel mit obrigkeitlich-staatlichen Gerichten, wobei Akteure in unterschiedlichen Rollen agieren konnten. Infrajustiz erweitert damit Strafjustiz um Akteure, Verfahren und Interaktionen sowie um Funktionen und Zwecke, die über formelle juridische Verfahren und Strafe/Sanktion hinausgehen und Schlichtung, Kompensation, Interessenausgleich oder Aushandlungsprozesse mit einbeziehen. Dazu zählen Mediation, Schlichtung, Schiedsverfahren, Sühneverträge, Supplikationen, Interzessionen, Gnadenbitten u. a. m., die teils weit ins Spätmittelalter zurückreichen (Lück 1999; Willoweit 2002; Lück 2012). Neuere Studien zu Gerichtspraxis, Strafjustiz und Konfliktregulierung im ländlichen und städtischen Bereich oder zu Ehr-, Gewalt- und familiären Konflikten zeigen, dass in der Frühen Neuzeit parallel zu formalen juridischen Gerichtsverfahren zahlreiche informelle Formen der Regulierung von deviantem bzw. kriminellen Verhalten existierten, die als „außergerichtlich" galten, aber dennoch obrigkeitlich-staatliche Institutionen und Akteure teilweise einbanden (Winkelbauer 1992; Krug-Richter 1997; Thauer 2001; Brachtendorf 2003; Härter 2005a; Franke 2013). Ein Beispiel hierfür sind das außergerichtliche Aushandeln von Strafminderung oder Gnade mittels Bittschriften bzw. Supplikationen zwischen Delinquenten, ihren Familien und Unterstützern (z. B. lokalen Amtsträgern, Pfarrern) auf der einen, und dem Landesherrn als dem Inhaber der Strafgerichtsbarkeit und seinen Zentralbehörden auf der anderen Seite. In dieser Hinsicht erweiterten und ergänzten infrajustizielle Praktiken und Verfahren wie das Supplizieren und Gnadenbitten die eingeschränkten Möglichkeiten von Tätern und Opfern im Rahmen des formalen Inquisitionsverfahrens, das meist nur rudimentäre Verteidigungsmöglichkeiten vorsah (Bauer 1996; Nubola/Würgler 2002). Insgesamt beschreibt das Konzept der Infrajustiz folglich einen wichtigen Aspekt der frühneuzeitlichen Strafjustiz als eines Systems informeller und informeller Sozialkontrolle.

Als eine methodische Konsequenz ergibt sich daraus, dass die im Interaktions- und Kommunikationsraum der Infrajustiz entstandenen, in der Regel schriftlichen Quellen wie Bittschriften, Suppliken, Gnadenbitten bzw. Gnadenbrief oder Sühneverträge eine wichtige Quellengruppe bilden, um die Praxis von Strafverfolgung und Strafjustiz und den Umgang mit deviantem bzw. kriminellen Verhalten adäquat zu untersuchen. Sie werfen allerdings spezifische methodische Probleme auf, da sie einerseits eine Akteursperspektive bieten oder gar als „Ego-Dokumente" gelesen werden können, andererseits aber auch der obrigkeitlichen oder juristischen Sphäre zuzurechnen sind und formalen Vorgaben folgten. Auch aus dieser Perspektive scheint es methodisch sinnvoll, frühneuzeitliche Strafjustiz nicht als ein starres formales Rechtssystem, sondern als flexibles, sich historisch veränderndes System sozialer Kontrolle zu konzeptualisieren. In diesem verschränkten sich formale/vertikale und informelle/horizontale Sozialkontrolle in unterschiedlichen Ausprägungen und agierten unterschiedliche Akteure und Beteiligte, unter denen professionelle Juristen nur eine – zweifellos einflussreiche – Gruppe bildeten, auf sich überschneidenden lokalen und zentralen Ebenen, um deviantes Verhalten, Kriminalität oder Konflikte zu verfolgen, auszuhandeln oder zu regulieren. Dies gilt es im Hinblick auf Entstehungskontexte, Informationsgehalt, Reichweite, Perspektive und Einordnung der vielfältigen Quellen methodisch zu berücksichtigen, die das diverse, plurale System frühneuzeitlicher Strafjustiz im Bereich der Normen, Diskurse, Praxis und Medien produziert hat. Daraus ergeben sich wiederum unterschiedliche Deutungsmöglichkeiten und Kontroversen im Hinblick auf das Verhältnis von strafrechtlichen Normen und Rechtspraxis und die Zwecke und Funktionen von Strafrecht und Strafjustiz, die die Strafrechts- und Kriminalitätsgeschichte unter Begriffen wie „Norm-

Methodische Konsequenzen

durchsetzung" und „Etikettierung", „Repression" und „sozial zwei-
gleisige Strafjustiz", „Sanktionsverzicht" und „Konfliktregulierung" oder Verrechtlichung und Staatsbildung diskutiert (siehe
Kapitel 7).

Teil 2: **Quellen und Methoden**

3 Allgemeines: Quellengruppen, Systematisierung, Hilfsmittel und methodische Grundprobleme

Seit dem 16. Jahrhundert kann eine starke Zunahme und Ausdifferenzierung der Quellen festgestellt werden, die für Forschungen zu Kriminalität, Strafrecht und Strafjustiz im frühneuzeitlichen Alten Reich herangezogen werden können. Dies betrifft sowohl die strafrechtlichen Normen, das gelehrte Recht und die populären Medien als auch die Kriminal- und Gerichtsakten und sonstigen Quellengruppen im Umfeld der Strafjustiz. Bedingt sind Wachstum und Ausdifferenzierung durch die Formierung des frühneuzeitlichen Staates, die Zunahme staatlicher Tätigkeit in Verwaltung und Rechtswesen und der damit verbundenen zunehmenden Tätigkeit von Juristen als einer professionellen Funktionselite. Dies manifestierte sich in der wachsenden Verschriftlichung von Verwaltung und Justiz, die im Bereich der Strafjustiz durch das auf Schriftlichkeit beruhende Inquisitionsverfahren katalytisch verstärkt wurde. Nicht unterschätzt werden dürfen jedoch die Kontinuitäten im Hinblick auf das traditionale Recht und infrajustizielle Praktiken wie Sühneverträge, Gnadenbitten oder das Supplizieren, die nicht verschwanden, sondern sich weiter ausdifferenzierten. Ein wesentlicher Einfluss ging weiterhin vom Kommunikations- und Medienwandel des späten 15. und 16. Jahrhunderts und der Durchsetzung des Buchdrucks aus. Letzterer wurde in der Frühen Neuzeit zunehmend für die Publikation von Ordnungen und Gesetzen, Texten des gelehrten Rechts, Gerichts- oder Kriminalakten und auch populären Darstellung von Kriminalität und Strafjustiz eingesetzt (Vismann 2001; Würgler 2009).

Die umfänglichen, vielfältigen Quellen, die unterschiedliche Akteure im Zusammenhang mit Kriminalität, Strafrecht und Strafjustiz im frühneuzeitlichen Alten Reich produziert haben, lassen sich nur bedingt systematisieren und kategorisieren. Eine wesentliche Unterscheidung bildet zweifellos die in der historischen Forschung übliche zwischen den meist mehrfach überlieferten Druckerzeugnissen und den Akten, die in der Regel nur als Unikate in einer Vielzahl unterschiedlicher Archive überliefert sind. Wie oben ausgeführt, hatten zahllose Gerichtsherren strafgerichtliche Kompetenzen inne und folglich finden sich Akten, Gerichtsbücher und

Quellenvielfalt

https://doi.org/10.1515/9783110379808-003

sonstiges Material in Bundes-, Landes-, Kreis- und Stadtarchiven, teilweise verstreut über mehrere Bestände. Dies gilt freilich auch für einen Teil der gedruckten strafrechtlichen Ordnungen und Gesetze, die nicht in jedem Fall verlegerisch publiziert wurden und folglich ebenfalls oft nur archivalisch überliefert sind, wie insbesondere die frühneuzeitlichen Policey- und Ordnungsgesetze. Gleichwohl bildet die Unterscheidung von Strafrecht und gelehrtem Recht – die überwiegend in gedruckter, verlegerisch publizierter Form vorliegen –, archivalisch überlieferten Kriminal-, Gerichts- und sonstigen Akten der juridischen wie infrajustiziellen Praxis der Strafjustiz sowie der wiederum meist im Druck erschienenen praktischen und populäre Medien im Umfeld von Kriminalität, Strafverfolgung und Strafjustiz eine pragmatisch und methodisch sinnvolle Möglichkeit, die unterschiedlichen Typen und Quellengruppen der Strafrechts- und Kriminalitätsgeschichte zu systematisieren und darzustellen.

Strafrechtliche Normen

Die strafrechtlichen Normen im frühneuzeitlichen Alten Reich (Kapitel 4) manifestierten sich zunächst in umfasseneren Ordnungen, worunter insbesondere die spätmittelalterlichen regionalen und lokalen Weistümer, Statuten und Strafspiegel, die von Reich, Territorien und Städten erlassenen Halsgerichts- und Malefizordnungen des 16. Jahrhunderts, die strafrechtlichen Teile in Landesordnungen und die seit der zweiten Hälfte des 18. Jahrhunderts entstehenden „moderneren" Kodifikationen fallen. Einzubeziehen sind weiterhin die sonstigen Strafgesetze, Policeyordnungen und die allgemeine Ordnungsgesetzgebung des Reiches, der Territorien und der Reichsstädte, soweit sie strafrechtlich relevante Normen enthalten. Eine wesentliche normative Qualität kommt auch dem gelehrten Recht bzw. der Strafrechtswissenschaft und den entsprechenden juridischen Diskursen zu, die sich vor allem in Kommentaren zu den Halsgerichts- und Malefizordnungen, umfasseneren Werken und Lehrbüchern, universitären Disputationen sowie in Konsilien- und Fallsammlungen manifestierten. Insbesondere die letztgenannte Quellengruppe weist einen starken Bezug zur Rechtspraxis auf und die Übergänge zu den pragmatischen Medien sind fließend.

Kriminalakten der Rechtspraxis

Die in der Regel nur archivalisch überlieferten Kriminal- und Gerichtsakten sind durch eine große Vielfalt und Differenziertheit der unterschiedlichen Quellentypen gekennzeichnet, die nur grob anhand der Gerichts- und Verfahrenstypen und der Unterscheidung zwischen justiziellen Quellen und solcher der Justizverwaltung und Infrajustiz systematisiert werden können (Kapitel 5). Gerichtsbü-

cher, Gerichtsprotokolle und Urteilsbücher sind vor allem für spätmittelalterliche Gerichte und den weiten Bereich der niederen Strafgerichtsbarkeit überliefert. Der in der Frühen Neuzeit dominierende
Inquisitionsprozess hat im Untersuchungsverfahren eine enorme
Masse an Akten produziert: Festnahme-, Verhör- und Folterprotokolle, Akten mit Aussagen/Erklärungen von Zeugen, Opfern und
Experten, Schriftwechsel mit anderen Institutionen (Requisitionen)
sowie „Aktenversendungen", Berichte und Reskripte zwischen untersuchenden, lokalen juridischen und entscheidenden Institutionen. Die schriftlich kommunizierten Untersuchungsakten bildeten wiederum die Basis für die Einholung von Rechtsgutachten
bei zentralen entscheidenden oder gutachtenden Institutionen, die
Konsilien, (Kriminal-)Relationen, Urteilsvorschläge und sonstige
Entscheidungen anfertigten, die als Entwürfe, Protokolleinträge,
landesherrliche Bestätigungen oder Ausfertigungen an die untersuchenden, lokalen juridischen Institutionen gingen (Kapitel 5.3).
Der weite Bereich der Infrajustiz lässt sich bezüglich der Quellen
vorwiegend über Bittschriften, Suppliken, Interzessionen und Gnadengesuche fassen, die meist in einem „außergerichtlichen" Verfahren von den lokalen und entscheidenden Institutionen mittels
Bericht, Gutachten, Entscheidung und Reskript kommuniziert wurden und folglich zusätzliches Aktenmaterial erzeugten (Kapitel 5.5).
Auch die Justizverwaltung hat zahlreiche Quellengruppen produziert, so Akten aus der Strafverfolgung und von exekutiven Organen wie z. B. Protokolle und Berichte von Visitationen, Streifen und
Festnahmen, aber auch Denunziationen und Anzeigen aus der Bevölkerung. Eine wichtige Gruppe bilden die verschiedenen Rechnungen (oder Rechnungsbücher) über unterschiedliche Dienste, von der
Erhebung von Gerichtsbeiträgen und Bußen über die Bewachung
von Delinquenten bis zur Tätigkeit des Scharfrichters oder die Abrechnung der Strafvollstreckung. Letztere hat eigene Quellen hinterlassen, von Straf- und Bußbüchern bis zu den oft umfangreichen
Gefängnis- und Zuchthausakten (Kapitel 5.4).

Kriminalakten und Akten der Justizverwaltung konnten wiederum eine Materialbasis für die auf die Rechtspraxis orientierten
pragmatischen und populären Medien bilden, die in der konkreten
Strafjustiz eine Rolle spielten, aber über diese hinausweisen, weil
sie in gedruckter Form meist verlegerisch erschienen und einen
allgemeinen, unspezifischen Adressatenkreis bzw. das „allgemeine
Publikum" erreichten (Kapitel 6). Dazu zählen zunächst die Medien

Praktische und
populäre
Medien

der „polizeilichen" Strafverfolgung wie insbesondere Steckbriefe, Diebslisten und „aktenmäßige Berichte" von Strafverfahren, die im 18. Jahrhundert zunehmend im Druck erschienen. Unter die pragmatische, auf die Praxis zielende Literatur fallen weiterhin Anleitungen, Formular- und Praxishandbücher zur Durchführung eines Untersuchungsverfahrens (insbesondere von Verhören), Konzipierung von Berichten und Urteilen und anderen Tätigkeiten der Justizverwaltung (Kapitel 6.1). Seit dem 16. Jahrhundert thematisierten illustrierte Einblattdrucke und Flugschriften, die ihre Informationen auch aus Gerichts- und Kriminalakten bezogen, Kriminalität, Strafjustiz und Strafvollzug, die damit zu einem Sujet populärer Massenmedien wurden. Gleiches gilt für die im 18. Jahrhundert entstehenden populären Fallsammlungen, die teilweise auf Kriminalakten beruhten und das juridische Medium der Rechtsprechungssammlung in ein populäres Massenmedium transferierten. Schließlich sind noch Zeitungen und Zeitschriften zu nennen, die seit der zweiten Hälfte des 18. Jahrhunderts sowohl juristisches Expertenwissen vermittelten als auch über einzelne Kriminalfälle und Prozesse berichteten (Kapitel 6.2).

Hilfsmittel und moderne Editionen Strafrecht
Im Vergleich zu dieser großen Vielfalt und Menge unterschiedlicher Quellen liegen nur wenige Hilfsmittel und moderne Quellensammlungen vor, die einen umfassenden Überblick geben, einzelne Quellengruppen erschließen oder exemplarisch zugänglich machen. Die gedruckten Quellen der strafrechtlichen Normen und der Strafrechtswissenschaft lassen sich noch immer am besten durch die zu Beginn des 19. Jahrhunderts erschienen Handbücher von Böhmer (1816) und Kappler (1838) erschließen. Kappler listet auf über 1200 Seiten in einer sehr differenzierten, allerdings den damaligen „Systemen" des Strafrechts folgenden Systematik (allgemeiner Teil, materielles Recht nach Delikten) sehr umfangreich die „Quellen des deutschen Criminalrechts" (insbesondere Strafgesetze) auf und erschließt die „Wissenschaften" sowie die entsprechenden literarischen Quellen auch im Hinblick auf Themen wie Begnadigung, Strafvollzug, Strafverfahren, Verhör, Kriminalkosten, Statistik oder gerichtliche Medizin unter Einbeziehung von Universitätsschriften und z. T. auch der pragmatischen Literatur. Das neuere *Handbuch der Quellen und Literatur* (Coing 1976/77) bietet zwar einen umfassenden Zugang zum gemeinen Recht im frühneuzeitlichen Europa, ist aber auf das „Privatrecht" ausgerichtet und berücksichtigt das Strafrecht nur ansatzweise. Eine Auswahl mehr oder weniger exem-

plarischer, aber stark gekürzter Quellen bietet das *Studien- und Quellenbuch zur Geschichte der deutschen Strafrechtspflege* (Sellert/Rüping 1989/1994), insbesondere der von Wolfgang Sellert herausgegebene, bis zum Zeitalter der Aufklärung reichende erste Band. Die Bände geben in den Einleitungen zusammenfassende Übersichten über die zentralen – aber längst nicht alle – Quellengruppen mit dem Schwerpunkt auf den wichtigsten strafrechtlichen Ordnungen und Autoren bzw. Werken der Strafrechtswissenschaft, die dann auch in der Quellenauswahl dominieren. Diese bringt allerdings fast ausschließlich gedruckte, teils bereits zuvor edierte Quellen in Auszügen zum Abdruck. Insofern wird dem Studienzweck genüge getan, aber kein Hilfsmittel für tiefergehende Forschungen bereit gestellt, zumal methodische und quellenkritische Überlegungen eher in den Hintergrund treten.

Einen ersten Zugang zu den Kriminalakten ermöglichen die Einführungen von Gerd Schwerhoff (1999, 2011) und ein ergänzender Beitrag zu den Gerichtsakten und anderen Quellen zur Kriminalitätsgeschichte (Schwerhoff 2002), die allerdings weniger einen umfassenden quantitativen Überblick geben als vielmehr systematisch die einzelnen Quellengruppen auch anhand einiger konkreter, exemplarischer Beispiele behandeln. Erschließung und Edition von Quellen sind allerdings eher zweitrangig: Archivbestände und einschlägige Hilfsmittel (Repertorien) werden kaum genannt und der Quellenanhang beschränkt sich auf eine mehr oder weniger repräsentative Auswahl von 12 Texten (1999, 168-194) bzw. zusätzliches Material auf der Internetseite des Verlages (2011). Die strafrechtlichen Normen und das gelehrte Recht sind im Hinblick auf Erschließung und Dokumentation unterrepräsentiert, werden aber ausführlich unter methodischen und theoretischen Fragen diskutiert. Möglichkeiten und Fragen der Quellenauswertung, Informationsgehalte, Analysemethoden, Erkenntnisgewinne und Methodenprobleme stehen dann auch im Vordergrund und werden mit Bezug zu den jeweiligen Quellen und theoretischen Konzepte ausgewogen kritisch diskutiert. Eine vergleichbare zusammenfassende Darstellung von Quellen und Methoden der historischen Kriminalitätsforschung liegt für das frühneuzeitliche Alte Reich nicht vor, und auch die internationale Forschung hat eher spezifische methodische Fragen diskutiert, die Thematik der Quellen aber kaum zusammenfassend behandelt (Knepper 2016). Weitere spezifische Hilfsmittel und Editionen zu spezifischen Quel-

Hilfsmittel und moderne Editionen Kriminalakten

lengruppen werden im Folgenden an entsprechender Stelle behandelt.

Grundlegende
Methoden-
probleme und
Auswertungs-
möglichkeiten

Die unterschiedlichen Quellengruppen erlauben vielfältige Auswertungsmöglichkeiten im Hinblick auf die Funktion und Praxis von Strafrecht und Strafjustiz, Devianz, Kriminalität und Konflikte sowie für zahlreiche Themen der Sozial-, Alltags- und Kulturgeschichte der Frühen Neuzeit, weisen aber jeweils spezifisch begrenzte Informationsgehalte auf. Sie stellen folglich erhebliche und unterschiedliche methodische Anforderungen, von denen einige grundlegende übergreifende Methodenprobleme an dieser Stelle einleitend skizziert werden sollen. Die meisten der oben angeführten Quellen entstammen letztlich der obrigkeitlich-staatlichen Sphäre und sind durch die vormoderne Rechts- und Verwaltungssprache geprägt. Im Fall der Texte des gelehrten Rechts ist dies zunächst Latein, das sich auch in den Gerichts- und Kriminalakten, teilweise in einer merkwürdigen Mixtur mit deutschen und eher der mündlich gesprochenen Sprache entstammenden Begriffen findet. Dies gilt auch für die ursprünglich mündlichen Kommunikationen im akkusatorischen Verfahren oder im Verhör sowie für Bittschriften und Supplikationen, die von Schreibern aufgezeichnet und partiell in die „Rechtssprache" transformiert oder zumindest mit spezifischen juridischen Begriffen durchsetzt wurden. Dies verstärkt die Schwierigkeit, die meist handschriftlich überlieferten Gerichts- und Kriminalakten zu lesen, zu transkribieren und zu verstehen. Sprache und Begriffe von Strafrecht und Strafjustiz lassen sich durch verschiedene Wörterbücher erschließen, so zu den lateinischen Fachausdrücken im Recht (Lieberwirth 1988), dem auch online zugänglichen *Deutschen Rechtswörterbuch* (DRW), das auch digitalisierte Rechtsquellen anbietet, und mithilfe des bereits in einer revidierten zweiten Auflage erscheinenden *Handwörterbuchs zur deutschen Rechtsgeschichte* (HRG).

Multiperspekti-
vität

Die Beachtung und „Entschlüsselung" der Transformation von ursprünglich mündlichen Kommunikationen in schriftliche Formen, die einer rechtlichen Logik folgen und mit juristischen Begriffen durchsetzt sind, gehört zu den grundsätzlichen methodischen Problemen. Dies gilt nicht nur im Hinblick auf die Analyse von Gerichts- und Kriminalakten, sondern auch bezüglich gedruckter Quellentypen wie Rechtsprechungssammlungen und sonstiger Texte des gelehrten Rechts, die konkrete Fallbeispiele aus der Praxis benutzen und transformieren. Damit hängt ein zweites grundsätzliches Methodenproblem zusammen, das sich aus der obrigkeitlich-juridischen Prägung der meisten Quellen ergibt: die Frage der Perspektive und Reichweite. Bei der Analyse normativer Texte, die aus obrigkeitlich zeitgenössischer Perspektive vermitteln, wie etwas sein soll und welches Verhalten nicht erwünscht ist, haben die ältere Rechtsgeschichte wie neuere historische Studien versucht, Rückschlüsse auf die „historische Realität" zu ziehen. Wenn auch eine lineare Gleichsetzung nahezu durchgängig als methodisch fragwürdig abgelehnt wird, so wird doch auf „reale" Ursachen (z. B. Kriminalität, Krisenphänomene) geschlossen oder versucht, das Verhältnis von obrigkeitlichen und sozialen Ordnungsmustern zu bestimmen. Dies gilt noch stärker für die Kriminalakten oder die im Bereich der Infrajustiz entstandenen Quellen, in denen sich hinter obrigkeitlichen Prägungen und rechtlichen Logiken Sprach- und Handlungsweisen oder Praktiken sozialer Akteure und Gruppen ermitteln lassen. Freilich kann auch in diesem Fall methodisch kaum von dem obrigkeitlich-rechtlichen Entstehungskontext abstrahiert werden und sollten für die jeweiligen Quellentypen Standortgebundenheit, Reichweite, Informationsgehalte und Transformationen methodisch sensibel berücksichtigt werden. Weder die historische Wissenschaft noch die Rechtsgeschichte haben bislang eine theoretisch abgesicherte Methode überzeugend begründen können, wie obrigkeitliche Quellen der Strafjustiz gleichsam ausschließlich „gegen den Strich" gelesen werden könnten. Methodisch und theoretisch ausdifferenziert wurden dagegen die Wechselwirkungen zwischen unterschiedlichen, obrigkeitlichen und sozialen Akteuren, Recht/Justiz und Gesellschaft, Normen und Praxis, die insbesondere durch eine möglichst breite und miteinander verknüpfte Einbeziehung unterschiedlicher Quellentypen analysiert werden können (Schwerhoff 1991, 61–68; 2002, 284 f.; 2011, 63–71). Methodische Multiperspektivität bildet folglich eine wesentliche Voraussetzung für die Analyse der frühneuzeitlichen Quellen zu Kriminalität, Strafrecht und Strafjustiz. Dabei besteht allerdings eine gewisse Gefahr, dass Forscher versucht sind, Normen oder Entscheidungen auch vom eigenen „rechtlichen" Standpunkt her zu beurteilen und gleichsam in die Rolle von Obrigkeiten, Richtern, Opfern oder Delinquenten einzutauchen, für oder gegen diese Stellung zu nehmen oder die „Wahrheit" eines Kriminalfalles zu ermitteln. Standortgebundenheit und Gegenwartsinteressen der Forschung sind unabweisbare Vorbedingungen historischer Forschung; die Interpretation der Rechts- und Kriminalquellen der

Frühen Neuzeit erfordert allerdings eine hohe Sensibilität und klare Offenlegung der Methoden und Deutungsansätze im Umgang mit den unterschiedlichen, komplexen Quellentypen.

4 Strafrechtliche Normen: Ordnungen, Policeygesetze, Strafrechtswissenschaft

Wie erläutert, war das frühneuzeitliche Strafrecht im Alten Reich durch Diversität, Pluralismus und Multinormativität gekennzeichnet, die sich in der peinlichen Halsgerichtsordnung des Reiches (Carolina 1533), den Reichspoliceyordnungen von 1530 und 1548 und weiteren Normen des Reiches und der Reichskreise, zahlreichen partikularen Halsgerichts- und Malefizordnungen und sonstigen Strafgesetzen, der ausufernden Ordnungs- und Policeygesetzgebung, dem traditionalen, lokalen Gewohnheitsrecht und dem alles überwölbenden gelehrten Recht manifestierten. Strafrechtliche Normen finden sich und wurden durch unterschiedliche Normgeber auf allen Ebenen des Reichssystems erlassen. Daraus resultierten Unklarheiten und Kollisionen, welches Recht im konkreten Fall Anwendung finden sollte und in welchem (hierarchischen) Verhältnis die einzelnen Normen zueinander standen. Freilich waren auch die einzelnen Ordnungen und Gesetze oft durch fehlende Systematik und normative Unbestimmtheit gekennzeichnet: Weder waren alle Delikte noch die dafür jeweils angedrohten Strafen strafrechtlich abschließend festgeschrieben. Gleiches gilt für die oft unvollständigen und teils mit materiellrechtlichen Bestimmungen vermischten Normen zum Strafverfahren, die nur selten in spezifischen „Strafprozessordnungen" zusammengefasst wurden. Auf Disparität, Obskurität, Ambiguität, materielle Unvollständigkeit und Unüberschaubarkeit des frühneuzeitlichen Strafrechts versuchte das gelehrte Recht mit systematischen Kommentaren und Lehrbüchern und im 18. Jahrhundert mit Kodifikationsentwürfen zu antworten.

Diese unübersichtliche Gemengelage hat zur Folge, dass es keine modernen Übersichten und sonstigen Hilfsmittel gibt, die das frühneuzeitliche Strafrecht auch nur annähernd vollständig erschließen. Auch die wenigen modernen Quelleneditionen beschränken sich auf einige „wichtige" Texte, bei denen es sich um die frühen Halsgerichts- und Malefizordnungen des 16. Jahrhunderts und die späten Ordnungen ab Mitte des 18. Jahrhunderts sowie ausgewählte Texte einiger herausragender Juristen handelt. Die umfangreichste Sammlung, die auch den besten Überblick gibt, haben

Hilfsmittel

https://doi.org/10.1515/9783110379808-004

Sellert und Rüping mit dem bereits erwähnten Studien- und Quellenbuch vorgelegt (Sellert/Rüping 1989/1994); auf spezifischere Hilfsmittel und Editionen zu einzelnen Bereichen wird im Folgenden
hingewiesen.

Pragmatische
Systematisie-
rung und exem-
plarische Vor-
gehensweise

Diversität und Pluralismus des frühneuzeitlichen Strafrechts
machen eine pragmatische Systematisierung und exemplarische
Vorgehensweise notwendig. Im Folgenden werden daher zunächst
die umfassenderen strafrechtlichen Ordnungen behandelt, ergänzt
um die sonstigen partikularen Strafgesetze und die strafrechtlich
einschlägige Policey- und Ordnungsgesetzgebung, um schließlich
auf das gelehrte Recht insbesondere im Hinblick auf die Systematisierung, Kommentierung und Ergänzung der strafrechtlichen
Normen einzugehen. Dies bedingt, dass spezifische dogmatische
Probleme weitgehend ausgeblendet werden müssen und sich die
Darstellung der strafrechtlichen Normen auf die Quellen und damit
zusammenhängende Analysemöglichkeiten und methodische Fragen beschränken muss, von denen sich eingangs einige generelle
systematisch wie folgt skizzieren lassen:

– Normgeber und Beteiligte und die Konzeptualisierung von
  Normgebung als Prozesse der Rechtsfindung, des Aushandelns
  (z. B. zwischen Landesherren und Ständen), der Vereinbarung,
  Rechtssetzung oder Gesetzgebung durch eine dazu legitimierte
  Autorität (Kaiser, Landesherr, reichsstädtischer Rat);
– Ursachen, Anlässe und Entstehungskontexte strafrechtlicher
  Normen, insbesondere die Frage nach Wechselwirkungen von
  Kriminalität, Konflikten und Krisen als Katalysatoren der Genese und Veränderung von Normen;
– Rezeption, Transfer und Adaption von Normen aus anderen
  Rechtsbereichen oder Rechtsräumen;
– der Geltungsbereich und die räumliche und soziale Reichweite sowie die unterschiedlichen Adressaten und Anwender
  der Normen (von Laien und Schöffen bis zu gelehrten Richtern);
– die Rechts- und Gesetzesqualität, Verbindlichkeit und Geltungskraft der unterschiedlichen Normen, die zeitgenössisch
  nicht immer dem Recht zugeordnet wurden (wie z. B. Policeyordnungen);
– die zeitgenössische Abgrenzung, Systematik und Hierarchie
  der auf unterschiedlichen Ebenen und durch unterschiedliche
  Normgeber entstandenen strafrechtlichen Normen;

- die Wechselwirkungen mit dem gelehrten Recht und dessen Einfluss auf das Strafrecht;
- die diskursive Qualität strafrechtlicher Normen und ihre Wechselwirkungen mit anderen zeitgenössischen Diskursen, auch hinsichtlich der Konstruktion und Vermittlung von „Etikettierungen", Bedrohungsnarrativen und Stereotypen;
- die Implementation, Durchsetzung und Anwendung strafrechtlicher Normen, insbesondere im Strafverfahren und bezüglich der Bedeutung für die Entscheidungsfindung und Strafzumessung.

Diese generellen Analysemöglichkeiten verweisen bereits auf eine wesentliche methodische Problematik, die letztlich aus den unterschiedlichen Ansätzen von Strafrechtsgeschichte und historischer Kriminalitätsforschung resultiert: das Spannungsverhältnis zwischen rechtsinterner-dogmengeschichtlicher Methodik und der Historisierung und Kontextualisierung strafrechtlicher Normen. Dies wird im Folgenden exemplarisch für zentrale Quellentypen des frühneuzeitlichen Strafrechts näher ausgeführt.

4.1 Die strafrechtlichen Ordnungen

Zu Beginn der Frühen Neuzeit existierte im Alten Reich ein heterogenes Konglomerat sehr unterschiedlicher strafrechtlichen Normen, das sich aus mittelalterlichen Rechtsaufzeichnungen und Rechtsbüchern wie dem Sachsen- und Schwabenspiegel, zahllosen lokalen Ordnungen, Statuten und Weistümern, den von einigen Landesherren und Obrigkeiten erlassenen Ordnungen und den in einigen Reichsstädten entstandenen Stadtrechtsreformationen zusammensetzte. In der Regel handelt es sich um traditionales, aufgezeichnetes, vereinbartes, regionales/lokales und vor allem partikulares Recht, das in seiner Gesamtheit noch kaum erschlossen ist. In modernen Editionen liegen lediglich der Sachsen- und der Schwabenspiegel sowie eine typische spätmittelalterliche lokale Halsgerichtsordnung der Stadt Volkach aus dem Jahr 1504 vor (Schild 1997). Für die zahlreichen lokalen Normen bietet noch immer die 1840 begonnene siebenbändige Sammlung der Weistümer den besten Überblick, die inzwischen auch als moderner Nachdruck vorliegt (Grimm 1840–1878).

Frühe
Halsgerichts-
ordnungen

Seit dem Ende des 15. Jahrhunderts finden sich in einigen Territorien und Reichsstädten umfassendere strafrechtliche Gesetze. Sie gehören zum Gesetzestypus der obrigkeitlichen Ordnungen, die wie die Policeyordnungen einen Bereich umfassend regelten. Mit solchen Ordnungen demonstrierten die Obrigkeiten auch auf einer symbolischen Ebene Dauerhaftigkeit, Stabilität und einen umfassenderen Ordnungsanspruch, der auf „Missstände" mit dem normativen Entwurf einer idealen Ordnung antwortete. Dabei sind freilich Übergänge und Überschneidungen zu anderen Typen strafrechtlicher Normen wie insbesondere zu Weistümern, Statuten oder städtischen Ordnungen zu beachten. So erfassten auch die durch die Rezeption des römischen Rechts geprägten Stadtrechtsreformationen von Worms (1498/99) oder Frankfurt (1509) mehr oder weniger systematisch strafrechtliche Normen in eigenen Abschnitten oder Teilen und erreichten damit einen höheren Grad an Abstraktheit, Rationalität und Verwissenschaftlichung. Allerdings darf nicht übersehen werden, dass auch dieses von ausgebildeten Juristen konzipierte und der städtischen Obrigkeit erlassene Strafrecht noch stark traditional geprägt und durch Rechtsbräuche, Gerichtspraxis und den Vereinbarungscharakter des mittelalterlichen Rechts beeinflusst war. Mit den von Kaiser Maximilian als Landesherr für Tirol (1499) und Radolfzell (1506) erlassenen Malefizordnungen, der Bambergischen Halsgerichtsordnung von 1507 (Bambergensis) und der Brandenburgischen Halsgerichtsordnung von 1516 entstanden in einzelnen territorialen Landesherrschaften erste spezifische strafrechtliche Ordnungen, zeitgenössisch meist als Halsgerichts-, Malefiz- oder peinliche Gerichtsordnung bezeichnet. Wie die Bezeichnung andeutet, handelte es sich um Gerichts- und Verfahrensordnungen, die aber auch das Strafen bzw. die Strafen im Zusammenhang mit den Verbrechen regelten und folglich materiellrechtliche Bestimmungen enthielten.

Editionen und
methodische
Aspekte

Eine noch immer nützliche Übersicht zu den frühen Halsgerichtsordnungen des 15. und 16. Jahrhunderts unter Einbeziehung städtischer und lokaler Ordnungen findet sich bei Stobbe (1864, 237–256). Die territorialen Ordnungen liegen überwiegend in Editionen vor, so die Bamberger (Bambergensis 1507) und Brandenburger (1516) Halsgerichtsordnungen gemeinsam mit der Carolina von 1532 (Zoepfl 1842) sowie die Maximilianischen Halsgerichtsordnungen für Tirol und Radolfzell (Schmidt 1949). Einige Ordnungen erschienen als Nachdrucke oder sind als digitale Faksimiles online zu-

gänglich bei DRQEdit (http://drw-www.adw.uni-heidelberg.de/drq
edit-cgi/zeige). Das *Textbuch zur Strafrechtsgeschichte der Neuzeit*
enthält die frühen territorialen Ordnungen von Tirol (1499) und
Bamberg (1507) sowie die Carolina (1532) (Buschmann 1998). Unter
rechtshistorischen Fragestellungen wurden die frühen Ordnungen
vor allem unter dem Aspekt der Rezeption des römischen Rechts,
ihrer Bedeutung als Vorläufer der Carolina und im Hinblick auf
dogmatische Fragen (Ausdifferenzierung der Delikte und Tatbestände, Unterscheidung von Vorsatz, Fahrlässigkeit, Versuch oder
Tatbeteiligung) untersucht (Sellert/Rüping 1989, 91 ff.). Eine solche
dogmengeschichtliche Methodik führt allerdings meist zur Feststellung der zahlreichen dogmatischen Defizite. Ein breiter anset-
zender rechtskultureller und kriminalitätshistorischer Ansatz kann
dagegen die frühen Ordnungen nutzen, um z. B. das Fortleben traditionaler Rechtsnormen im Kontext der sich wandelnden Ord-
nungs- und Kriminalitätsvorstellungen in der Phase des Übergangs
vom mittelalterlichen zum frühneuzeitlichen Strafrecht aufzuhellen. Auch die Bezüge zu den sich wandelnden Strukturen und
Verfahren der Strafgerichtsbarkeit oder Vergleiche zur Praxis der
Strafjustiz in spätmittelalterlichen Städten und Territorien bieten
weiterführende Analysemöglichkeiten (Allmansberger 2003; Behrisch 2005).

 An der Wende zum 16. Jahrhundert initiierten das Reichskam-   Carolina 1532
mergericht und der Reichstag Beratungen über eine strafrechtliche
Ordnung für das gesamte Reich. Unter Einbeziehung der Bambergensis (1507) und der Brandenburgischen Halsgerichtsordnung
(1516) entstanden in einem langen Prozess 1521, 1524 und 1529
Entwürfe, und schließlich verabschiedete der Reichstag von 1532
nach langen Verhandlungen *Keyser Karls des fünfften, vnd des
heyligen Römischen Reichs peinlich gerichts ordnung*, so der Titel des
von Ivo Schöffer in Mainz besorgten Erstdrucks von 1533 (Carolina
1533). In ihrer Bedeutung kann die Carolina kaum überschätzt
werden: Sie war das erste Strafgesetzbuch des Heiligen Römischen
Reiches deutscher Nation, das bis 1806 in Kraft blieb, und sie
markiert auch in Europa den Typus eines neuen öffentlichen bzw.
staatlichen Strafrechts, das für einen Kernbereich des materiellen
und des Strafverfahrensrechts grundlegende Normen und Verfahrensweisen festschrieb. Dies geschah in der Form des im 16. Jahrhundert prägenden Gesetzestyps der Ordnung. Insofern weist die
Carolina ähnliche formale Strukturen wie andere Halsgerichts- und

Malefizordnungen und die Landes- oder Policeyordnungen auf (Härter/Stolleis 1996–2017; Härter 2009b). Dazu gehören neben den 219 Artikeln (deren Zählung erst später hinzugefügt wurde) eine auch im Reichsabschied abgedruckte Vorrede, in welcher der Erlass mit Missständen und Ordnungsintentionen der Obrigkeit begründet wird: Es seien die meisten „peinlich gericht mit personen, die unsere Keyserliche recht nit gelert, erfarn oder übung haben, besetzt", „die wider recht und gute vernunfft" handeln würden und „unschuldige gepeinigt und getödt" oder die Bestrafung schuldiger Täter „durch unordentliche geverliche und verlengerische handlung" dem „gemeinen nutz zu grossem nachtheyl" erschwert hätten. Aus diesem Grund sei eine reichsweite Ordnung erlassen worden, an die sich alle Untertanen halten müssten, wobei den Rechten und Gebräuchen der Reichsstände bzw. Obrigkeiten nichts benommen werden solle (Carolina 1533, Vorrede; Reichstagsakten 1532, 1075). Auch in der für den Typus der Ordnung charakteristischen Schlusserklärung wird die Funktion der Obrigkeit betont, die *ex officio* handeln könne und bei der wie bei anderen Rechtsverständigen Gerichte, Richter und Schöffen Rat einholen sollten.

Exemplarischer Charakter　　Unordnung und allgemeiner Nutzen bilden die in der zeitgenössischen Ordnungsgesetzgebung weit verbreiteten Begründungen, um eine Ordnung mit allgemeinem reichsweiten Geltungsanspruch zu erlassen, die allerdings im Hinblick auf das partikulare Strafrecht der Obrigkeiten eine „salvatorische Klausel" enthielt und die Kompetenzen der Obrigkeiten, insbesondere der Landesherren, betonte. Dies verweist auf den komplexen Normgebungsprozess, der nicht mit einem modernen Konzept von „Strafgesetzgebung" erfasst werden kann. Die Carolina war das Ergebnis mehrerer Entwürfe und intensiver Verhandlungen, an denen Kaiser, Reichsstände, Reichsinstitutionen (Reichstag und Reichskammergericht) und anfangs durch zumindest eine Supplikation an das Reichskammergericht auch betroffene Untertanen (die Mutter eines hingerichteten Täters aus der Reichsstadt Nordhausen) beteiligt waren. Gleichzeitig war sie aber auch geprägt durch territoriale Vorgänger wie insbesondere die Bambergensis von 1507 und römisches und gelehrtes Recht bzw. eine entsprechende Methodik, die beteiligte Juristen eingebracht haben. Eine wesentliche Wirkung bestand darin, dass sie neben dem Akkusationsverfahren den Inquisitionsprozess mit Offizial- und Instruktionsmaxime, Rateinholung und Aktenversendung (siehe Kapitel 2.5) sowie „Beweisregeln" (vor allem im Hinblick auf

Verdacht, Indizien, Zeugen, Geständnis und Folter) etablierte. Auch bezüglich der Verbrechen normierte die Carolina einen umfangreichen Katalog mit dem Schwerpunkt auf Gewalt- und Eigentumsdelikten, bezieht aber auch Religion (Gotteslästerung), Hexerei/Zauberei, Münzfälschung, Eidbruch, Fälschung, Betrug, Sexualdelikte wie Sodomie, Inzest, Ehebruch, Notzucht, Kuppelei, Bigamie und politische Verbrechen wie Verrat und Landfriedensbruch mit ein. Entscheidend ist freilich, dass die Verbrechen nicht abschließend normiert wurden und eine Strafverfolgung bei „unbenanten peinlichen fellen unnd straffen" mit Einholung von rechtlichem Rat ausdrücklich gestattet wurde (Carolina 1533, Art. 105). Auch Tatbestandsmerkmale und Voraussetzungen der Strafbarkeit (Vorsatz, Fahrlässigkeit, Versuch, Teilnahme, Strafunmündigkeit bis zum siebten, Strafmündigkeit ab dem 14. Lebensjahr) waren nicht abschließend geregelt oder dogmatisch genau definiert. Im Strafenkatalog dominieren Leib- und Lebensstrafen als ordentliche Strafen (*poena ordinaria*), aber Geldbußen, Gefängnis und Landesverweis mir Urfehde werden als außerordentliche Strafmöglichkeiten (*poena extraordinaria*) zumindest angedeutet. Weder die kriminellen Handlungen noch die Strafen oder das Verfahren waren vollständig oder abschließend normiert, was durch die „salvatorische Klausel" noch verstärkt wurde, die in der Vorrede – wie auch in anderen Reichsabschieden bzw. Reichsgesetzen – den Reichsständen garantierte, dass die Ordnung ihnen „an jren alten wohlherbrachten rechtmessigen unnd billichen gebreuchen nichts benommen" habe (Carolina 1533, Vorrede; RTA 1532, 1075). Insgesamt kommt der Carolina damit ein exemplarischer Charakter sowohl bezüglich ihrer allgemeinen historischen Bedeutung für das frühneuzeitliche Strafrecht als auch hinsichtlich grundsätzlicher methodischer Probleme zu, was die moderne Strafrechtsgeschichte (Landau/Schroeder 1984; Schroeder 1986; Geus 2002; Jerouschek 2007; Rüping/Jerouschek 2011, 40–48) und zumindest ansatzweise auch die historische Kriminalitätsforschung unterstreichen (Härter 2003a; Schwerhoff 2011, 7–577).

Ein rechtsverbindlicher zeitgenössischer „Originaltext" existiert streng genommen nicht bzw. findet sich als jeweilige Mitschrift des Reichsabschieds von 1532 in den kaiserlichen und kurmainzischen Akten des Reichstags von 1532. Die moderne Edition der Reichstagsakten bietet allerdings nur die im Reichsabschied enthaltene Vorrede und nicht den vollständigen Text (RTA 1532, 1075).

Drucke und Editionen

Der erste separate offizielle Druck mit Privileg des Mainzer Kurfürsten erschien 1533, ihm sollten bis zum Ende des 18. Jahrhunderts noch rund 35 weitere Auflagen und Ausgaben folgen (Kappler 1838, 11–13), zu denen noch die Abdrucke in den verschiedenen Sammlungen der Reichsabschiede hinzukommen, die den Kern des frühneuzeitlichen *Corpus recessuum imperii* bilden, das rund 40 unterschiedliche „Ausgaben" erlebte (Härter 2004). Eine erste erläuternde historische Ausgabe legte Malblank bereits 1782 vor; ihm folgten die wissenschaftlich-kritischen Ausgaben von Zoepfl (1842) und Kohler/ Scheel (1905–1915), basierend auf dem Druck von 1533 und auch die „Vorgängerinnen" sowie die Entwürfe von 1521 und 1529 enthaltend. Der Erstdruck von 1533 liegt auch den modernen Editionen von Radbruch/Kaufmann (Carolina 1975) und Schroeder (Carolina 2000) zugrunde, die Einführungen, Worterklärungen, Glossare und knappe Übersichten zur Kommentar- und wissenschaftlichen Literatur bieten, sowie dem Abdruck im Textbuch zur Strafrechtsgeschichte (Buschmann 1998).

Rechtshistorische Methodik   Unter methodischen Gesichtspunkten hat die rechtshistorische Forschung die Carolina insbesondere bezüglich der Rezeption und der Verwissenschaftlichung des Strafrechts, der Entstehung und Anlässe, der Frage der Vorläuferinnen und der Autorenschaft, der dogmatischen Bedeutung, der Ausformung des Inquisitionsprozesses, hinsichtlich „Gesetzeskraft" und Subsidiarität sowie der Bedeutung für die Entwicklung des gelehrten Rechts und der nachfolgenden partikularen strafrechtlichen Gesetzgebung untersucht (Jerouschek 2007). Dabei überwiegt eine dogmatisch-vergleichende Methodik, die sich auf eine immanente Analyse des Textes im Vergleich mit anderen strafrechtlichen Ordnungen und Normen und dem zeitgenössischen gelehrten Recht stützt, die Interpretation aber an der „Weiterentwicklung" moderner Rechtskonzepte ausrichtet. So werden als Anlass für die Entstehung „Missstände in der Strafrechtspflege" (Willkür der Strafverfolgung, Übermaß an Folter und Todesstrafen, Uneinheitlichkeit im Reich) oder eine wachsende „Kriminalität landschädlicher Leute" meist aus der Vorrede und sonstigen normativen Texten deduziert, empirische Belege aber bestenfalls anhand von Einzelbeispielen erbracht. Nur für einige Themen – vor allem zur Anwendung der Folter und bezüglich der Hexerei-/Zaubereidelikte – wurden auch Quellen aus der strafrechtlichen Praxis herangezogen (Landau/Schroeder 1984; Schroeder 1986; Geus 2002; Jerouschek 2007; Rüping/Jerouschek 2011, 40–48).

Dass die Carolina zumindest bis ins 18. Jahrhundert hinein in der Strafjustiz eine wichtige Rolle spielte, haben einige Fallstudien der historischen Kriminalitätsforschung zwar zeigen können, eine systematische Untersuchung fehlt hier aber ebenfalls (Schwerhoff 2011, 75–77, 126; Rudolph 2001, 91-94; Härter 2005a).

Insofern bietet die Erforschung der Carolina durchaus noch methodische Möglichkeiten und weitere Erkenntnisgewinne. Dies betrifft z. B. den Entstehungskontext, denn die Frage nach der „Autorenschaft" des Bamberger Rates Schwarzenberg erscheint inzwischen als obsolet, insbesondere wenn man den Sprachduktus ernst nimmt und stärker die traditionalen Gehalte untersucht (Jerouschek 2007). Zudem entstand der Text in politischen Verhandlungen zwischen Kaiser und Reichsständen und deren Amtsträgern (darunter Räte und Juristen), an denen auch andere Reichsinstitutionen und sogar Supplikanten aus der Bevölkerung beteiligt waren. Letzteres hat die rechtshistorische Forschung erst jetzt zur Kenntnis genommen; die Forschungen zu frühneuzeitlichen Supplikationen und zum Reichstag (der über einen eigenen Supplikationsausschuss verfügte) bieten folglich methodische Anregungen, um den Entstehungszusammenhang der Carolina als Kommunikations- und Interaktionsprozess mehrerer Akteure weiter aufzuhellen. Auch die Frage nach den sozialhistorischen Ursachen kann mit den Methoden der Kriminalitätsforschung neu untersucht werden, indem valide empirische Daten über die Verfolgung von Kriminalität durch unterschiedliche Reichsstände zusammengetragen und im Hinblick auf Quantität oder womöglich katalytisch wirkende Einzelfälle zum Entstehungsprozess der Carolina in Bezug gesetzt werden. Dabei könnten parallele zeitgenössische Diskurse zu Policey, Sicherheit oder religiöser Ordnung vergleichend einbezogen werden. Deren Untersuchung zeigt, dass nicht immer empirisch belegbare Entwicklungen wie eine Zunahme von Devianz und Kriminalität, sondern Wahrnehmung, Narrative und Diskurse Normgebung vorantreiben können. Die Kriminalität der „landschädlichen Leute" könnte in dieser Perspektive z. B. als „Sicherheitsnarrativ" eines obrigkeitlichen Ordnungs- und Sicherheitsdiskurses konzeptualisiert werden.

Ein Verständnis von Strafjustiz als diskursive, kommunikative Praxis unterschiedlicher Akteure vermag auch dazu beizutragen, die Frage nach Gesetzeskraft und Subsidiarität der Carolina methodisch neu zu formulieren bzw. zu erforschen: Die salvatorische

Methodische Möglichkeiten

Die Carolina als Element diskursiver Praxis

Klausel ist womöglich nicht als rechtlich absolut zu verstehen, ebenso wenig wie eine rechtlich absolute Bindewirkung der Carolina angenommen werden kann. Vielmehr waren damit unterschiedliche Möglichkeiten von „Geltung", „Rechtspraxis" und „Aushandeln von Recht" verbunden. So nahmen einige Landesherren keine formale Publikation vor, sondern gaben die Halsgerichtsordnung lediglich durch Reskript und Versenden ihren juridischen Institutionen als Strafrecht vor. Andere, wie Kurmainz, verzichteten auf eigene Ordnungen und nutzten die Carolina, um das partikulare traditionale Recht in ihrem Territorium außer Kraft zu setzen und nicht – wie das Kursachsen mit der Klausel intendiert hatte – zu erhalten. Das Zusammenspiel zwischen Reichsordnung und partikularem Recht – zu dem auch die Ordnungs- und Policeygesetzgebung hinzuzunehmen wäre – konnte folglich komplexer ausfallen. Das bestätigen auch die bisherigen Forschungen zur Funktion der Carolina in der Praxis der Strafjustiz, in der sie weniger ein absolut bindendes Strafgesetz als vielmehr zusammen mit partikularem und gelehrtem Recht eine durchaus zentrale Option bildete, um eine flexible Entscheidungs- und Strafpraxis zu gewährleisten. Unter der methodischen Perspektive von Interaktion und Aushandeln kann auch das in der Carolina normierte Institut der Einholung von Rat bei Rechtsverständigen weitere Forschungsperspektiven bieten. Denn dieses beschränkte sich nicht nur auf gelehrte, promovierte Juristen bzw. Rechtsfakultäten, sondern bezog Institutionen der *ex officio* agierenden Obrigkeiten mit ein. Diese gewannen dadurch Möglichkeiten, Entscheidungskompetenzen zu zentralen Spruchkollegien (darunter auch Hofrat und Regierung) zu verlagern und deren Kontroll- und Entscheidungsbefugnisse zu legitimieren. Dies förderte langfristig auch die Integration infrajustizieller Praktiken wie das Supplizieren, da hierfür die gleichen Institutionen zuständig sein konnten. Auch in dieser Hinsicht war die Carolina folglich ein wesentliches normatives Element in einer insgesamt diskursiven Praxis der Strafjustiz, und ihre Wirkung und Funktion kann methodisch nicht auf ein einfaches Geltungs- und Umsetzungsmodell reduziert werden.

Partikulare Strafgesetze nach der Carolina

Die salvatorische Klausel der Carolina, die Reichspoliceyordnung von 1548 und der Westfälische Friedensvertrag (1648) räumten den Reichsständen die Möglichkeit ein, ihr partikulares Recht zu behalten oder die reichsrechtlichen Normen im Bereich von Strafrecht und guter Policey im Rahmen ihrer Landesherrschaft durch eigene Normgebung zu ergänzen und fortzuschreiben. Die alten wie die neuen Normen durften allerdings nicht das bestehende Reichsrecht verletzen. Dies nutzten die Obrigkeiten unterschiedlich. Die Reichsstädte erließen meist keine neuen umfassenden Halsgerichts- oder Kriminalordnungen und schrieben ihre bestehenden Ordnungen mit eher geringeren Modifikationen im Rahmen des Stadtrechts oder der Policeygesetzgebung fort und orientierten sich in der Rechtspraxis an der Carolina und dem gelehrten Recht. Neuere Untersuchungen zur Entwicklung strafrechtlicher Normen in den frühneuzeitlichen Reichsstädten liegen allerdings kaum vor (Eibach 2003). Dagegen finden sich in einigen Territorialstaaten nach 1532 weitere peinliche Halsgerichts- und Malefizordnungen, so in Hessen (Halsgerichtsordnung 1535), Kursachsen (Konstitutionen 1572), der Kurpfalz (Landrecht 1582), Brandenburg-Ansbach (Halsgerichtsordnung 1582), Bayern (Malefizordnung 1616), Württemberg (1655) und vor allem für das Erzherzogtum Österreich mit den Landgerichtsordnungen von 1559, 1627 und 1656 (Ferdinandea 1656) und den Criminalconstitutionen von 1768 (Theresiana 1768) und 1787 (Josephina 1787). In der zweiten Hälfte des 18. Jahrhunderts publizierte Bayern den *Codex Juris Bavarici Criminalis* (1751), Preußen den strafrechtlichen Teil des Allgemeinen Landrechts (ALR 1794/1996) und Bamberg eine Ordnung (1796), die z. T. an der Carolina orientiert blieben oder wie das preußische Allgemeine Landrecht bestehende Einzelgesetzgebung systematischer zusammenfassten. Daneben bestätigten, modifizierten oder erließen Landesherren aber auch weiterhin lokale Ordnungen für Städte und Gerichte wie z. B. der Bischof von Würzburg im 16. und frühen 17. Jahrhundert (Allmansberger 2003) oder die Mainzer Kurfürsten (Härter 2005a). Im Vergleich zur großen Zahl potentieller Normgeber im Alten Reich fällt die trotz der Möglichkeiten der salvatorischen Klausel letztlich geringe Zahl an Strafrechtsordnungen auf (Kappler 1838, 23, 44–52). Dies mag auf die Geltungskraft der Carolina verweisen, ist aber auch durch die in der Frühen Neuzeit wachsende Policey- und Ordnungsgesetzgebung bedingt und zudem ein Spiegel des unzureichenden Forschungsstands. Existiert doch nicht einmal ein umfassender Überblick über die umfangreicheren Ordnungen und Strafgesetze (Stobbe 1864, 237–256); ediert sind lediglich Auszüge (Sellert/Rüping 1989, 212ff.), die österreichischen Ordnungen (Hellbling 1996) sowie die Bayerische (1751), Österreichische (1787) und die preußische Kodifikation (ALR 1794/1996; Buschmann 1998).

Analysemetho-
den strafrecht-
liche Ordnungen Die rechtshistorische Forschung hat die Entwicklung der strafrechtlichen Normen vor allem anhand der umfangreicheren Malefiz- und Halsgerichtsordnungen der größeren Reichsstände untersucht, die dem Muster der Carolina folgten und als selbständige Werke im Druck publiziert wurden. Dabei stehen methodisch häufig die Bezüge zur Carolina im Mittelpunkt und es wird anhand einzelner Delikte und Regelungen nach Vorbildwirkung, Abhängigkeiten oder nach dogmatischen Weiterentwicklungen in den partikularen Ordnungen gefragt. Freilich wird die Entwicklung der „Lehren der Carolina" überwiegend anhand der zeitgenössischen gemeinrechtlichen Strafrechtswissenschaft rekonstruiert oder die nachfolgenden Territorialordnungen werden mit einem dogmatischen Ansatz daraufhin untersucht, ob sie „Fortschritte in Begrifflichkeit und Systematik erzielt haben", und es wird „die inhaltliche Entwicklung allgemeiner Lehren in den Blick genommen" (Miehe 2000, 138; Rüping/Jerouschek 2011, 47 f.). Handschriftliche oder lokale Ordnungen, die z. B. nur in den Gerichten verkündet wurden, bleiben dabei ebenso außen vor wie Strafrecht, das sich anderer Gesetzesformen oder Normtypen bediente. So enthalten zahlreiche Landesordnungen wie z. B. in Württemberg, Baden oder Kurmainz strafrechtliche Teile, und in vielen Territorien entwickelte sich eine Gemengelage aus Carolina, Landes- und Policeyordnungen, Einzelordnungen (die z. B. die Verwaltung der Strafgerichtsbarkeit regelten) und strafrechtlichen Einzelgesetzen. Methodisch bedeutet dies folglich, dass bereits die Quellenauswahl bzw. Präferierung der umfassenden territorialen Ordnungen der Pluralität des frühneuzeitlichen Strafrechts kaum gerecht wird. Deren Bedeutung und Funktion wird ebenfalls kaum untersucht bzw. Vergleiche zwischen Normen und Strafjustiz beschränken sich meist darauf, die abweichende, mildere Strafpraxis, Vollzugsdefizite oder Sanktionsverzicht zu konstatieren, was gelegentlich damit begründet wird, dass im 18. Jahrhundert die Ordnungen als nicht mehr „zeitgemäß" galten (siehe Kapitel 7.1).

Aufklärung und
Kodifikation Dies setzt sich letztlich in dem zweiten Schwerpunkt der Forschung fort: den mit der Aufklärung entstehenden „modernen" oder neuen Kodifikationen, zu denen meist die österreichische „Josefina" von 1787, deren „Schwester", die toskanische „Leopoldina" von 1786, und das österreichische Strafgesetzbuch von 1803 sowie das preußische Allgemeine Landrecht von 1794 (Bitter 2013) gerechnet werden, die auch in modernen Editionen vorliegen (ALR 1794/ 1996; Hellbling 1996; Buschmann 1998). Ob bereits der von Kreitt-

mayer entworfene bayerische Criminalcodex von 1751 (Heydenreuter 1991) dazu zählt, ist umstritten. Er wird zwar als „Kodifikation" qualifiziert, ist freilich aber noch stark durch das gemeine Strafrecht geprägt. Was ihn von den vorangegangenen Strafrechtsordnungen als Typus einer Kodifikation substantiell unterscheiden soll, scheint unklar. Unabhängig davon bleibt der Fokus methodisch auf dem „kodifizierten" Strafrecht und den großen Ordnungen der mächtigeren Reichsmitglieder Österreich, Preußen und Bayern sowie den meist an den dogmatischen Entwicklungen festgemachten Forschritten der Strafgesetzgebung im Hinblick auf ein rationaleres, humaneres und säkularisiertes „modernes" Strafrecht (Rüping/Jerouschek 2011, 72–77; Kesper-Biermann/Klippel 2007; Koch 2014). Die Untersuchung der Entstehungskontexte der neuen Strafrechtskodifikationen fokussiert vor allem auf den Einfluss des naturrechtlichen und aufgeklärten Strafrechtsdenkens bzw. die Aufklärungsliteratur, mit deren Forderungen (Abschaffung von Folter und Todesstrafe, Einschränkung der richterlichen Ermessensspielräume) die Ordnungen gerne verglichen werden. Insofern wird methodisch die Beziehung zwischen Strafgesetzen und gelehrtem Recht gleichsam umgekehrt: Auf Kommentierung und Systematisierung der strafrechtlichen Ordnungen durch die Strafrechtswissenschaft folgt eine durch den internationalen Aufklärungsdiskurs beeinflusste Strafrechtswissenschaft, die in einem öffentlichen Diskurs neue strafrechtliche Normen hervorbringt und die Strafgesetzgebung antreibt.

Die zentrale Quelle für die als „Fortschritt" apostrophierte Entwicklung der Strafgesetzgebung seit dem letzten Drittel des 18. Jahrhunderts bilden die Entwürfe „reformierter" Strafgesetzbücher, die ab dem Berner Preisausschreiben von 1777 – erfragt wurde ein umfassendes Kriminalgesetz – auch im Reich publiziert wurden und überwiegend aus der juristischen, teils aber auch der politischen Funktionselite stammen (Kappler 1838, 116–137; Luther 2016). Die Besonderheit dieser Entwürfe bestand darin, dass sie nicht nur Forderungen der Aufklärung aufnahmen und für einzelne Territorialstaaten Kodifikationen konzipierten, sondern einige auch auf die Ersetzung der Carolina durch ein „gesamtdeutsches" Strafgesetzbuch zielten. Exemplarisch können hier genannt werden der 1773/74 verfasste und publizierte Entwurf eines neuen *Criminalgesetzbuches* des Göttinger Professors und Hofrates Justus Claproth; das für Mecklenburg konzipierte Strafgesetzbuch des Rostocker Ju-

Entwürfe

raprofessor Johann Christian Edler von Quistorp, das keine Gesetzeskraft erlangte, aber zu einem *allgemeinen Entwurf eines besseren
Criminalgesetzes* umgearbeitet und 1782 publiziert wurde; die 1783
veröffentlichte *Abhandlung von der Criminal-Gesetzgebung*, mit der
die kursächsischen Räte Hanns Ernst von Globig und Johann Georg
Huster den ersten Preis im Berner Preisausschreiben gewannen,
oder die 1792 publizierten Entwürfe des bambergischen Regierungs-
rats Matthäus Pflaum und des Mainzer Koadjutors Carl Theodor von
Dalberg, die aus territorialen Reformvorhaben hervorgegangen waren. Während die Forschung die zahlreichen Entwürfe als Quellen
weitgehend erfasst und vor allem im ideengeschichtlichen Kontext
untersucht hat (Schröder 1991; Härter 1998; Kesper-Biermann 2009;
Koch 2014; Luther 2016), wurde die tatsächliche Entwicklung der
strafrechtlichen Normen oder korrespondierender konkreter Reformvorhaben kaum thematisiert. Methodisch fokussiert die Forschung folglich stark auf Reformdiskurs und Ideengeschichte und
macht darüber hinaus (wie bereits für die Übergangsphase zwischen
dem 15. und 16. Jahrhundert) bestenfalls Missstände und Rechtsunsicherheit in der Strafjustiz als Ursachen für die „Fortschritte" der
Strafgesetzgebung aus. Diese werden allerdings kaum in einen vergleichbaren Bezug zur Entwicklung der Kriminalität und den (meist
gescheiterten) territorialstaatlichen Reformvorhaben gesetzt (Schröder 1991; Klippel/Henze/Kesper-Biermann 2006; Koch 2014; Luther
2016). Bestenfalls fungiert ein an den „Räuber- und Diebsbanden"
festgemachter „Kriminalitätsnotstand" als Auslöser strafrechtlicher
Reformen (Heydenreuter 1991, 37 ff.).

Methodische Perspektiven Dass Prozesse der Strafgesetzgebung und Normentstehung methodisch auch breiter untersucht werden können, demonstrieren
neuere Fallstudien zur Entwicklung der Gesetzgebung im spätmittelalterlichen und frühneuzeitlichen Tirol (Schennach 2010) und der
habsburgischen Strafgesetzgebung unter Joseph II. (Ammerer 2010):
Darin werden Entstehungskontexte, legislative Prozesse und z. T.
auch die Umsetzung von Ordnungen und Strafgesetzen unter Einbeziehung verschiedener Akteure, Diskurse und der administrativ-
juridischen Praxis auf der Basis unterschiedlicher Quellen (Ver-
waltungs- und Landtagsakten, Gerichtsakten, Supplikationen) analysiert. Strafgesetzgebung kann so methodisch als komplexer Kommunikationsprozess rekonstruiert werden, in dem unterschiedliche
Akteure – vom Landesherrn und dessen Behörden bis zu Landstän-
den und Untertanen – mittels unterschiedlicher Medien und Prakti-

ken eigene Interessen, Motive, Argumente und Positionen einbringen, Einfluss nehmen und auch Normen aushandeln konnten. Das soll nicht die unterschiedlichen Macht- und Einflusspotentiale nivellieren, kann aber deutlich machen, wie sowohl die strafrechtliche Verdichtung im Übergang vom späten Mittelalter zur Frühen Neuzeit als auch die Reformen des späten 18. Jahrhunderts Ergebnis komplexer interner und öffentlicher Interaktions- und Aushandlungsprozesse waren, die mit der Praxis von Normimplementation und Strafjustiz verknüpft waren. Eine solche Verbindung von „Gesetzgebungsgeschichte", Diskursanalyse und Justizpraxis könnte folglich eine methodische Perspektive für Strafrechtsgeschichte und Kriminalitätsforschung bilden, um zentrale Probleme der Entwicklung strafrechtlicher Normen im Hinblick auf die Entstehungskontexte, Wechselwirkungen, Implementation und praktische Anwendung weiter zu erforschen.

4.2 Sonstige Strafgesetze und Policeygesetzgebung

Die Fortschreibung und Ausdifferenzierung strafrechtlicher Normen erfolgte durch eine Vielzahl von Straf- und Ordnungsgesetzen, die strafbare Handlungen von leichten Vergehen und Ordnungswidrigkeiten bis zu schweren Verbrechen festschrieben und meist mit außerordentlichen, arbiträren Strafen und Sanktionen bedrohten und gelegentlich auch Organisation und Verfahren juridischer Institutionen und der exekutiven Strafverfolgung regelten. Eine eindeutige theoretische rechtliche Abgrenzung zwischen Strafrecht, Strafgesetzen und sonstigen Ordnungsgesetzen wurde in der Frühen Neuzeit allerdings nicht entwickelt; die Unterscheidung von „Kriminalsachen" und „Policeysachen" blieb bezüglich der Delikte, Verfahren, Strafen und Zuständigkeiten bis ins 19. Jahrhundert fließend und war oft strittig (Kesper-Biermann 2006; Härter 2007, 2014b). Insofern lässt sich die Entwicklung strafrechtlicher Normen neben den Halsgerichts- und Malefizordnungen und dem gelehrten Recht – mit einer gewissen Unschärfe – auch über die frühneuzeitliche Policey- und Ordnungsgesetzgebung erfassen.

Seit dem späten Mittelalter erließen die Obrigkeiten im Reich „Gesetze", die meist unter dem Leitbegriff der „guten Policey" die Ordnung des Gemeinwesens regulierten. Im Laufe der Frühen Neu-

Gute Policey und Policeyordnungen

zeit wurden pro Land, Territorium oder Stadt zwischen 500 und
10.000 solcher Ordnungsgesetze erlassen, unter denen zunächst
der Typus der umfassenden Landes-, Stadt- und Policeyordnung
dominierte, der seit dem 17. Jahrhundert durch sachlich enger begrenzte Spezial- oder Sonderordnungen und vor allem durch Einzelgesetze (Verordnung, Patent, Mandat, Edikt, Dekret, Generale)
abgelöst wurde. Insbesondere die frühneuzeitlichen Territorialstaaten nutzten die Ordnungs- und Policeygesetzgebung, um nahezu
alle Bereiche des alltäglichen Lebens bzw. Sozialverhaltens, des
wirtschaftlichen Handelns und der öffentlichen Verwaltung zu normieren und zu reglementieren, auch um die soziale Ordnung zu
gewährleisten (Härter 1993, 2009b). Dies schloss insbesondere deviantes Verhalten unterhalb der Schwelle der schweren Verbrechen
ein; Policeygesetze schrieben zahlreiche abweichende bzw. kriminelle Handlungen fest, welche die gute Ordnung und die öffentliche Sicherheit störten und daher verhindert oder bestraft werden
sollten. Sie ergänzten die peinlichen Verbrechen und erweiterten
den Katalog der strafbaren Handlungen um zahlreiche Policeyver-
brechen, Vergehen, Frevel und Ordnungswidrigkeiten. Dies ging
einher mit einer Ausdifferenzierung außerordentlicher, arbiträrer
Strafformen wie Geldbußen, Freiheitsentzug in Gefängnissen, Arbeitsstrafen und Zuchthaus sowie der Übernahme von Ehren-,
Scham- und Kriminalstrafen aus dem traditionalen wie peinlichen
Recht. In dieser Hinsicht ergänzte und modifizierte die Policeygesetzgebung das frühneuzeitliche Strafrecht, und zwar auch bezüglich der utilitaristischen Strafzwecke und des summarisch-inquisi-
torischen (Policey-)Strafverfahrens. Der Policeybegriff umfasste
allerdings weder die Gesamtheit aller durch Policeygesetze positiv
definierten strafbaren Handlungen – Begriffe wie „Policeyverbre-
chen" oder „Policeyvergehen" wurden erst seit der zweiten Hälfte
des 18. Jahrhunderts verwendet – noch einen besonderen Gerichts-
zweig (Policeygerichtsbarkeit). Vielmehr waren lokale Gerichte und
Verwaltungen ebenso wie zentrale administrative und juridische
Institutionen für die Umsetzung der Normen und die Verfolgung
von Verstößen zuständig, die damit auch im Rahmen der niederen
oder höheren Strafgerichtsbarkeit gestraft werden konnten (Brauneder 1987; Härter 2005a, 2007, 2009b).

Wechsel-
wirkungen
Die Wechselwirkungen zwischen Policeygesetzgebung und
Strafrecht lassen sich bereits im 16. Jahrhundert auf der Ebene des
Reiches ablesen: Die parallel zur Carolina beratene Reichspolicey-

ordnung von 1530 verstand sich ausdrücklich als deren Ergänzung und enthielt zahlreiche „Straftatbestände", die mit außerordentlichen, arbiträren, z. T. aber auch peinlichen Strafen bedroht waren. Umgekehrt verwies auch die Carolina mehrmals auf die Reichspoliceyordnung, und einige Delikte oder Sanktionsformen lassen sich dem Bereich der policeylichen Normen zuordnen; sie nahm allerdings keine Abgrenzung zwischen peinlichen und Policeydelikten vor. Auch die Reichspoliceyordnungen von 1530 und 1548 räumten den Reichsständen und Obrigkeiten das Recht ein, subsidiär eigene Ordnungen zu erlassen, die nur dadurch limitiert wurden, dass sie nicht gegen das Reichsrecht verstoßen durften (Härter 1993). Solche Überschneidungen lassen sich auch auf der territorialen Ebene beobachten: Zahlreiche Landes- und Policeyordnungen enthielten strafrechtliche Teile oder Normen, die das jeweilige partikulare Strafrecht oder die Carolina ergänzten. Auch in der policeylichen Einzelgesetzgebung kam deren strafrechtliche Qualität gelegentlich im Titel zum Ausdruck, so in der *Poenal-Sanction und Verordnung gegen das schädliche Diebs-, Raub- und Zigeuner-Gesindel* des Oberrheinischen Kreises von 1722 (Poenal-Sanction 1722).

Die frühneuzeitliche Policey- und Ordnungsgesetzgebung bildet eine kaum überschaubare Quellenmasse, die nur teilweise in gedruckten, verlegerisch publizierten zeitgenössischen Ausgaben und Sammlungen überliefert ist, wobei insbesondere ältere Gesetze oft gekürzt oder nur als Regest enthalten sind. Die Masse der gedruckten und teils auch nur handschriftlich überlieferten Policeygesetze findet sich in unterschiedlichen Beständen zahlreicher Archive, meist in Gesetzes- und Verordnungssammlungen von zentralen Verwaltungsbehörden (Hofrat, Regierung) oder lokalen Amtsbeständen. Einen Zugang zur archivalisch überlieferten wie verlegerisch publizierten Policey- und Ordnungsgesetzgebung einzelner Obrigkeiten (Reich, Territorien und Reichsstädte) zwischen dem späten Mittelalter und dem Ende des Alten Reiches (1806) ermöglicht das *Repertorium der Policeyordnungen der Frühen Neuzeit*, das bislang in zwölf Bänden für das Reich, Dänemark, Schweden, die Schweizer Kantone Bern und Zürich, fünf Kurfürsten, 13 Fürstentümer und sechs Reichsstädte vorliegt und im Max-Planck-Institut für europäische Rechtsgeschichte auch als Datenbank zugänglich ist (Härter/Stolleis 1996–2017). Es erschließt die einzelnen Policeygesetze mit Angaben zu Normgeber, Typus/Form des Gesetzes, Bezügen auf andere Gesetze, Geltungsbereich und

Repertorium
der Policey-
ordnungen

einem differenzierten, mehrstufigen Sachindex der Policeymaterien. Letzterer weist unter den Gruppen (2.2 Öffentliche Sicherheit;
Kriminalität und 2.4 Policey der Verwaltung und Justiz) und zahlreichen einzelnen Policeymaterien Kriminaldelikte (Glücksspiel,
Duell, Ehrverletzung, Eigentumsschutz, Gewalttaten, Hexerei/Zau-
berei, Landfriedensbruch), Maßnahmen der Strafverfolgung (Siche-
rung Stadt/Land) und Strafvollstreckung sowie Normen zur Organisation und Verfahren der Strafgerichtsbarkeit nach.

**Editionen Poli-
ceyordnungen**

Daneben liegen neuere Editionen ausgewählter Policeyordnungen und Ordnungsgesetze vor, die auch strafrechtliche Normen und
Ordnungen enthalten. Die siebenbändige Reihe *Die „gute" Policey
im Reichskreis* enthält umfangreiche Policey-, Landes- und Gerichtsordnungen sowie zahlreiche Einzelgesetze unterschiedlicher Normgeber, vom Reichskreis über Landesherrschaften bis zu Gerichten
und Gemeinden aus dem südwestdeutschen Raum, detailliert erschlossen durch ein ausführliches Sachregister (Wüst 2001–2015).
Zahlreiche Ordnungsgesetze zum Bereich der öffentlichen Sicherheit einschließlich der sogenannten „Räuber- und Diebsbanden"
enthält die Quellensammlung von Fritz (2006), die ebenfalls Südwestdeutschland und die Jahre 1648 bis 1806 abdeckt. Ergänzend
kann noch die Edition der drei Reichspoliceyordnungen von 1530,
1548 und 1577 (Weber 2002) herangezogen werden, die insbesondere
den Vergleich mit der Carolina ermöglichen. Letztlich ist das weite
Feld der Policey- und Ordnungsgesetze gerade mit Beziehung auf
die strafrechts- und kriminalitätshistorischen Regelungen und For-
schungsmöglichkeiten noch kaum durch entsprechende Editionen
erschlossen.

**Methodische
Optionen**

Für die Strafrechtsgeschichte wie die historische Kriminalitätsforschung bilden die Policey- und Ordnungsgesetzgebung folglich
eine wertvolle Quelle, die eine genauere Erforschung der frühneuzeitlichen Entwicklung strafrechtlicher Normen auf der Ebene unterschiedlicher Obrigkeiten ermöglicht und darüber hinaus methodische Optionen bietet, um Kriminalitäts- und Sicherheitsdiskurse,
Bedrohungsnarrative, Etikettierungen und Stereotypisierung von
„kriminellen" Gruppen oder Milieus, Kriminalisierungs- und Zuschreibungsprozesse, aber auch Veränderungen bei den Straf- und
Sanktionsformen, den Strafzwecken, den Institutionen und Maßnahmen der Strafverfolgung oder infrajustizielle Praktiken nach-
zuvollziehen. So bestätigen die Policeygesetze bereits auf der normativen Ebene die von der historischen Kriminalitätsforschung häufig

für die Strafpraxis konstatierte große Bandbreite an unterschiedlichen und von den ordentlichen Strafen des peinlichen Strafrechts abweichenden Sanktionsmöglichkeiten. Ebenso lassen sich infrajustizielle Kommunikationsformen und Praktiken wie z. B. Anzeige und Denunziation oder Supplizieren und Gnadenbitten anhand der formalen normativen Vorgaben der Policeygesetzgebung rekonstruieren, die das peinliche Strafrecht oder die Jurisprudenz meist nur am Rande behandeln. Methodisch ist dabei freilich zu beachten, dass sich Policeygesetze einer eindeutigen formalen Klassifizierung als „Recht" entziehen und nur mit einem weiten historischen Gesetzesbegriff beschrieben werden können. Zwar legten ihnen die normgebenden Obrigkeiten einen allgemeinen Geltungsanspruch zu, nach Auffassung der frühneuzeitlichen Rechtswissenschaft waren Policeynormen aber kein „Recht" und nicht justiziabel (im Sinne einer Klage) (Stolleis 1988, 386 ff.; Härter 2007, 2009b).

Da es sich um massenhaft, nahezu „seriell" vorkommende normative Quellen handelt, die eine übereinstimmende formale Struktur – Datum, Typus, Aussteller, Adressat, Geltungsbereich – und oft auch sich wiederholende Regelungsmaterien, Delikte, Sanktionen und Rechtsformen aufweisen, eignen sie sich auch für quantitative, vergleichende Auswertungen (Härter 2002/2005b, 2005a). So lassen sich die im *Repertorium der Policeyordnungen* standardisiert in 24 Regelungsbereichen erfassten Policeymaterien (bzw. die zugrunde liegende Datenbank) quantitativ auswerten, um anhand einer Zählung der Regelungsmaterien (und nicht der Gesetze), die zeitliche Entwicklung der Normierungsintensität unterschiedlicher Regelungsbereiche und Delikte für einzelne oder mehrere Obrigkeiten zu ermitteln (Härter/Stolleis 1996–2017). Durch den Vergleich unterschiedlicher Policeynormen können langfristige Trends und Aussagen über die Ausweitung von strafbaren Handlungen, die normative Konstruktion von spezifischen Kriminalitätsbedrohungen oder die Entwicklung exekutiver Maßnahmen der Strafverfolgung gewonnen werden (Härter 2005a, 2007).

Dabei zeigt sich eine wachsende Normierungsdichte und Kriminalisierung von strafbarem Verhalten in den Bereichen Religion, Sexualität, Land- und Forstwirtschaft, Handel und Gewerbe, die bei den „klassischen" peinlichen Delikten (Gruppe 2.2 Öffentliche Sicherheit/Kriminalität) geringer ausfiel; diesbezüglich blieben offenbar die Carolina und das gemeine Recht die zentralen Rechtsgrundlagen. Insbesondere die Delikte und Maßnahmen im Bereich der

Quantitative Auswertung

Policeymaterien und Delikte

inneren/öffentlichen Sicherheit im Zusammenhang mit der Eigentumskriminalität von mobilen sozialen Randgruppen (Vaganten, Arme) entwickelten sich im 18. Jahrhundert zu einem Schwerpunkt der Normgebung. Auch spezifische Formen der Gewaltkriminalität wie Schlägereien, Duelle und Waffenführung oder Eigentumsdelikte wie Hausdiebstahl, Forst- und Flurfrevel und Betrugs- und Fälschungsdelikte, die im peinlichen Strafrecht kaum geregelt waren, wurden in der Policeygesetzgebung ausdifferenziert. Die folgenden beiden Tabellen (Datengrundlage Härter 2007, 196–198) zeigen die Bandbreite der Regelungsbereiche und differenzieren die Delikte der Gruppe 2.2 Öffentliche Sicherheit/Kriminalität:

Tabelle 1: Häufigkeitsverteilung Regelungsmaterien/Delikte 12 Obrigkeiten, 1500–1799

Gruppen und Policeymaterien (12 Obrigkeiten 1500–1799)	Absolut	%
1.1 Religionsangelegenheiten	4454	7,2
1.2 Bevölkerungs- & Standeswesen; Herrschaftsverfassung	4007	6,5
1.3 Randgruppen	2476	4,0
1.4 Aufwand/Luxus	707	1,2
1.5 Ehe & Familie; Sexualität	1625	2,6
1.6 Vormundschaft	148	0,25
1.7 Erbschaftswesen	213	0,35
2.1 Vergnügungen; Öffentliche Leichtfertigkeit	1304	2,1
2.2 Öffentliche Sicherheit; schwere Kriminalität; Militär	5238	8,5
2.3 Zensur & Buchdruck	362	0,6
2.4 Verwaltung & Justiz	6821	11,1
3.1 Gesundheitswesen	1825	3,0
3.2 Sozialfürsorge	1675	2,7
3.3 Erziehungswesen & Kultur	1116	1,8
4.1 Landwirtschaft	3465	5,6
4.2 Forst- & Bodennutzung	2915	4,7
4.3 „Industrielle" Produktion	609	1,0
4.4 Arbeitsordnung	595	1,0
4.5 Handwerk & Gewerbe	4267	6,9

Tabelle 1: (fortgesetzt)

Gruppen und Policeymaterien (12 Obrigkeiten 1500–1799)	Absolut	%
4.6 Handel & Dienstleistungen	10577	17,2
4.7 Geld- & Kreditwesen	2896	4,7
5.1 Wasser/Schiffahrt	817	1,3
5.2 Straßen, Verkehr, Post	1255	2,0
5.3 Grundstücks- & Bodenordnung	980	1,6
5.4 Bauwesen & Infrastruktur	1312	2,1
Gesamt	61659	100

Tabelle 2: Häufigkeitsverteilung Policeymaterien/Delikte Gruppe 2.2
Öffentliche Sicherheit/Kriminalität 12 Obrigkeiten, 1500–1799

2.2 Eigentumsschutz (247)	247
2.2 Hexerei/Zauberei	37
2.2 Gewalttaten (277) / Duell (53) / Waffenführung (317)	647
2.2 Ehrverletzung (75)	75
2.2 Landfriedensbruch/Stadtfriede (72)	72
2.2 Unruhen/ Versammlungen/ Austreten (187)	187
2.2 Gesellschaften/Vereine (66)	66
2.2 Sicherung Stadt/Land (1076)	1076
2.2 Militär/Soldaten (2219)	2219
2.2 Kriegslauf/Kriegsdienst (333)	333
2.2 Gartknechte (279)	279

Die Daten zeigen, dass der Regelungsbereich „Öffentliche Sicherheit/Kriminalität" nach „Handel/Dienstleistungen" und „Verwaltung/Justiz" am intensivsten geregelt wurde, was bereits die Bedeutung der Policeygesetzgebung für die normative Entwicklung des Strafrechts und die Kriminalisierung bestimmter devianter Verhaltensweisen belegt. Solche quantitativen Analysen der Entwicklung strafrechtlicher Normen im Rahmen der frühneuzeitlichen Policeygesetzgebung lassen sich darüber hinaus methodisch mit der Unter-

Beispiel Landessicherheit

suchung von Etikettierungen, Bedrohungsnarrativen und Verbrecherbildern, allgemeinen Kriminalitäts- und Sicherheitsdiskursen, der Veränderung von Strafzwecken und auch der Praxis der Strafverfolgung und Strafjustiz verbinden. Dies kann insbesondere am Beispiel der „kriminellen Vaganten/Diebs- und Räuberbanden" demonstriert werden, die seit der zweiten Hälfte des 17. Jahrhunderts in den Policeynormen des Regelungsbereichs „Öffentliche Sicherheit/Kriminalität" als eine wesentliche Bedrohung der öffentlichen Sicherheit firmierten. Eine wachsende Zahl von Policeygesetzen der Reichskreise und Reichsstände, die sich gegenseitig beeinflussten, kriminalisierte mobile soziale Randgruppen als Vaganten, Räuber- und Diebsbanden, die Eigentumsverbrechen begehen, Grenzen überqueren und die Landessicherheit durch solche Formen grenzübergreifender Kriminalität gefährden würden. Das Bedrohungsnarrativ „kriminelle Vaganten/Diebs- und Räuberbanden" wurde sowohl strafrechtlich bezüglich der Tatbestände und Strafzwecke – „Vagabondage" als strafbares Delikt, Gefährdung/Sicherheit von Landesgrenzen, überregionalen Verkehrswegen, Post, Personen- und Warenverkehr – als auch sozial im Hinblick auf spezifische soziale Merkmale der Tätergruppen – Fremdheit, dauerhaftes Vagieren, Herrenlosigkeit, Gruppenbildung beziehungsweise Bandenzugehörigkeit, ethnisch-religiöse Zuschreibungen als Betteljuden oder Zigeuner, die Sprache (Rotwelsch), Bewaffnung – normativ ausdifferenziert, womit Etikettierungs- und Zuschreibungsmöglichkeiten konstruiert wurden. Diese finden sich auch in anderen zeitgenössischen Medien aus dem Bereich Strafverfolgung und Strafjustiz, wie Steckbriefen, Diebslisten, aktenmäßigen Berichten und Traktaten, illustrierten Einblattdrucken, Sammlungen von Fällen und bei einzelnen Autoren der Strafrechts- und Policeywissenschaft (siehe Kapitel 6). Die quantitative Zunahme der Policeynormen, wie sie die folgende auf der Datenbasis des Repertoriums der Policeyordnungen erstellte Grafik zeigt, kann insofern methodisch als Teil eines sich intensivierenden allgemeinen Sicherheits- und Kriminalitätsdiskurses konzeptualisiert werden (Härter 2007, 2017).

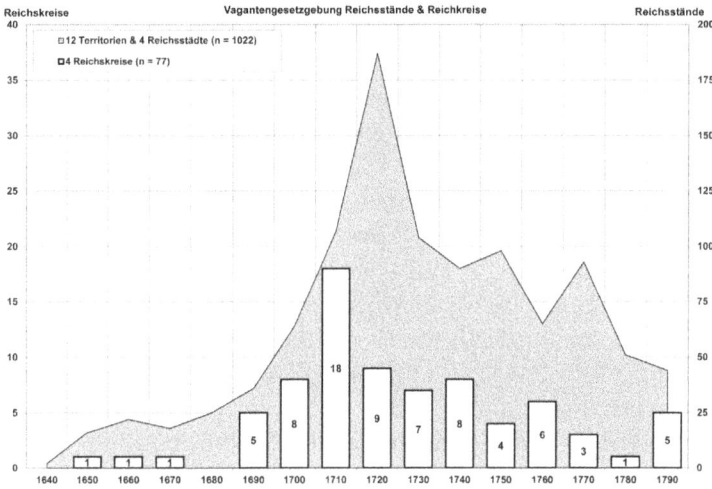

Grafik 1: Policeynormen Vaganten/Diebe und Räuber (Härter 2011b, 222). Die Grafik zeigt den starken Anstieg der Policeynormen gegen Ende des 17. Jahrhunderts, die Vaganten als „Diebs- und Räuberbanden" und damit als Bedrohung der „Landessicherheit" kriminalisierten. Dies erfolgte in Wechselwirkung der territorialen, reichsstädtischen und der Policeygesetzgebung der Reichskreise als grenzübergreifender Sicherheitsdiskurs. Der Höhepunkt zwischen 1710 und 1730 war begleitet von einer Intensivierung der Sicherheitsmaßnahmen.

Normen und Diskurs waren wiederum Bestandteil der Praxis der Strafverfolgung und Strafjustiz bzw. standen in einem Wechselverhältnis mit dieser. Die Erhaltung der Landessicherheit fungierte als zentrale Begründung für die Etablierung oder den Ausbau von unterschiedlichen exekutiven Institutionen und Maßnahmen der Strafverfolgung wie z. B. Streifen oder paramilitärischen Polizeiorganen, was sich ebenfalls in der entsprechenden Policeygesetzgebung niederschlug. Policeynormen, Kriminalitäts- und Sicherheitsdiskurse sowie Praktiken der Strafverfolgung und Strafjustiz lassen sich folglich methodisch auch als ein Sicherheitsregime konzeptualisieren, das die Verfolgung und soziale Kontrolle spezifischer, insbesondere grenzübergreifender Formen von Kriminalität bzw. der entsprechend etikettierten Gruppen zum Gegenstand hatte (Härter 2003a, 2005a, 2011a, 2011b, 2017).

Sicherheits- und Kriminalitätsdiskurs

Die Ordnungs- und Policeygesetzgebung ermöglicht insofern die Untersuchung der Normierung und des Wandels von Institutionen, Instrumentarien und Maßnahmen der exekutiven Strafverfolgung. Ein bedeutender Regelungsbereich bildeten Organisation und Verwaltung insbesondere der lokalen und niederen Strafgerichtsbarkeit (Cent-, Stadt-, Frevel-, Rüge-, Forst- und Amtsgerichte) und deren Organe, Personal, Kompetenzen und Verfahrensweisen. Die Analyse der entsprechenden Policeynormen erlaubt daher detaillierte Aufschlüsse über:

- die obrigkeitliche Ausrichtung und Veränderung von traditionalen lokalen Buß-, Frevel- und Rügeordnungen im Hinblick auf die policeyliche Kriminalisierung von Freveln und Vergehen (Härter 2005a, 179 ff.);
- den Prozess der Verlagerung von Entscheidungs- und Strafkompetenzen von traditionalen lokalen, niederen und genossenschaftlichen Strafgerichten auf obrigkeitlich-staatliche Institutionen und Amtsträger, insbesondere der entstehenden Amtsgerichtsbarkeit (Härter 1996b; Schultheiß 2007);
- die Reglementierung, Kontrolle und Disziplinierung lokaler juridischer Organe und nicht-staatlicher Amtsträger wie Schöffen, Gerichtsbüttel, Gerichtsmannschaften;
- die Umformung und Funktionalisierung der traditionalen Rüge- und Anzeigepraktiken im Hinblick auf die formale Anzeige (Weber 2000; Holenstein 2001);
- die Reglementierung und Formalisierung infrajustizieller Praktiken wie Supplizieren und Dispens bzw. der entsprechenden Medien (Supplikationen, Bitt- und Gnadengesuche) (Härter 2000a; Nubola/Würgler 2002, 2005; Holenstein 2003; Rehse 2008; Härter/Nubola 2011);
- die Funktionalisierung lokaler Gerichte und juridischer Organe für policeyliche Maßnahmen der Kontrolle und Strafverfolgung, wie Visitationen und Streifen (Fritz 2004);
- die Etablierung exekutiver Institutionen der Strafverfolgung wie vor allem kommunaler und paramilitärischer Polizeiorgane und die Ausdifferenzierung entsprechender Techniken und Medien wie Fahndung bzw. Steckbriefe und „Diebslisten", Inspektion, Visitationen und Streifen, in die auch lokale Gerichte und Amtsträger einbezogen wurden (Blauert/Wiebel 2001; Holenstein/Konersmann/Pauser/Sälter 2002; Griesebner/Tschannett 2010; Härter 2017a; siehe Kapitel 6.1).

Diese anhand der Policey- und Ordnungsgesetzgebung zu be-
obachtenden Entwicklungen und Veränderungsprozesse werfen
freilich methodische Fragen auf und werden in der Forschung teils
kontrovers interpretiert. Die Policeynormen bilden zweifellos nicht
unmittelbar die tatsächliche Praxis von Strafverfolgung und sozialer Kontrolle ab, die zudem durch Rückschläge und Widerstände
gekennzeichnet war. Insofern kann aus den Normen nicht linear
auf einen erfolgreichen Verrechtlichungs-, Verstaatlichungs- oder
Modernisierungsprozess geschlossen werden (siehe Kapitel 7). Eher
wird der in der Policey- und Ordnungsgesetzgebung zum Ausdruck
kommende Prozess des Experimentierens und Improvisierens betont, denn mit Policeygesetzen reagierten die Obrigkeiten auch auf
Probleme bei der Durchsetzung von strafrechtlichen Normen und
der Verfolgung von Verstößen (Stolleis 2000). Insofern kann aus
der Entwicklung der Normen nicht linear auf die Praxis von Strafverfolgung geschlossen oder gar deren Effektivität abgeleitet werden. Dennoch kommt der Policeygesetzgebung im Hinblick auf die
frühneuzeitliche Strafjustiz mehr als nur eine bloß symbolische
Bedeutung zu. Sie kann zeigen, wie sich obrigkeitliche Sicherheits-
und Kriminalitätspolitik in der normativen Fundierung und Legiti-
mierung von Institutionen, Instrumentarien und Maßnahmen kon-
stituierte, in welche auch die Strafjustiz eingebunden wurde. Diese
wurde damit ebenfalls zum Gegenstand der obrigkeitlichen Ordnungsgesetzgebung, die im Laufe der Frühen Neuzeit Organisation
und Verwaltung der Strafjustiz einer zunehmenden Normierung
und Regulierung unterwarf. Insgesamt lassen sich die Policeynormen methodisch begründet unter dem Aspekt der funktionalen
Ausdifferenzierung der Strafjustiz als ein System formaler, punitiver Sozialkontrolle analysieren, das auch Praktiken informeller
sozialer Kontrolle inkludierte und die Potentiale der Feststellung,
Zuschreibung, Verfolgung und Sanktionierung abweichenden Verhaltens als Kriminalität deutlich erweiterte (siehe Kapitel 2.5).

Die damit einhergehende Ausweitung der Quellenbasis und der
Perspektive auf die normativen, diskursiven und praktischen Kontexte von Kriminalität und Strafjustiz ermöglicht eine methodisch
breitere Analyse der Funktionen und Bedeutung der frühneuzeitlichen Policey- und Ordnungsgesetze wie der strafrechtlichen Normen insgesamt. Gegenüber dem peinlichen Strafrecht besaßen die
mit arbiträrer Strafandrohung versehenen Policeynormen eine insgesamt wesentlich höhere Flexibilität und erleichterten es dem

*Policey und so-
ziale Kontrolle*

*Erweiterung der
Perspektiven*

frühmodernen Territorialstaat, die Bindung an traditionelles, durch Herkommen legitimiertes (Straf-)Recht abzuschwächen und devian-tes Verhalten nach policeylichen Zielvorgaben und utilitaristischen Strafzwecken zu kriminalisieren, zu etikettieren und zu sanktionie-ren. Auch wenn es in der Forschung umstritten ist, ob Policeynor-men methodisch als Strafrecht klassifiziert werden können, so wur-den sie dennoch durch traditionelle wie moderne Verwaltungs- und Justizorgane angewandt und beeinflussten die Praxis der Strafjus-tiz. Allerdings diskutiert die Policey- wie die historische Kriminali-tätsforschung die Fragen der Implementation, Um- und Durchset-zung der Policeygesetze insbesondere im Hinblick auf Strafpraxis und soziale Kontrolle kontrovers (siehe Kapitel 7).

4.3 Die Strafrechtswissenschaft: *Literatur des Criminalrechts* und *Criminalisten*

Im gelehrten Recht entwickelte sich seit dem 16. Jahrhundert eine stärkere Spezialisierung auf das Strafrecht, die von einer beacht-lichen Ausdifferenzierung der *Literatur des Criminalrechts* begleitet war, in der sich grob die folgenden Quellentypen unterscheiden lassen:
- die auf die Gerichtspraxis orientierten Laien- oder Strafspiegel des 16. Jahrhunderts, die in der Tradition der mittelalterlichen „Spiegel-Literatur" stehen;
- die bald nach 1532 entstehenden Kommentare zur Carolina, die ebenfalls auf die Justizpraxis hin orientiert sind und bis ins letzte Drittel des 18. Jahrhunderts hinein publiziert wurden;
- die wissenschaftlich-dogmatischen Werke und Lehrbücher der gelehrten Juristen des gemeinen Rechts bis zur Epoche der Aufklärung, auf die im Übergang zum 19. Jahrhundert die neue philosophische Strafrechtswissenschaft folgte;
- die rechtswissenschaftlichen Dissertationen;
- die Konsilien und Spruchsammlungen und sonstigen Hand-bücher, die sowohl auf die universitäre Lehre wie die Praxis der Strafjustiz bzw. des Strafverfahrens zielten.

Gelehrte Juristen

Im Mittelpunkt der älteren Strafrechtsgeschichte, die noch immer durch die Darstellung der gemeinrechtlichen deutschen Straf-rechtswissenschaft von Schmitt (1965) geprägt ist, stehen die theoretisch ausgerichteten, wissenschaftlich-dogmatischen Werke der gelehrten Juristen. Funktion und Bedeutung der frühneuzeitlichen Strafrechtswissenschaft werden meist rekonstruiert anhand (zweifellos) wichtiger Autoren und ihrer zentralen Beiträge zur Entwicklung der Strafrechtsdogmatik, darunter insbesondere Benedict Carpzov (1595–1666) mit seinem in mehreren Auflagen erscheinen Hauptwerk, der *Practica Nova Imperialis Saxonica Rerum Criminalium* (1635), und Johann Samuel Friedrich von Böhmer (1704–1772) mit den *Elementa jurisprudentiae criminalis* (1733) und den *Meditationes in Constitutionem Criminalem Carolinam* (1770), die ebenfalls in mehreren Auflagen erschienen (Schmidt 1965, 147–184; Sellert/Rüping 1989, 241–273; Jerouschek/Schild/Gropp 2000; Dorn 2002; Kesper-Biermann 2010; Rüping/Jerouschek 2011, 48–55). Die ausführlichsten Bibliographien bieten noch immer die Handbücher der *Literatur des Criminalrechts*, die allerdings thematisch gegliedert sind (Böhmer 1816; Kappler 1838). Biographien und Untersuchungen zur praktischen Tätigkeit als Universitätslehrer und in landesherrlichen Diensten liegen ebenfalls nur für einige wenige prominente Juristen wie Carpzov und Böhmer vor (Boldt 1936); den breitesten biographischen Überblick bietet das Kompendium *Strafrechtsdenker der Neuzeit* (Vormbaum 1998). Insgesamt ist die Mehrzahl der Autoren und Werke der frühneuzeitlichen *Literatur des Criminalrechts* folglich weder bibliographisch noch biographisch in ihrer ganzen Breite erschlossen. Dies gilt für die als eher zweitrangig oder unbedeutend eingeschätzten Juristen wie für die auf universitäre und praktische Bedürfnisse gerichtete Literatur und die Dissertationen/Disputationen. Zu Letzteren liegen immerhin einige Bände eines bio-bibliographischen Repertoriums vor, das auch die Erschließung der Universitätsschriften und ihrer Autoren (bzw. Respondenten und betreuenden Professoren) im Bereich des Strafrechts ermöglicht (Ranieri/Härter 1997).

Die Strafrechtsgeschichte hat ihre Analyse der gemeinrechtlichen Strafrechtswissenschaft methodisch auf die folgenden Schwerpunkte und Problemfelder ausgerichtet (Kleinheyer 1979; Schmidt 1965, 147–184; Schaffstein 1985; Trusen 1988; Sellert/Rüping 1989, 241–273; Bruns 1994; Jerouschek/Schild/Gropp 2000; Schmoeckel 2000; Stübinger 2000; Krause 2000; Falk 2000; Dorn 2002; Maihold 2005; Koch 2006; Hilgendorf/Weitzel 2007; Schulze/Vormbaum/Schmidt/Willenberg 2008; Rüping/Jerouschek 2011, 48–55; Schumann 2016):

Methodische Schwerpunkte

- die Rezeption der europäischen Strafrechtswissenschaft, insbesondere der römisch-rechtlichen Lehren und exegetisch-dogmatischen Arbeitsweisen des *mos italicus*, meist rekurrierend auf Autoren wie Tiberius Decianus, Prospero Farinacci oder Julius Clarus;
- die Entstehung einer neuen auf „Synthese und Systematik" zielenden Methodik unter humanistischem Einfluss, die insbesondere von Carpzov zur scholastisch-empirischen Methode ausgebaut wurde;
- die mit Naturrecht und Aufklärung sich allmählich durchsetzende vernunftrechtliche Lehre und Methodik;
- die dogmatische Erfassung der ordentlichen und außerordentlichen Strafen (*poena ordinaria* und *extraordinaria*), vor allem im Hinblick auf die Beweislehren und die Voraussetzungen der praktischen Anwendung bei unterschiedlichen Delikten, Schuld- und Begehungsformen;
- die dogmatisch-philosophische Entwicklung von „Straftheorien" vom theokratischen bis zum utilitaristischen Strafmodell, insbesondere hinsichtlich der systematischen Beschreibung und Begründung der Strafzwecke Vergeltung, Unschädlichmachung, generalpräventive Abschreckung und Besserung;
- die Frage der Systematisierung, Differenzierung und Abgrenzung der Verbrechen und Deliktstatbestände bezüglich der „peinlichen" oder „bürgerlichen" (policeylichen) Delikte, der außerordentlichen Verbrechen (*crimina excepta*) oder der Schwere (*delicta levia*, *atrocia* und *atrocissima*);
- die dogmatische Ausdifferenzierung allgemeiner Lehren von Zurechenbarkeit und Zurechnung (Imputationslehre) und einzelner Schuldformen (Vorsatz und Fahrlässigkeit) bzw. der Schuldzurechnung;
- die theoretisch-dogmatische Fundierung und Systematisierung des Strafverfahrens, insbesondere des Inquisitionsprozesses und der damit verbundenen Lehren von Beweis, Anzeige (*denunciatio*), Verdacht, Verhör, Geständnis, Anwendung der Folter und Verteidigung sowie der Unterscheidung von General- und Spezialinquisition und der Konzeptualisierung eines summarischen Verfahrens bei geringeren Vergehen.

Strafrechts-
wissenschaft

Die historische Entwicklung wird folglich anhand von dogmatisch-theoretischen Fortschritten und der „Lösung rechtsdogmatischer Aufgaben" einer sich verselbständigenden, eigenständigen deutschen Strafrechtswissenschaft rekonstruiert, deren Beginn meist mit dem Werk des kursächsischen Juristen Benedict Carpzov angesetzt wird (Schmidt 1965, 147 f., 161, 167; Dorn 2002, 169 f.). Angesichts der starken Vernetzung mit dem gesamteuropäischen gemeinen Recht und den entsprechenden juristischen (und politischen) Diskursen erscheint die Frage nach der „deutschen Strafrechtswissenschaft" allerdings als obsolet (Rüping/Jerouschek 2011, 49). Die Wechselwirkungen mit der Rechtspraxis und den strafrechtlichen Normen werden überwiegend anhand der Carolina-Kommentare und der empirischen Methodik Carpzovs thematisiert, wobei weder die Praxis der Normgebung noch die der Strafjustiz anhand einer breiteren Quellenbasis und einer historisch-kontextualisierenden oder vergleichenden Arbeitsweise substantieller einbezogen werden. Rechtsentwicklung und Wechselwirkungen werden folglich an dogmatischen und teilweise „nationalen" Kriterien festgemacht, die allerdings bereits im Hinblick auf das Alte Reich unhistorisch und durch moderne Konzepte einer nach Transfer, Multinormativität, medienhistorischer Einbettung oder Rechtspraxis fragenden Rechtsgeschichte als überholt erscheinen.

Insofern können die um Kriminalität, Strafrecht und Strafjustiz kreisenden kriminalrechtlichen Diskurse und die entsprechenden gelehrten, praktischen und populären Druckmedien nicht auf „Strafrechtswissenschaft" im engeren Sinn beschränkt werden. Eine methodische Konsequenz ist die verstärkte Analyse der frühneuzeitlichen *Literatur des Criminalrechts* und ihrer Autoren bezüglich der Wechselwirkungen zwischen Wissenschaft, Diskurs, Medien und Praxis der Strafjustiz, wobei Theorien und Konzepte der kulturhistorischen Diskurs- und Medienanalyse genutzt werden können (Landwehr 2008; Härter/Sälter/Wiebel 2010; Linder/Ort 2013). Grenzübergreifende Einflüsse, Kommunikationen und Transferprozesse zwischen juridisch-politischen Diskursen und populären Medien lassen sich beispielhaft für die Thematik politische bzw. Majestätsverbrechen, Revolten und Attentate zeigen (De Benedictis/Härter 2013; Härter 2014a, 2014c). Allerdings haben sich weder die Kulturgeschichte noch die historische Kriminalitätsforschung näher mit der frühneuzeitlichen *Literatur des Criminalrechts* beschäftigt, um durch „die systematische Erforschung der ‚eingeborenen', zeitgenössischen Theorie der Strafe und ihres Wandels" (Schwerhoff

Wechselwirkungen

Wissenschaft
und Praxis

1992, 392) Aufschlüsse über Kriminalitätsdiskurse oder Justizpraxis zu gewinnen.

Die in der Frühen Neuzeit wachsende Bedeutung der auf Praxis zielenden pragmatischen Literatur und die zunehmende Thematisierung von Kriminalität und Strafjustiz in populären Medien lässt sich seit dem 16. Jahrhundert als eine interdependente Entwicklung beobachten, die in einem Wechselverhältnis mit der Justizpraxis stand. Diese erhielt wiederum starke Impulse aus der wissenschaftlichen *Literatur des Criminalrechts*, deren Autoren häufig ihre praktischen Erfahrungen nutzten, auch um die heterogene Masse der strafrechtlichen Normen im Hinblick auf Gesetzgebung und Gerichtspraxis zu systematisieren. Ein Schwerpunkt bildete dabei ebenfalls die Carolina, die ausführlich kommentiert und im Hinblick auf andere strafrechtliche Normen und den „Gerichtsgebrauch" bearbeitet wurde, unter Anwendung der oben skizzierten Methodik. Dabei lässt sich beobachten, dass zahlreiche Juristen ihre praktischen Erfahrungen in der Rechtsprechung und administrativen/juridischen Institutionen des frühmodernen Territorialstaates integrierten und eine Synthese aus gelehrtem Recht und Justizpraxis anstrebten. Die Hauptwerke von Benedict Carpzov, *Practica Nova Imperialis Saxonica Rerum Criminalium* (1635) und *Peinlicher Sächsischer Inquisition- und Achts-Prozeß* (1638), sind hierfür exemplarische, aber keineswegs einzigartige Beispiele. Diese *Criminalisten* gewannen nicht nur Bedeutung für den wissenschaftlichen Diskurs und die universitäre Lehre, sondern sie beeinflussten auch die Justizpraxis, für die einige (wie Carpzov und Böhmer) „gesetzesgleiche" Autorität gewannen. Damit ermöglichten sie letztlich auch die Professionalisierung und obrigkeitliche Kontrolle der durch „Laien" geprägten lokalen juridischen Praxis.

Laien- und Straf-
spiegel

Wechselwirkungen und Differenzierungsprozesse zeigen sich bereits seit dem 16. Jahrhundert und lassen sich über die gesamte Frühe Neuzeit hinweg verfolgen. Die praktische Ausrichtung auf die heterogene Gerichts- und Verwaltungspraxis setzte im Reich mit dem aus dem mittelalterlichen Recht weiter entwickelten Medium der Laien- und Strafspiegel ein, die sich der deutschen Sprache bedienten, nach Auffassung der älteren Strafrechtsgeschichte aber kaum Beachtung verdienen (Schmidt 1965, 150f.). Als einer der frühesten und prägenden kann der von Ulrich Tengler 1509/1510 in Augsburg und Straßburg publizierte *Layenspiegel* gelten, der zahlreiche Auflagen erlebte (Tengler 1510). Ihm folgte beispielsweise der Bericht *Von Straff vnnd Peen aller vnnd yeder Malefitzhandlungen*, den Andreas Perneder in Ingolstadt veröffentlichte (Perneder 1551). Zahlreiche Auflagen zwischen 1577 und 1620 erlebte das *Straff Buch* von Abraham Saur, das sich als „Gründtliche vnd rechte Vnderweysung" verstand, wie nach „Weltlichen Rechten/ Reichs auch LandsOrdnungen/ Statuten, Opinionen der Rechtsgelehrten/ und wolhergebrachten Gewohnheiten" „grobe eusserliche Sünde/ Frevel/ und begangene Missethaten/ Bürgerlich und Peinlich zu straffen" seien. Dieser programmatische Titel macht bereits wesentliche methodische Probleme schlagartig deutlich: das heterogene aus Reichs-, Partikular- und gelehrtem Recht bestehende Strafrecht, den breiten Verbrechensbegriff, der von Sünden bis zu schweren Kriminaldelikten reichte, und die Zweiteilung der Strafen und darauf beruhend auch der strafbaren Handlungen in „bürgerliche", nicht peinliche, außerordentliche, arbiträre Strafen bzw. leichtere Delikte (Sünden, Frevel, Ordnungswidrigkeiten und Vergehen) und peinliche, ordentliche Strafen an Haut und Haar (d.h. Körper- und Todesstrafen) und peinliche Verbrechen. In diesen Handbüchern verbinden sich Erfahrungen aus der Praxis der Strafgerichtsbarkeit nur teilweise mit der Methodik des gelehrten Rechts; folglich kann ihr Quellen- und Erkenntniswert auch kaum daran gemessen werden. Sie zielten nicht auf die universitäre Lehre und den wissenschaftlichen Diskurs, sondern vielmehr auf die Praxis des Strafverfahrens, um insbesondere Schöffen und Amtsträgern, die als Laien über keine juristische Ausbildung verfügten, strafrechtliche Grundkenntnisse zu vermitteln und ihnen einen praktischen Leitfaden an die Hand zu geben. Deshalb wurde zumindest teilweise die „niedere" Gerichtsbarkeit mit den darunter fallenden strafbaren Handlungen und Strafen berücksichtigt, die im 16. Jahrhundert weder in der Praxis noch wissenschaftlich eindeutig von der peinlichen Gerichtsbarkeit abgegrenzt war. Die neuere Forschung hat die Bedeutung der Laienspiegel für die Etablierung und Durchsetzung des Inquisitionsverfahrens, die Anwendung der Folter, die Verfolgung von Hexerei/Zauberei und die Strafzwecke herausgearbeitet und dabei auch ansatzweise kulturhistorische Fragestellungen berücksichtigt (Burret 2010; Deutsch 2011). Die tatsächliche Anwendung oder auch nur die Auswirkungen auf die Praxis der Strafjustiz sind allerdings wenig erforscht und werden sich mangels aussagekräftiger Quellen auch kaum aufhellen lassen. Untersuchen lassen sich die Strafspiegel aber im

Vergleich mit allgemeinen zeitgenössischen Ordnungsdiskursen, wie sie sich z. B. in Regiments- und Policeytraktaten manifestierten, und bezüglich der Entwicklung der pragmatisch-praktischen und populären Medien, insbesondere hinsichtlich der Konzeption und Repräsentation von Ordnung und Kriminalität.

Carolina-Kommentare   Die praktische Orientierung der *Literatur des Criminalrechts* setzte sich in den nach 1532 erscheinenden Kommentaren zur Carolina fort. Durch Rateinholung und Aktenversendung, die die Obrigkeiten im Reich dazu nutzten, die Kontrolle der lokalen Gerichtsbarkeiten auszuweiten und die Entscheidungskompetenzen auf zentrale juridische Institutionen und Spruchkollegien zu verlagern, entstand ein erheblicher Bedarf an praktischen, erläuternden Texten. Diese richteten sich auch an die in diesen Institutionen tätigen Juristen und nicht nur an die „Laien" und beeinflussten insofern durchaus die Entwicklung der Strafrechtswissenschaft und die Entscheidungspraxis. Dies bestätigt bereits der Umfang dieser von der Strafrechtsgeschichte kaum erforschten Quellengruppe (Rüping 1984): Die Handbücher der *Literatur des Criminalrechts* weisen über 20 verschiedene „juristische Commentare über die Carolina" sowie rund 30 weitere zu einzelnen Artikeln und Hilfsmitteln (auch zu territorialen Halsgerichtsordnungen) nach, die bis 1793 meist in mehreren (bis zu acht) Auflagen und ab 1670 auch in deutscher Sprache erschienen (Böhmer 1816, 62–76; Kappler 1838, 17 f.). Mit Göbler (1543), Remus (1594) und Vigelius (1583) erschienen frühe Kommentare, die im juristischen Diskurs und womöglich auch für die Praxis eine gewisse Relevanz gewannen (Letztere ist freilich kaum untersucht); sie liegen auch als Faksimilenachdruck vor. Die aus der Perspektive der Strafjustiz wichtigsten Kommentare stammen von Christoph Blumblacher, publiziert in mehreren Auflagen zwischen 1670 und 1716, Johann Christoph Frölich von Frölichsburg, mehrere Auflagen zwischen 1709 und 1759, Johann Paul Kress, Hannover 1721 (zuletzt 1786) und Johann Samuel Friedrich von Böhmer (1770). Die Kommentare wurden neben anderen Werken der gemeinen Strafrechtswissenschaft in der Entscheidungspraxis von den Spruchkollegien auch durchaus herangezogen, um Straftaten zu bewerten und „angemessene" Strafen zu begründen, wie einige Fallstudien der historischen Kriminalitätsforschung zeigen. Dabei ging es auch um ein Abweichen von den ordentlichen Strafen der Carolina, wie insbesondere der Todesstrafe bei Diebstählen über einem Wert von fünf Gulden. Insofern trugen Carolina-Kommentare und Justizpraxis erheblich zur Ausformung der außerordentlichen, arbiträren Strafen bei (Härter 2003a, 2005a, 485 f.; Griesebner/Hehenberger 2008).

Für das Entscheidungsverfahren im Inquisitionsprozess, das durch Rechtsgutachten, Konsilien, Relationen und Referieren bestimmt war, gewann im Laufe der Frühen Neuzeit auch die Quellengruppe der Rechtsprechungs- und Konsilienliteratur (*consilia, responsa, decisiones*) an Bedeutung, die sich aus dem Zivilrecht entwickelte und dort ihren Schwerpunkt hat (Gehrke 1972; Gehrke 1976/77). Die praktischen Bedürfnisse des inquisitorischen Verfahrens erzeugten allerdings eine wachsende Nachfrage nach spezifisch strafrechtlichen Rechtsprechungssammlungen, von denen erste bereits im 16. Jahrhundert publiziert wurden; nach 1648 erschienen über 20, teils mehrbändige Sammlungen, ab 1721 auch zunehmend in deutscher Sprache (Böhmer 1816, 559–567). Sie erläuterten anhand beispielhafter Fälle Entscheidungsgang, Gutachten- und Relationstechnik, charakteristische juristische Probleme und Fragen insbesondere bezüglich der Anwendung der Beweisregeln und der Folter sowie die juristische Argumentationsmethodik der *rationes dubitandi et decidendi* und druckten die entsprechenden Texte – Konsilien, Relationen, Dezisionen, Responsen und Urteile – ab. Dazu gehören *Processe und vortreffliche Gutachten in Criminalibus* (Guggenberger 1722), die *Consilia seu responsa academico-criminali, oder Rechtliche Urtheil und Bescheide uber allerhand wichtige peinliche Fälle* (Verlohner 1725), die *Decisiones criminales potissimam partem nomine inclute facultatis juris Tubingensis* (Harpprecht 1746) oder die mehrbändige Sammlung *Rechtliche Erkenntniße und Gutachten in peinlichen Fällen* von Meister (1771–1799). Bei den Autoren handelte es sich meist um Juristen, die ihre praktischen Erfahrungen aus Spruchkollegien oder Fakultäten einbrachten und das Material bzw. die Fälle – wie das bereits Carpzov in der *Practica Nova* demonstriert hatte – aus der eigenen Rechtsprechungspraxis gewannen. Insofern zielte gerade die strafrechtliche Rechtsprechungs- und Konsilienliteratur weniger auf die universitäre Ausbildung, den wissenschaftlich-dogmatischen Diskurs oder den allgemeinen privatrechtlichen „Konsilienmarkt" (Falk 2006) als vielmehr auf die konkrete Praxis der Strafjustiz und bediente sich deshalb häufiger der deutschen Sprache. Ergänzt wurden die Rechtsprechungssammlungen durch die im 18. Jahrhundert entstehende, auf das juristische Entscheidungsverfahren

Rechtsprechungsliteratur

abzielende Handbuch- und Anweisungsliteratur, wie z. B. die *Anweisung wie die Regeln der Kunst zu referieren angewendet werden müssen* (Schmid 1766) oder das *Theoretisch-praktisches Handbuch der Referirkunst* (Wehrn 1800–1807). Darüber hinaus befruchteten die juristischen Rechtsprechungssammlungen populäre Medien wie die im 18. Jahrhundert entstehenden *causes célèbres* und *merkwürdigen Criminal-Rechtsfälle* (siehe Kapitel 6).

Analyse-
perspektiven

Methodisch eröffnen die dargestellten Quellengruppen folglich erweiterte Untersuchungsperspektiven auf die Strafrechtswissenschaft und die *Literatur des Criminalrechts*. Die pragmatische Literatur kann als eine Fortentwicklung der „praktischen Methode" der Strafrechtswissenschaft analysiert werden, die sich bereits mit den Strafspiegeln, den Carolina-Kommentaren und Autoren wie Benedict Carpzov entwickelte. Dabei kann das Wechselverhältnis zwischen Praxis und Wissenschaft differenzierter erfasst werden z. B. im Hinblick auf die Auswahl und Einordnung der Fälle in das Verbrechensspektrum als auch bezüglich der Entscheidungspraxis und des dogmatischen Diskurses. Anhand von Gerichts- und Kriminalakten kann untersucht werden, welche praktische Funktion und Bedeutung die *Literatur des Criminalrechts* und ihre pragmatischen Varianten für die Etikettierungs-, Zuschreibungs- und Entscheidungsprozesse in der frühneuzeitlichen Strafjustiz gewannen. Untersuchungen deuten jedenfalls darauf hin, dass sie in den Verfahren, Gutachten, Entscheidungen und Urteilen Interpretationsspielräume eröffnete, um z. B. von der Carolina abzuweichen bzw. diese zu interpretieren. Dies ermöglichte eine Flexibilisierung des Strafens im Hinblick auf den konkreten Einzelfall bzw. Tat und Täter und die jeweiligen sozialen und politischen „Umstände" (Rudolph 2001, 98–104; Härter 2000b, 2003a, 2005a; Ludwig 2008a, 8–94; Schwerhoff 2011, 74–77). Die Analyse der praktischen Nutzung der kriminalrechtlichen Literatur kann insofern dazu beitragen, die häufig konstatierte Differenz zwischen strafrechtlichen Normen und tatsächlich verhängten Strafen oder den Wandel von theokratischen zu utilitaristischen Strafzwecken weiter zu klären. Insofern hätte die Strafrechtswissenschaft zur Diskursivierung der strafrechtlichen Normen beigetragen und auch das Aushandeln von Kriminalität und Strafe zumindest indirekt gefördert. Methodisch wäre damit die Etablierung und Ausdifferenzierung des frühneuzeitlichen Strafrechts nicht nur als rechtsimmanenter Vorgang der „Rezeption", „Verwissenschaftlichung" und „Professionalisierung" zu deuten, sondern als Wechselwirkung zwischen einem juridischen, sich in unterschiedlichen Medien manifestierenden und differenzierenden Diskurs und der Rechts- bzw. Gerichtspraxis sowie allgemeinen Ordnungs- und Kriminalitätsdiskursen.

5 Gerichts- und Kriminalakten der Rechtspraxis

Trotz der Bedeutung von Rechtsnormen und juridischen Diskursen können der Umgang mit Devianz und Kriminalität und die Funktionsweisen der Strafjustiz letztlich nur mithilfe von Quellen erforscht werden, die aus der Verfolgungs- und Rechtspraxis stammen. In der Forschung werden diese meist unter dem Begriff der Gerichts-, Prozess- oder Kriminalakten zusammengefasst, was allerdings die große Bandbreite der in Frage kommenden Quellen begrifflich nur bedingt abdeckt. Die plurale Struktur der vormodernen Strafjustiz, die große Diversität des Gerichtswesens und die Vielzahl an Akteuren und gerichtlichen Institutionen hat eine enorme Masse verschiedenartiger Quellen produziert, die unterschiedlich überliefert sind und teils spezifischer Methoden der Auswertung bedürfen. Generell lassen sich zunächst ungedruckte Akten (einschließlich Gerichts- und Amtsbüchern) und gedrucktes Material, die wiederum von zentralen oder lokalen Justiz- und Verwaltungsinstitutionen stammen können, sowie Quellen der Rechtsprechung im engeren Sinn und Material aus den Bereichen von Justizverwaltung, Strafverfolgung, Strafvollzug und dem Bereich der Infrajustiz unterscheiden (Valentinitsch 1992; Baumann/Westphal/Wendehorst/Ehrenpreis 2001; Schwerhoff 2002; Scheutz 2004; Scheutz 2005; Lepsius/Wetzstein 2008; Schwerhoff 2011, 40–71). Hiervon ausgehend werden im Folgenden zunächst die meist aus dem lokalen Bereich stammenden, ungedruckten Gerichtsbücher und Gerichtsprotokolle vorgestellt, daran anschließend die in dem ebenfalls meist lokalen inquisitorischen Untersuchungsverfahren entstandenen Untersuchungsakten wie insbesondere die Verhörprotokolle behandelt und schließlich die Quellen dargestellt, die über Entscheidungen und Strafpraxis Auskunft geben. Zwar lassen sich aus diesen Quellengruppen detaillierte Informationen über Kriminalität und Justizpraxis gewinnen, für eine tiefergehende Analyse ist es jedoch oft nötig, zusätzliche Quellen aus der Justizverwaltung wie Rechnungen, Protokolle und Berichte sowie Bittschriften, Supplikationen und Gnadengesuche aus dem Bereich der Infrajustiz heranzuziehen, die Aufschlüsse über die konkrete administrative Praxis von Strafverfolgung und Strafvollzug geben und das Aushandeln von Kriminalität und Strafen aufhellen.

https://doi.org/10.1515/9783110379808-005

Hilfsmittel, welche dieses heterogene Quellenmaterial für das frühneuzeitliche Alte Reich insgesamt erschließen würden, existieren nicht. Lediglich für Österreich liegt eine Quellenkunde der Habsburgmonarchie vom 16. bis zum 18. Jahrhundert vor, die auch für Kriminalität und Strafjustiz einschlägige Bestände von Gerichts- und Verwaltungsakten erschließt (Pauser/Scheutz/Winkelbauer 2004, besonders 561–584). Einen Überblick verschaffen auch die Repertorien der gedruckten und ungedruckten Quellen der Rechtsprechung, die freilich erst mit dem Jahr 1800 einsetzen und die Strafgerichtsbarkeit nicht gesondert behandeln (Mohnhaupt 1992; Dölemeyer 1995). Das ungedruckte Quellenmaterial ist in unterschiedlichen Beständen in einer Vielzahl von staatlichen und kommunalen Archiven überliefert. Einige Archive weisen in ihren Repertorien Bestände zur Strafgerichtsbarkeit oder Kriminalakten aus, aber nur in wenigen Fällen existieren gedruckte oder online zugängliche detaillierte Bestandsverzeichnisse, wie die *Archivdatenbank Criminalia* des Instituts für Stadtgeschichte Frankfurt am Main, die *Kriminalakten Hanau* (König 1995) oder der *Bestand „Richterstube"* im Stadtarchiv Leipzig (Rüdiger/Hommel 2007). Letzterer erschließt eine große Bandbreite an vormodernen Quellen zur Strafgerichtsbarkeit (Urfehde-, Schöppen-, Richter- und sonstige Gerichtsbücher, Strafakten, Urgichten, Kundschaften), die auch im Hinblick auf Auswertungsmöglichkeiten vorgestellt werden. Andere Quellengruppen wie Gerichtsbücher, Untersuchungsakten und Verhörprotokolle, Rechnungen oder Bittschriften müssen dagegen meist in den Beständen unterschiedlicher Institutionen mittels der jeweiligen Archivverzeichnisse, Findbücher und Repertorien lokalisiert werden.

Umfassende moderne Quellensammlungen existieren ebenfalls nicht; die Einführungen von Gerd Schwerhoff sowie Sammelbände mit Gerichtsakten der Stadt Bautzen und aus dem österreichischen Waldviertel stellen anhand exemplarischer Beispiele unterschiedliche Quellentypen, teils auch nur in Auszügen, vor (Schwerhoff 1999, 2002, 2011; Schwerhoff/Völker 2002; Scheutz/Winkelbauer 2005). Ansonsten finden sich verstreut in der kriminalitätshistorischen Literatur einzelne Quellenbeispiele oder auch mehrere Quellen aus einem Kriminalfall, teils auch nur auszugsweise oder als Übersicht (Scheutz 2005). Editionen aller Kriminalakten bzw. wesentlichen Quellen eines Kriminalfalles liegen lediglich für einige Hexenprozesse (Riedl 1998) sowie für „berühmte" Fälle wie den der Frankfurter Kindsmörderin Brandt vor (Habermas/Hommen 1999).

Zu einzelnen Quellentypen gibt es in einigen Fällen spezifische Hilfsmittel und auch gedruckte Sammlungen und Editionen, von denen die meisten bereits aus der Frühen Neuzeit stammen. Dazu zählen Konsilien-, Responsen- und Fallsammlungen, aktenmäßige Berichte und populäre Darstellungen einzelner Kriminalfälle oder Urgichten und Armesünderblätter zum Strafvollzug. Darin finden sich häufiger auszugsweise Quellen wie Verhörprotokolle, Rechtsgutachten, Urteile, Berichte über den Strafvollzug usw., aus denen sich einzelne Aspekte, aber sehr selten der gesamte Kriminalfall rekonstruieren lassen; sie werden im Folgenden im jeweiligen sachlichen Kontext behandelt (siehe Kapitel 6).

Da die verschiedenen Quellentypen der frühneuzeitlichen Kriminalakten in teils sehr unterschiedlichen Archivbeständen überliefert sind, besteht ein zentrales methodisches Problem darin, deren Vollständigkeit zu ermitteln oder zumindest einzuschätzen. Zahlreiche Quellengruppen wie Bußenregister, Verhörprotokolle oder Konzepte rechtlicher Gutachten wurden kassiert, ausgeschieden, vernichtet oder nur in exemplarischer Auswahl aufbewahrt. Diese Aktenverluste beeinträchtigen die Auswertung eines Bestandes sowohl im Hinblick auf die Repräsentativität der überlieferten Fälle – z. B. können gerade minderschwere Fälle als unwichtig kassiert worden sein – als auch bezüglich der quantitativen Methoden. Da die Verluste oft nicht bekannt sind, existiert ein spezifisches „Dunkelfeld", das sich mangels entsprechender Quellen kaum aufhellen lässt (Valentinitsch 1992; Scheutz 2004). Die duale Struktur des Inquisitionsprozesses erlaubt es allerdings, Amts- und Gerichtsakten lokaler Organe wie insbesondere Gerichtsrechnungen, Häftlingslisten oder „Turmbücher" (Verzeichnis inhaftierter Delinquenten) mit den Beständen zentraler juridischer Institutionen zu vergleichen und damit Umfang und Repräsentativität untersuchter Bestände einzuschätzen (Schwerhoff 1991, 33 f.; Härter 2005a, 17 f.; Ludwig 2008a, 29). Allerdings gelingt es nur selten, alle Akten eines Strafverfahrens auszuwerten und daraus eine systematische Analyse der gesamten Praxis zu entwickeln (Eibach 1996, 709–711; Schwerhoff 1999, 24–45; Scheutz 2004). Viele Studien der historischen Kriminalitätsforschung fußen daher auf einzelnen, oft seriellen Quellentypen und Akten höherer, zentraler Gerichte, die letztlich nur mehr oder weniger umfangreiche Ausschnitte aus dem gesamten Kriminalfall und der Strafverfolgung bieten (Schwerhoff 1991, 33–36; Schnabel-Schüle 1997, 18–20; Schuster 2000; Rudolph 2001,

Überlieferungsprobleme

37 f.; Eibach 2003; Härter 2005a, 17–23; Ludwig 2008a, 25–30). So fehlen häufiger Informationen zum Beginn eines Verfahrens (Denunziation, Anzeige, Gerüchte, Festnahmen), und auch zum Vollzug von Strafen oder zu nachträglichen Begnadigungen lassen sich häufiger keine Quellen ermitteln.

Hiervon ausgehend werden im Folgenden einzelne, zentrale Quellengruppen exemplarisch behandelt, wobei zunächst die ungedruckten und gedruckten Quellen der Gerichtspraxis und des Strafverfahrens – Gerichtsbücher und Gerichtsprotokolle, Untersuchungsakten und Verhörprotokolle, Rechtsgutachten, Kriminalrelationen und Urteile – vorgestellt und wichtige Auswertungsmöglichkeiten und Analysemethoden diskutiert werden. Daran anschließend wird das heterogene Material aus Justizverwaltung, Strafverfolgung, Strafvollzug und Infrajustiz behandelt, das von Amtsakten, Rechnungen und Requisitionsschreiben über Steckbriefe und „Diebslisten" bis zu Urfehden, Supplikationen und Gnadenbriefen reicht. Das abschließende Kapitel (5.6) fasst dann die grundlegenden Methoden und Auswertungsmöglichkeiten und die damit verbundenen wissenschaftlichen Probleme und Kontroversen zusammen.

5.1 Gerichtsbücher und Gerichtsprotokolle

Für die Übergangsphase von der spätmittelalterlichen zur frühneuzeitlichen Gerichtsbarkeit und vor der vollen Durchsetzung des schriftlichen Inquisitionsprozesses bilden Gerichtsbücher, Gerichtsprotokolle und Urteilsbücher eine wesentliche Gruppe der Kriminalbzw. Gerichtsakten. Sie entstanden in mit Laienschöffen, Richtern oder Gerichtsschultheißen besetzten lokalen Gerichten, die die Fälle in einem akkusatorischen Verfahren verhandelten. Die von Amtsträgern bzw. Gerichts-, Stadt- oder Amtsschreibern angefertigten Aufzeichnungen über die Gerichtsversammlungen enthalten Angaben zu Klägern/Opfern, Beklagten, Delikten, Forderungen, Zeugenaussagen, Sitzungen und Entscheidungen/Urteilen, oft allerdings nur in knapper Form. Zahlreiche Land- und Centgerichte verschriftlichten in den Gerichtsbüchern auch normative Quellen wie z.B. Weistümer, Statuten und Beschreibungen von Rechten (Gerechtsame), organisatorischen Abläufen und Pflichten der Gerichtsmitglieder/Gerichtsuntertanen bezüglich der Strafverfolgung, der Bewachung von Delinquenten, des Rechnungswesens oder des Ablaufs von Gerichtsversammlungen und Hinrichtungen (Härter 1996b; Schwerhoff 2002, 275–279; Birr 2002a; Hägermann 2002; Schultheiß 2007; Lück 2008; Bilgenroth-Barke 2010; Paulus 2017). Sie finden sich in unterschiedlichen Formen für zahlreiche genossenschaftliche Gerichte und auch in der städtischen Gerichtsbarkeit als Acht-, Malefiz-, Straf- oder Urfehdebücher, wie z. b. das die Jahre 1487–1700 umfassende Malefizbuch der Stadt Nürnberg (Hoffmann 1995, 59 f.; Schuster 2000, 21–25; Franke 2013, 25–28). Da die Zuständigkeiten zwischen höherer Malefiz- und niederer Frevel- und Rügegerichtsbarkeit nicht immer eindeutig festgelegt waren, können die verhandelten Fälle eine relativ große Bandbreite an Delikten bzw. deviantem Verhalten abdecken. Obwohl die Gerichtsbücher mit der Durchsetzung des Inquisitionsprozesses seit dem 16. Jahrhundert allmählich verschwanden, behielten genossenschaftliche Gerichte teilweise die niedere Gerichtsbarkeit bis zum 18. Jahrhundert bei und führten weiterhin Gerichts- oder Protokollbücher, in denen sich allerdings nur noch „Frevel- und Rügesachen" finden. Insgesamt blieben Gerichtsbücher, Protokolle, Bußenregister oder Rechnungsbücher, die nur knapp Täter, Delikt und Sanktion verzeichnen, charakteristisch für die niedere, lokale Strafgerichtsbarkeit (Frank 1995; Willoweit 1996; Holenstein 2003; Kertelhein 2003; Bilgenroth-Barke 2010).

Gerichtsbücher liegen nur in wenigen modernen Editionen vor, darunter die Ingelheimer Haderbücher (Marzi 2011–2014), die das späte 15. Jahrhundert abdecken und zahlreiche Frevel und Kriminalsachen mit Angabe der Strafen enthalten, die dreibändige Edition der Protokolle des Siegburger Schöffengerichts (2001-2012) sowie die ebenfalls aus dem 16. Jahrhundert stammenden Frevelbücher der Herrschaft Bludenz (Ohneberg 2014) oder das Blutbuch der Dessauer Kanzlei (Jablonowski 2002). Die Gerichtsbücher von Land- und Centgerichten wurden nur selten – so z. B. für Würzburg – ediert, wobei meist die Weistümer und Ordnungen, aber nicht die Gerichtsprotokolle aufgenommen wurden (Knapp 1907; Birr 2002a). Dies gilt auch für verschiedene Editionen ländlicher Rechtsquellen, die sich ebenfalls auf die normativen Texte beschränken. Darüber hinaus finden sich in den kaum zu übersehenden, meist älteren regional- und lokalgeschichtlichen Publikationen gelegentlich Auszüge oder Teildrucke unterschiedlicher Gerichtsbücher und Gerichtsprotokolle, die hier nicht angeführt werden können.

Editionen

Quellenwert und
Auswertungs-
möglichkeiten

Da solche Gerichts- und Protokollbücher oft nur summarische Aufzeichnungen über verhängte Bußen und Delikte enthalten, ist der Informationsgehalt im Hinblick auf „Kriminalität als soziales Phänomen" und „Funktionsweisen der Strafjustiz" begrenzt. Normen, Entscheidungsfindung und Gründe für eine Bestrafung wie auch soziale Kontexte von abweichendem Verhalten und Tätern können kaum umfassender aufgehellt werden. Dennoch bieten sie wichtige Auswertungsmöglichkeiten und eignen sich aufgrund des meist seriellen Charakters für eine quantitative Analyse von Delikten und Sanktionen und deren Veränderung in einem längeren Zeitraum. Da im Laufe der Frühen Neuzeit die lokalen Verwaltungen zunehmend Quellen (Amtsprotokolle, Berichte) produzierten, können diese ergänzend herangezogen werden. Damit lassen sich anhand der Gerichtsbücher insbesondere der weite Bereich der niederen Strafjustiz, der lokale, alltägliche Umgang mit abweichendem Verhalten und Kriminalität und die Sanktionspraxis bezüglich der nicht peinlichen „bürgerlichen" und Policeystrafen (Geldbußen, Gefängnis) untersuchen, wie neuere Fallstudien zum Gogericht Heiden im Fürstentum Lippe, zum Rügegericht in der Westfälischen Gerichtsherrschaft Canstein, zu altmärkischen Patrimonialgerichten, zur Markgrafschaft Baden, den Dithmarscher Brücheregister und dem Duderstädter Strafbuch zeigen (Frank 1995; Krug-Richter 1997; Thauer 2001; Holenstein 2003; Kertelhein 2003; Bilgenroth-Barke 2010). Darüber hinaus kann die Quellengruppe im Hinblick auf die Veränderung von Kommunikationsweisen und Strukturen der Strafjustiz analysiert werden. Sie zeigt die traditionalen Formen der akkusatorischen, unmittelbaren und summarischen Verfahrensweisen und enthält wertvolle Informationen über den Ablauf von Gerichtsversammlungen und die Organisationsstrukturen der lokalen Gerichtsbarkeit wie Ämter, Besetzung, Personal, Termine, Versammlungsorte oder Gerichtskasse (Lück 2008). In einigen Fällen finden sich sogar Sinnsprüche oder Zeichnungen, die als visuelle Repräsentation der Kriminaljustiz analysiert werden können (Schwerhoff 2006b).

5.2 Untersuchungsakten: Anzeigen und Verhörprotokolle

Das frühneuzeitliche inquisitorische Untersuchungsverfahren hat eine große Bandbreite teils unterschiedlicher Typen an Kriminal- bzw. Ermittlungsakten produziert, die die zuständigen untersuchenden und/oder lokalen Organe und Gerichte nach Abschluss des Verfahrens per Aktenversendung an die verschiedenen juridischen Institutionen zwecks Einholung von Rechtsrat oder zum „Spruch" (Urteil) versendeten (siehe Kapitel 2.5). Dazu gehören Informationen, Verdachtsäußerungen oder Anzeigen bei lokalen Organen oder Amtsträgern, die z. B. im Amtsprotokoll oder als separates „Actum" festgehalten wurden; Protokolle und Berichte über Festnahmen (z. B. bei Streifen und Visitationen); beeidete Aussagen und Aufstellungen von Opfern/Geschädigten über gestohlene Gegenstände oder Verletzungen, mit denen das *corpus delicti* rechtlich befestigt wurde; Beschauprotokolle, Gutachten und Aussagen von Experten wie Hebammen, Chirurgen, Ärzten und Pfarrern über ein mögliches Verbrechen, eine Leichenschau oder Wunden (*visum repertum*), die ebenfalls der Feststellung des *corpus delicti* und als Beweis dienten; Verhör- und Folterprotokolle von meist inhaftierten Verdächtigen bzw. „Inquisiten"; Aussagen von Zeugen bzw. Zeugenverhöre; Requisitionsschreiben an auswärtige Behörden und Amtsträger, um weitere Informationen über Täter und Verbrechen auszutauschen; Zwischenbescheide oder Rechtsgutachten über die Anwendung der Folter sowie der Schriftwechsel mit zentralen entscheidenden Institutionen und Spruchkollegien mittels Bericht und Reskript. In dieser Vollständigkeit liegen die genannten Quellen allerdings meist nicht vor oder finden sich nur in unterschiedlichen Archivbeständen, deren Erschließung oft schwierig ist (Valentinitsch 1992; Schwerhoff 2002; Scheutz 2004; Scheutz 2005, 41). Mit Ausnahme der rund 2800 Dokumente umfassenden Voruntersuchungsakten gegen die Schinderhannes-Bande, die freilich aus dem bereits nach dem neuen französischen Recht durchgeführten Verfahren stammen, liegen daher auch keine umfassenden Editionen oder sonstigen modernen Hilfsmittel vor, die diese Quellengruppe erschließen (Fleck 2003). Die Forschung hat sich vorwiegend mit zwei Quellentypen beschäftigt und diesbezüglich Methoden und Auswertungsmöglichkeiten diskutiert: den Anzeigen/Denunziationen und den Verhörprotokollen; zu Letzteren zählen auch die Zeugenverhöre.

Rüge, Anzeige, Denunziation

Normverstöße konnten einem Gericht oder einer Obrigkeit auf sehr unterschiedlichen Wegen zur Kenntnis gebracht werden: durch Gerüchte, Gerede und heimliche, anonyme Formen; Anbringen, Anmeldung, Meldung oder formelle namentliche Anzeigen beim Amt; Bittschriften, Supplikationen und Beschwerden von Betroffenen; Rüger, die im Rahmen einer Gerichtsversammlung einen „Frevel" rügten, Informationen, die Pfarrer, Hebammen, Schöffen und Amtsträger weitergaben, und nicht zuletzt durch die Einleitung eines Verfahrens auf dem Klageweg. Letzteres geriet seit dem 16. Jahrhundert zunehmend außer Gebrauch, da die Obrigkeit *ex officio* verpflichtet war, alle kriminellen Handlungen zu verfolgen und die Verpflichtung auch dazu nutzte, die diesbezüglichen Kompetenzen von Amtsträgern und Behörden auszubauen oder eine allgemeine Anzeigepflicht einzuführen. Da die gerichtliche Klage mit dem Akkusationsverfahren aus der Strafjustiz verschwand, gewannen die Rügepflicht und die in vielen Policeygesetzen verordnete Anzeige- oder Meldepflicht eine zentrale Bedeutung für die obrigkeitliche Verfolgung von Delikten bzw. deviantem Verhalten. Dies ging einher mit einer Normierung und Reglementierung der unterschiedlichen Praktiken und Verfahren in der Ordnungs- und Policeygesetzgebung. So wurden Rügegerichte, Schöffen, Schultheißen, Schützen und andere Ämter der niederen Gerichtsbarkeit verpflichtet, jede strafbare Handlung und insbesondere auch Kriminaldelikte vorzubringen, anzuzeigen und/oder in ein „Rügeregister" einzutragen. Insofern wurde die traditionale Rügepflicht zu einer Anzeigepflicht für Amtsträger umgeformt. Besonders im 18. Jahrhundert versuchten zahlreiche Obrigkeiten für einen weiten Bereich von kriminellen Handlungen (inklusive der Frevel und Policeyvergehen) eine generelle Melde- oder Anzeigepflicht durchzusetzen, teils verbunden mit der Androhung von Sanktionen für die Unterlassung einer Anzeige oder der Gewährung von Vergünstigungen wie Wahrung der Anonymität, Straffreiheit oder Belohnungen. Da dies teilweise scheiterte, wurden auch „semi-professionelle" Ämter wie Aufseher, Visitatoren, Informanten, Spitzel oder Vigilanten eingeführt, um Verbrechen und Verbrecher zu entdecken (Willoweit 1996; Jerouschek/Marssolek/Röckelein 1997; Ross/Landwehr 2000; Weber 2000; Blickle 2001; Holenstein 2001; Birr 2002b; Koch 2006).

Quellenwert und Methoden

Die unterschiedlichen Möglichkeiten bedingen eine entsprechende Vielfalt an potentiellen Quellen, die zudem oft auch nur schwierig in den Kriminalakten und Archivbeständen zu lokalisieren sind. Anzeigen, Klagen, Rügen, Denunziationen, Spitzelmeldungen und sonstige Informierungsformen finden sich in Amtsprotokollen, Gerichtsbüchern, Polizeiakten, Visitations- und Streifenprotokollen, Rechnungsbüchern, als „Aktum" oder Notiz in den Kriminalakten oder als Eintrag in Verhörprotokollen. Eine weitere Schwierigkeit besteht darin, dass sich die unterschiedlichen Formen nicht immer klar bestimmen lassen oder die Forschung den zeitgenössischen frühneuzeitlichen Sprachgebrauch außer Acht lässt und moderne Begrifflichkeiten verwendet. Dies führt gelegentlich zu Verwechslungen von Denunziation (im modernen Sinn der heimlichen, anonymen Informierung oder falschen Anschuldigung) und der *denunciatio* als einem rechtlich abgesicherten Verfahren der Informierung von obrigkeitlichen Institutionen über Normverstöße durch eine formelle, namentliche „Anzeige" (Weber 2000; Blickle 2001). Auch die frühneuzeitliche Strafrechtswissenschaft diskutierte teils kontrovers *denunciatio*, Anzeige, Rüge und Klage und versuchte diese als strafprozessuales Rechtsinstitut mittels juristischer Kriterien zu definieren und auch die falsche Anschuldigung dogmatisch weiter zu entwickeln (Koch 2006). Die Analyse der Quellen muss folglich von den konkreten historischen Formen und Kontexten ausgehen und daran methodisch tragfähige Unterscheidungskriterien entwickeln, die sich an den zeitgenössischen rechtlichen Kategorien und Diskursen orientieren. Damit wird allerdings die in der rechtshistorischen Forschung vorhandene Tendenz eher verstärkt, solche Informierungspraktiken primär anhand von Normen zu untersuchen. Anzeige, Rüge und *denunciatio* als soziale und infrajustizielle Praktiken der Etikettierung von deviantem Verhalten, sozialer Kontrolle und Justiznutzung sollten folglich nicht aus dem Blick geraten (Schwerhoff 2011, 83 f.).

Nach der gemeinrechtlichen Doktrin markiert die artikelsweise, im Inquisitionsprotokoll festgehaltene Befragung den Beginn der sogenannten „Spezialinquisition" bzw. des Untersuchungsverfahrens, das freilich in der Praxis bereits mit Anzeige und Festnahme eingeleitet wurde. Anzeige, Festnahme und Verhör konnten folglich ineinander übergehen; so führten auch Amtsträger bei Verdächtigen „Informativverhöre" durch und lieferten diese mit dem Protokoll („Denunciations Punkte") beim zuständigen Gericht ab. Auch konnten Verdächtige und Zeugen vorgeladen („zitiert") und „informell" befragt werden, was in einem „Informativprotokoll" festgehalten wurde (Schnabel-Schüle 1997, 25; Härter 2005a, 377). Das

Verhör und Geständnis

Verhör von Verdächtigen und Beschuldigten (Inquisiten) im inquisitorischen Untersuchungsverfahren hatte zwei wesentliche Funktionen: Primäres Ziel war die Erlangung eines Tat- bzw. Schuldeingeständnisses, das meist als zentraler (und häufig einziger) Beweis für die Verurteilung diente und das der Inquisit „freiwillig" wiederholen oder bestätigen musste. War es nicht im gütlichen Verhör zu erlangen und lagen ausreichende „Indizien" oder Verdachtsmomente vor, konnte nach voriger Entscheidung eines Spruchkollegiums oder einer Zentralbehörde die Folter eingesetzt werden. Dazu kam gemäß der Instruktions- und Offizialmaxime die Gewinnung von Informationen, um Mittäter oder andere Straftaten des Verhörten oder Anderer zum Zweck der weiteren Strafverfolgung aufzudecken (Kleinheyer 1979; Schmoeckel 2000; Härter 2005a, 2011a). Das Verhör von Inquisiten oder Zeugen wurde von den zuständigen Amtsträgern in unterschiedlichen Konstellationen durchgeführt, wobei auch Gerichtsschultheißen, Amtmänner, Amtskeller oder Amtsschreiber als Inquirenten bzw. als Untersuchungs- oder Ermittlungsrichter fungierten, die Fragen stellten und das Inquisitionsprotokoll führten, während Gerichtsmitglieder/Schöffen (wenn überhaupt) meist nur als „Gerichtszeugen" teilnahmen. Als „Hilfspersonal" konnten weiterhin Experten und Amtsträger, die über Milieukenntnisse verfügten oder die „Gaunersprache" beherrschten, Hebammen und vor allem Scharfrichter zwecks Anwendung der Folter hinzugezogen werden (Scheutz 2004, 562 f.; Härter 2005a).

Inquisitions- und Verhörprotokolle   Das Verhör von Beschuldigten/Inquisiten wurde in spezifischen Verhör- oder Inquisitionsprotokollen festgehalten, die alle Fragen und Antworten einschließlich körperlicher Äußerungen (Gebärden, Grimassen, Weinen, Lachen, Nervosität, Ausweichen) und Eidesleistungen festhielten. Bereits die Carolina hatte Schriftlichkeitsprinzip und Protokollierung rudimentär normiert und angeordnet, dass die Gerichtsschreiber alles was „peinlicher klag vnd antwurt halb geschicht, gar eygentlich, vnderschiedlich vnd ordenlich auffschreiben" (Carolina 1975, Art. 181); die meisten partikularen Malefiz- und Gerichtsordnungen enthielten ähnliche und zunehmend ausführlichere Bestimmungen. Während der Frühen Neuzeit entwickelten die Verhörprotokolle eine spezifische Struktur: Die detaillierten, meist vorformulierten Fragen wurden auf einem „gebrochenen" (in der Mitte gefalteten) Blatt links, die Antworten rechts notiert und durchnummeriert, was in Abgrenzung zum summarischen Verhör und Informativprotokoll als artikuliertes Verhör bezeichnet wurde. Dieses begann mit einer summarischen Befragung oder generellen Fragen (*ad generalia*) zu Person und Tatverdacht und setzte sich mit spezifischen Fragen zum Tathergang fort (*ad specialia*). Einlassungen, längere Erklärungen oder unerwünschte „überflüssige" Antworten wurden nicht im Protokoll festgehalten oder getilgt. Allerdings versuchten die Inquirenten, nicht nur alle Einzelheiten und Merkmale einer Straftat, sondern auch Vorstrafen, Sozialverhalten, Reputation, Lebensumstände und soziales Milieu bis hin zu regelrechten Lebensläufen der Verhörten zu ermitteln. Insbesondere die Fragen *ad specialia* wurden in manchen Territorien und Städten nach den ersten Verhören von den zentralen juridischen Institutionen vorformuliert und als Fragenkataloge (*Interrogatorien*) per Weisung vorgegeben. Ab dem 17. Jahrhundert gingen einige Obrigkeiten dazu über, Fragen und Frageraster in Gerichtsordnungen oder Strafgesetzen zu normieren und zu standardisieren. So enthält die Niederösterreichische Landgerichtsordnung von 1656 ein Formular für die Fragen *ad generalia* zu Name, Geburtsdatum, Eltern, Ehestand, Kinder, Tätigkeit/Beruf, Aufenthaltsorten, Begleitern und Religion (Ferdinandea 1656, Art. 32; Scheutz 2004, 564). Die Ordnung von Brandenburg-Ansbach reglementierte detailliert, wie es die lokalen Amtsträger „in Criminal- und Peinl. Sachen mit denen gütlichen und peinlichen Verhören, und Inquisitorialischen Untersuchungen" halten und wie sie die Protokolle formal einrichten sollten (Ordnung 1720). Auch die auf die inquisitorische Praxis orientierten Autoren der Strafrechtswissenschaft wie insbesondere Benedict Carpzov entwickelten rechtliche Regeln für Verhör und Protokollierung, um die Beweisfunktion zu gewährleisten (Carpzov 1638, 89 ff.). Zentrale Behörden und Spruchkollegien prüften zudem, ob die eingesandten Protokolle den normativen Vorgaben entsprachen, und sanktionierten Amtsträger bei Verstößen. Insgesamt wuchs der Umfang der Protokolle, die über 1000 Fragen und Antworten enthalten können, im Lauf der Frühen Neuzeit erheblich an (Valentinitsch 1992, 72 f.; Schnabel-Schüle 1996; Scheutz 2004, 562 f.; Schwerhoff 2011, 65–71). Teils liegen sie als Konzepte unmittelbarer Mitschriften, oft aber auch in später gefertigten Reinschriften vor. Moderne Editionen existieren nicht, mit Ausnahme des Verhörprotokolls des Inquisiten Johann Georg Grasel (Platzgummer 2009) und Auszügen in einzelnen Fallstudien (Schnabel-Schüle 1997, 335–362; Scheutz/Winkelbauer 2005).

Zeugenverhör,
Konfrontation,
Reinigungseid,
Folter

Spezifische Formen des Verhörs bildeten Zeugenverhöre, Konfrontation, Reinigungseid und Folter. Zeugen wurden ebenfalls „verhört" bzw. befragt und ihre Aussagen protokolliert, meist ohne Frageartikel. Das Protokoll bzw. die Aussagen mussten sie oft per „Handtreu" (eine Art minderer Eid) und gegebenenfalls auch mit einem „echten" Zeugeneid bekräftigen (Fuchs/Schulze 2002). Bei der Konfrontation wurde der Inquisit einem Zeugen oder anderem Verdächtigen gegenübergestellt und beide mussten ihre (meist widersprechenden) Aussagen wiederholen und eventuell beeiden, was ebenfalls im Protokoll festgehalten wurde. Schien ein Verdächtiger nicht zu stark belastet, konnte er zum Reinigungseid zugelassen werden und beschwören, dass er das Verbrechen, dessen er verdächtigt worden war, nicht begangen hatte, was ebenfalls protokolliert wurde. Umgekehrt konnte aber auch bei fehlendem Geständnis oder Verweigerung einer Aussage bei ausreichenden Verdachtsmomenten und Indizien auf die Anwendung der Folter entschieden werden, bei der das Verhör in der geschilderten Form durchgeführt und protokolliert wurde. Der Einsatz der Folter ging zwar im 18. Jahrhundert zurück, allerdings kamen auch nach Abschaffung der gemeinrechtlichen Tortur zwecks Geständniserzwingung weiterhin physische Zwangsmittel wie Lügen- oder Ungehorsamstrafen bei Aussageverweigerung oder Falschaussage zum Einsatz (Schmoeckel 2000; Niehaus 2003; Altenhain/Willenberg 2011; Härter 2011a).

Methoden und
Medien des
Verhörs

Im 18. Jahrhundert hatte sich weitgehend die Praxis etabliert, dass die Inquirenten die Verhöre selbständig führten und die Fragen selbst (vor-)formulierten; lediglich bei der Entscheidung über die Folter ergingen Weisungen oder Interlokute der Spruchkollegien und Zentralbehörden. Befragungs- und Verhörmethoden wurden ausgefeilter und flexibler, unmittelbar gewonnene Informationen wurden ebenso wie „Suggestivfragen" eingesetzt, um den Verhörten zu einem Geständnis oder zur Preisgabe weiterer Informationen zu „motivieren". Für bestimmte Delikte entwickelten sich spezifische Frageraster und Vorgehensweisen. Dazu trug auch die Gattung der Praxishandbücher für das Strafverfahren bei, die wie die *Kurze Anweisung zum Prozeß* (Carrach 1776, 272ff.) oder die *Anweisung zum Inquiriren* (Wangermann 1770, 1796) Anleitungen für *Inquisitions-Proces, Captur, Examination, Confrantation, Tortur, Bekanntnuß und Ratification* (Guggenberger 1722/1731) vermittelten, beispielhafte und differenzierte Verhör- und Frageschemata vorgaben und die Inquirenten in Verhörtechniken schulen wollten, wie der *Versuch*

einer Anweisung für Richter beym Verfahren in Criminal- und Straf-
Sachen, wider solche, welche die Wahrheit nicht gestehen wollen
(Quistorp 1789). Bei grenzübergreifenden Fällen tauschten Obrigkeiten und Behörden Auszüge aus Verhörprotokollen aus, um Requisitionen, d. h. Anfragen nach Informationen über weitere Verbrechen
und Täter, zu fundieren, die dann in weiteren Verhören oder den
Entscheidungsprozessen verwendet wurden. Archivbestände zum
Requisitionswesen können folglich ebenfalls Inquisitionsprotokolle
enthalten. Informationsaustausch und Informationsgewinnung mittels Verhör und Protokollen stimulierten zudem die Ausdifferenzierung neuer kriminalistischer, auf die Praxis der Strafverfolgung
zielender Medien: Steckbriefe, Fahndungs-, Gauner- und Diebslisten sowie aktenmäßige Berichte/Relationen verwendeten Informationen aus Inquisitions- und Verhörprotokollen und wurden
wiederum in Verhören z. B. zur Identifikation eines Verdächtigen
herangezogen (Valentinitsch 1992; Blauert/Wiebel 2001; Gruber
2010; siehe Kapitel 6.1).

    Verhör- und Inquisitionsprotokolle bilden folglich eine wichti-
ge Gruppe der Kriminalakten und ihnen kommt für unterschiedliche
historische Untersuchungen ein hoher Quellenwert zu. Zentrale
methodische Bedingungen ihrer Analyse sind die psychische und
physische Zwangssituation, die zunehmende Normierung und Standardisierung, Veränderungen von Methoden, Kommunikationsformen und Medien sowie die Zwecke: Geständnis/Beweise für eine
Verurteilung und Informationen für Strafzumessung oder weitere
Strafverfolgung. Befragung und Protokollierung folgten damit einer
juristischen und polizeilichen Logik im Hinblick auf die Erlangung
von Beweisen und Informationen über Täter, Tat und weitere Beteiligte, die in die nachgelagerten Entscheidungsprozesse eines
Spruchkollegiums oder einer zentralen Behörde einflossen und weiter verarbeitet wurden. Diese kommunizierten mit Verhörten bzw.
Inquisiten meist nie direkt, verwendeten aber die protokollierten
Aussagen (oft unter Zitierung der Nummer des Frageartikels) für die
Begutachtung und Entscheidungsfindung (siehe Kapitel 5.3). Darüber hinaus dienten die Informationen weiteren Kommunikationen
und Medien, die über das eigentliche Strafverfahren hinausgingen
und im Requisitionswesen oder für gedruckte Steckbriefe und Fahndungslisten verwendet wurden. Damit sind obrigkeitliche Prägung
und Perspektive bei den Verhör- und Inquisitionsprotokollen besonders dominant: Schreiber und Inquirenten, aber auch zentrale

Bedeutung und
Quellenwert

Spruchkollegien und Behörden filterten, selektierten und transformierten eine ursprünglich mündliche Zwangskommunikation und „Erzählung" inhaltlich und sprachlich in ein schriftliches formalisiertes Dokument, das einer juridischen und polizeilichen Logik folgte (Schnabel-Schüle 1997, 24–26; Scheutz 2004, 562; Schwerhoff 2011, 92f.).

Methoden und Auswertungsmöglichkeiten

Insofern ergeben sich neben der historischen Erforschung von Devianz und Kriminalität vielfältige Potentiale für rechts-, kommunikations- und sprachwissenschaftliche Fragestellungen und Methoden. So können Verhörprotokolle daraufhin untersucht werden, ob sich Bestandteile von Alltags- oder Sondersprachen (wie das frühneuzeitliche Rotwelsch) herausfiltern lassen. Das Verhältnis von fiktionalen Geschichten, „komplexen" oder „konkurrierenden Wahrheiten" und Wirklichkeit von Kriminalität kann ebenso thematisiert werden wie die Veränderungen in den Kommunikations- und Informationstechniken und der „Geständniskultur" („Psychologisierung") oder der Einfluss von rechtlichen Normen, juridischen Diskursen und Praxisliteratur in vergleichender Perspektive (Simon-Muscheid/Simon 1996; Niehaus 2003, 2006; Reichertz/Schneider 2007). Die Rechtsgeschichte hat sich meist auf die Rekonstruktion des um Verhör und Folter kreisenden juristischen Diskurses und die Analyse der gemeinrechtlichen Literatur beschränkt. Im Mittelpunkt stehen dabei das Geständnis und die Beweisfunktion des Verhörs, die Abschaffung der Folter sowie die Entwicklung eines strafprozessualen Rechtsbegriffs der Vernehmung bzw. einer rechtlich-dogmatischen Konzeptualisierung des Verhörs. Eine solche rechtsimmanente dogmatische Perspektive birgt freilich die Gefahr eines eher idealtypischen Bildes, das den Quellenbefunden aus den frühneuzeitlichen Verhörprotokollen teils deutlich widerspricht. So werden vor allem die polizeilich-informative Funktion des Verhörs und der Folter unterschätzt und der Zusammenhang zu anderen Kommunikationsformen und Medien (Fahndungslisten, Praxishandbücher) vernachlässigt (Bruns 1994; Schmoeckel 2000; Altenhain/Willenberg 2011; Schumann 2016).

Ego-Dokumente und juridisch-polizeiliche Logiken

Allerdings hat auch die historische Kriminalitätsforschung rechtliche Normen, Diskurse, Kommunikationsformen, Logiken und Medien teilweise vernachlässigt und den Schwerpunkt meist auf die vielfältigen Informationen zu vormodernen Lebenswelten, Alltag, Konflikten, sozialen Randgruppen und Unterschichten gelegt oder die Verhörprotokolle als „Selbstzeugnisse" analysiert (Schnabel-

Schüle 1996, 1997; Behringer 1996; Schwerhoff 1999, 61–68; Griesebner 2000; Rudolph 2001; Scheutz 2000; Eibach 2003; Scheutz 2005;
Schwerhoff 2011, 66–69). Zweifellos sind Verhörprotokolle neben
den Bittschriften und Supplikationen ein wichtiger Quellentyp, der
eine Untersuchung der Kommunikationen, Handlungsspielräume
und Strategien der sozialen Akteure (Delinquenten, Beschuldigte,
„Verbrecher" usw.) erlaubt. Sie bieten zudem eine kaum in anderen
Quellen vorhandene Informationsdichte nicht nur über deviantes
bzw. kriminelles Verhalten, sondern auch über damit zusammenhängende soziale, wirtschaftliche und politische Kontexte und
Konflikte der frühneuzeitlichen Gesellschaft. So lassen sich aus Verhörprotokollen familiale Netzwerke von Vagierenden, die „Lebensumstände auf der Straße" oder biographische Informationen ebenso
wie sexuelle Praktiken, Geschlechterverhältnisse, soziale Rollen,
kulturelle Alltagspraktiken, Emotionen, Mentalitäten oder soziale
Stereotypisierung und Vorurteile rekonstruieren. Waren doch die
verhörenden Amtsträger daran interessiert, alle relevanten Informationen über die „Umstände" von Verbrechen und Verbrechern aufzudecken. Dies ermöglichte den Delinquenten, denen meist keine
oder nur sehr eingeschränkte formale Verteidigungsmöglichkeiten
eingeräumt wurden, Informationen, Argumente, soziales Kapital
oder „Verteidigungsstrategien" einzubringen, von denen sie sich
eine Entlastung oder „mildernde Umstände" erhofften und mit denen über die Protokolle auch die entscheidenden Spruchgremien
und Behörden beeinflusst werden konnten. Dabei mussten sich die
Akteure allerdings weitgehend der „disziplinierten Rede" von Justiz
und Verwaltung anpassen und mit topischen und rechtlichen Argu-
menten (Armut, Trunkenheit, Verführung) oder obrigkeitlich-utilita-
ristischen Zwecken (Versorgung einer Familie, „Nahrung") argu-
mentieren. Im Extremfall der Hexenverfolgungen, aber auch z. B. bei
Räuberbanden konnte dies dazu führen, dass weitere Verdächtige
bezichtigt und strafrechtlich verfolgt wurden. Strategisch motivierte
Kommunikationen von Verhörenden und Verhörten sowie die Transformation in die juristische Logik des Verhörs und der Protokollierung lassen es daher methodisch als problematisch erscheinen, Verhörprotokolle bzw. Aussagen als authentische „Ego-Dokumente"
oder „Selbstzeugnisse" zu lesen (Schnabel-Schüle 1996; Behringer
1996; Schwerhoff 1999, 61–68; Scheutz 2000, 2005; Schwerhoff 2011,
66–69). Eher erlauben sie, das Aushandeln von abweichendem und
kriminellem Verhalten und die damit verbundenen juridisch-poli-

ceylichen Kommunikations- und Argumentationsmuster zu analysieren. Dabei müssen sie aber gleichsam „gegen den Strich gelesen" und die jeweilige Reichweite insbesondere durch eine vergleichende Untersuchung einer größeren Zahl von Fällen bzw.
Protokollen kritisch bestimmt werden.

5.3 Entscheidungen: Rechtsgutachten, Konsilien, Kriminalrelationen, Urteile

Die Untersuchungsakten wurden nach Abschluss des Ermittlungsverfahrens per Aktenversendung und oft mit einem begleitenden
Bericht an zentrale entscheidende oder gutachtenden Spruchkollegien, Behörden, juristische Fakultäten oder Oberhöfe gesandt. Damit setzte ein oft komplexes Entscheidungsverfahren ein, in dem
eine abweichende bzw. kriminelle Tat juristisch bewertet, eine
Strafe zugemessen und ein Urteil (bzw. Urteilsvorschlag) gefunden
wurde. Dies geschah überwiegend durch schriftliche Rechtsgutachten in Form von Konsilien, Responsen, *Criminal-Parere*, (Kriminal-)
Relationen und abschließenden Urteilsvorschlägen. Grundsätzlich
konnte jeder promovierte und zugelassene Jurist solche Rechtsgutachten erstellen, allerdings beschränkten die meisten Obrigkeiten
Aktenversendung und Rateinholung auf zentrale Behörden oder
Spruchgremien (Kapitel 2.5). Auch wenn diese das Entscheidungsverfahren im Wesentlichen durchführten, wurden in einigen Territorien und Reichsstädten bei schweren oder komplexen Fällen weitere Juristen und juristische Fakultäten (der Landesuniversitäten)
einbezogen, die zusätzliche Gutachten – z. B. in Form einer Defen-
sionsschrift – anfertigten. Alle Rechtsgutachten wurden nach dem
Kollegialprinzip in den beteiligten Spruchkollegien referiert, bera-
ten und per Mehrheitsbeschluss abgestimmt. Oft wurde der Fall
einem oder zwei juristisch ausgebildeten Referenten zugewiesen,
die auf der Basis der Untersuchungsakten ihre Gutachten oder
Relationen anfertigten und mündlich vortrugen. Das Beschlussver-
fahren ist meist in Protokollen bzw. Protokollbüchern (Gericht-,
Hofrats-, Kanzleiprotokolle) dokumentiert, denen Akten, Gutachten
oder Relationen als Beilagen angefügt werden konnten. In zahlreichen Territorien des Reiches war es zudem üblich, dass der
Landesherr (als Gerichtsherr) die Urteilsvorschläge bestätigte. Diese wurden dann nach Abschluss des Entscheidungsverfahrens per

Reskript oder Anweisung an die lokalen Gerichte gesandt, die es unverändert als Urteil und oft in den traditionellen Formen des Endlichen Rechtstags verkündeten und vollstreckten (Schild 1984; Härter 2000a, 465f., 476–478; Scheutz 2005, 42; Falk 2006, 4–8; Griesebner/Hehenberger 2008; Oestmann 2008).

Dieses hier nur idealtypisch dargestellte, in unterschiedlichen Variationen in Landesherrschaften, Spruchkollegien und Rechtsfakultäten praktizierte komplexe Entscheidungsverfahren schlug sich in unterschiedlichen Quellen nieder, wobei das Rechtsgutachten in Form von Konsilien, Responsen und Relationen eine zentrale Form bildet. Bei den Konsilien und Responsen handelt es sich meist (aber nicht notwendig) um Rechtsgutachten von Juristen/Rechtsfakultäten, die nicht unmittelbar Mitglied in einem Spruchkollegium waren und daher nur in schriftlicher Form gutachtlich antworteten; sie liegen den Inquisitionsakten bzw. Protokollen meist als Ausfertigung bei. Im Unterschied zu privatrechtlichen Parteigutachten schließen die Gerichtsgutachten in Kriminalsachen grundsätzlich mit einer Dezision bzw. einem Entscheidungs- oder Urteilsvorschlag ab. Aus dieser Gutachtenpraxis entwickelte sich eine eigene juristische Literaturgattung, die gedruckten Sammlungen von Konsilien, Responsen und Dezisionen, die auch Kriminalsachen beinhalteten, die im 18. Jahrhundert in eigenen Sammlungen publiziert wurden (Gehrke 1972, 2012; Falk 2006; siehe Kapitel 4.3).

Konsilien und Responsen

Bei der Relation handelt es sich dagegen in der Regel um den Bericht des mit dem Gutachten betrauten Mitglieds eines Spruchkollegiums (und gegebenenfalls eines Koreferenten), der zwar ebenfalls sehr ausführlich ausfallen konnte, aber nur für den auszugsweisen mündlichen Vortrag bestimmt war und oft nur in Konzeptform überliefert ist. Die Relationstechnik war bereits seit 1495 durch das Reichskammergericht als eine spezifische Verfahrens- und Entscheidungspraxis etabliert worden, die der jüngste Reichsabschied von 1654 nochmals ausführlich normierte (JRA 1654, §§ 143ff.). Dies beeinflusste auch die Entscheidungspraxis der Strafjustiz; neben Protokollextrakten, Urteilskonzepten und Reskripten an lokale Organe finden sich seit dem 17. Jahrhundert in den Inquisitions- und Kriminalakten zunehmend Relationen, so z.B. in den Beständen der Kurmainzer Kriminalakten rund 3000 Exemplare (BStAW KA). Die Reinschriften oder Konzepte können weitere, teils datierte Vermerke über Präsentation und Entscheidung in dem jeweiligen Spruchkollegium und über die Bestätigung durch den

Relationen

Landes- und Gerichtsherrn enthalten. Relationen wurden ebenfalls in Rechtsprechungssammlungen aufgenommen, so z. B. in die von dem kurhannoverschen Rat Laffert 1721 publizierten *Relationes et Casus Criminales cum Rationibus Dubitandi et Decidendi Imgleichen einigen dazugehörigen Königl. Chur- und Fürstlichen Rescriptis sambt andern Beylagen und zugefügten Urtheilen.*

Recht-sprechungs-sammlungen Die gedruckten Rechtsprechungssammlungen sind im *Handbuch der Quellen und Literatur der neueren europäischen Privatrechtsgeschichte* dokumentiert, das allerdings den Schwerpunkt auf die privatrechtlichen Sammlungen legt und daher die strafrechtlichen nur in diesem Kontext nachweist (Gehrke 1976/77). Analog hierzu hat sich die rechtshistorische Forschung ebenfalls auf die Auswertung der privatrechtlichen Rechtsprechungs- und Konsilienliteratur konzentriert (Gehrke 1972, 2012; Falk 2006). Das gedruckte Material bildet freilich nur die Spitze eines riesigen Materialbergs der lediglich archivalisch überlieferten Gutachten und Relationen, die bislang nicht erschlossen sind und von denen die bekannten teils sehr umfangreichen Bestände ebenfalls meist nur ausschnittweise untersucht wurden (Schnabel-Schüle 1997; Griesebner 2000; Rudolph 2001; Härter 2005a).

Methodik Rechts-gutachten Die Rechts- und Gerichtsgutachten in Kriminalfällen (Konsilien wie Relationen) folgen einer in der Frühen Neuzeit ausdifferenzierten allgemeinen Methodik, die zur universitären Ausbildung der Juristen gehörte und auch in Praxishandbüchern erläutert wurde (Ranieri 1985; Schild 1991; Falk 2006). Sie stellen zunächst auf der Basis der Untersuchungsakten den Sachverhalt dar, zeitgenössisch häufig als Geschichtserzählung (*narratio facti*) bezeichnet, mit teilweise sehr ausführlichen Angaben zur Person (inklusive Mittäter oder soziales Umfeld) und zum Tathergang (mit Angaben zu Tatorten, Opfern, Schäden usw.). Darauf folgen Aktenauszüge (*extractus actorum*) aus Verhörprotokollen, von Zeugenaussagen, Beschauprotokollen, Requisitionsschreiben und anderem Schriftgut des Untersuchungsverfahrens, teils mit sehr ausführlichen Zitaten oder den entsprechenden Dokumenten als Beilage; Geschichtserzählung und Aktenauszüge konnten sich freilich auch vermischen. Den Abschluss bildeten die juristische Erörterung der Rechtsfragen (*quaestiones*), die mit einem Votum bzw. Urteilsvorschlag schloss. Methodisch erfolgte dies meist durch die rechtliche Feststellung des oder der Delikte mit einzelnen Tatmerkmalen unter Heranziehung der einschlägigen Rechtsnormen, Schriften des gelehrtes Rechts sowie angeforderter Konsilien oder früherer Vergleichsfälle, die in die juridische Erörterung der Zweifels- und Entscheidungsgründe – der *rationes dubitandi* und *decidendi* – überging. Dabei ging es neben den Normen und Rechtsfragen auch um die Bewertung der konkreten Umstände von Tat und Täter und die daraus insgesamt abzuleitende und zu begründende Strafe, wobei die Gutachter und Referenten auch Milderungsgründe berücksichtigten und partiell die Rolle eines „Verteidigers" übernehmen konnten (Härter 2000a, 476–478; Härter 2005a, 469–495). Da eine Verteidigung oft nur bei schweren Verbrechen und drohenden Todesstrafen zugelassen war, sind Verteidigungsschriften eher selten vorhanden bzw. überliefert. Meist handelt es sich um ein weiteres Rechtsgutachten eines Juristen oder einer Rechtsfakultät, denen die Untersuchungsakten zugesandt wurden und die der Delinquent oft nicht einmal selbst auswählen konnte (Falk 2000; Krause 2000).

In der juridischen Praxis der Gutachten und Relationen lässt sich die Bedeutungszunahme der frühneuzeitlichen strafrechtlichen Literatur beobachten. Herangezogen, zitiert und interpretiert wurden die einschlägigen Abschnitte aus Carolina-Kommentaren wie insbesondere von Blumblacher (1704), Frölich von Frölichsburg (1709), Kress (1721) oder Böhmer (1770) ebenso wie theoretisch und/oder praktisch ausgerichtete Werke wie die *Practica nova* von Carpzov (1635), die *Praxis et theoricae criminalis* des Italieners Farinacci (1622) und die in zahlreichen Auflagen publizierte *Praxis rerum criminalium* des Niederländers Damhouder (1554), die ab 1565 auch in deutscher Sprache erschein als *Gründlicher Bericht und Anweisung, welcher massen in Rechtfärtigung Peinlicher sachen, nach gemeynen beschribenen Rechten, vor und in Gerichten ordenlich zuhandeln* (1565). Dabei gab es weder „nationale", konfessionelle noch zeitliche Begrenzungen: Noch im 18. Jahrhundert benutzten die juridischen Institutionen in Österreich oder Kurmainz evangelische Autoren wie Carpzov, der seine *Practica nova* anhand von Fällen der kursächsischen Gerichtspraxis entworfen hatte (Härter 2005a, 482–495; Griesebner/ Hehenberger 2008). Technik und Methoden der Abfassung von Rechtsgutachten und Relationen gehörten zum universitären Lehrprogramm, wurden seit dem 16. Jahrhundert in juristischen Lehrbüchern behandelt und generierten im 18. Jahrhundert ein eigenes Genre der praktischen Anleitungs- und Handbuchliteratur (Schild 1991, 166–168). Dazu zählen Werke wie die *Kurtze Anleitung Gerichts-Acta geschickt zu extrahiren, zu referiren und eine Sententz darüber*

Strafrechtliche Literatur

abzufassen (Hommel 1739), die *Grundsätze von Verfertigung der Relationen aus Gerichts-Acten* (Claproth 1756) oder die *Anweisung wie die Regeln der Kunst zu referieren angewendet werden müssen* (Schmid 1766), die teils in mehreren Auflagen erschienen und in denen sich spezifische Ausführungen zur Gutachten- und Relationstechnik in Kriminalsachen finden.

Quellenwert und Auswertungs-möglichkeiten

Als zentrale Quellen der Justizpraxis lassen sich Konsilien und Relationen sowohl im Hinblick auf die Ansätze und Fragestellung der Strafrechtsgeschichte als auch der historischen Kriminalitätsforschung auswerten, was die bisherige Forschung allerdings bislang nur für die Aktenversendung in Hexenprozessen (Lorenz 1982/83), die Spruchtätigkeit der Wittenberger Juristenfakultät (Lück 1992, 1998), die Gutachtertätigkeit der Helmstedter (Hahn 1989), Basler (Suter 1990) und Gießener Juristenfakultät (Kischkel 2016), die privatrechtlichen Konsilien (Falk 2006) sowie in einigen kriminalitätshistorischen Fallstudien realisiert hat (Rudolph 2001; Griesebner 2000; Eibach 2003; Scheutz/Winkelbauer 2005; Härter 2005a; Griesebner/Hehenberger 2008). Aus rechtshistorischer Perspektive kann anhand der Relationen und Gutachten die Entwicklung des Strafverfahrens, der juridischen Methodik und der Relations- und Entscheidungstechnik sowie die damit einhergehende Professionalisierung und Verrechtlichung der Justizpraxis untersucht werden. Davon ausgehend bieten sich Vergleiche mit den gedruckten Entscheidungssammlungen an, um Authentizität und exemplarischen Charakter der Letzteren und deren Bedeutung für die Justizpraxis näher bestimmen zu können (Falk 2006, 8–20). Zumindest ein Teil der gedruckten Texte beruht auf tatsächlichen und nicht nur fiktiven Fällen und Gutachten, die die Autoren verwertet haben. Dabei konnten sowohl Lehr- und Unterrichtszwecke als auch kommerzielle Interessen eine Rolle spielen. Die Wechselwirkungen zwischen gelehrtem Recht, praktischer Literatur und juridischer Entscheidungspraxis lassen sich ebenfalls anhand der in den Gutachten und Relationen zitierten juristischen Kommentare, Werke und Autoren beobachten. Untersucht werden kann daran Funktion, Bedeutung und Wandel des juridischen Diskurses und der Rechtsgutachten im Hinblick auf Fragen wie Schuld, Vorsatz, Zurechnung und Schuldfähigkeit/Zurechnungsfähigkeit, Tatumstände, Teilnahme, Beihilfe, Anstiftung, Versuch, „mildernde" oder „verschärfende" Umstände, die Anwendbarkeit und Anwendung von strafrechtlichen Normen, die Konzeptualisierung von Delikten und Kriminalität, die Strafzumessung insbesondere im Hinblick auf die Anwendung außerordentlicher, arbiträrer Strafen oder die Begründung von Entscheidungen und Strafzwecken. In Verbindung mit den jeweils herangezogenen und methodisch erörterten strafrechtlichen Normen können das Spannungsverhältnis und die Diskrepanz zwischen den normativen Ansprüchen von Strafrecht und Strafgesetzen und einer selektiven Sanktionspraxis und das damit verbundene richterliche Ermessen analysiert werden. Damit lassen sich auch für die historische Kriminalitätsforschung wichtige Erkenntnisse über die diskursive Konstruktion, die Zuschreibung und das Aushandeln von Kriminalität und Strafe und die daraus resultierende flexible Entscheidungs- und Strafpraxis gewinnen. Konsilien und Relationen geben Einblick in die konkreten Etikettierungs- und Kriminalisierungsprozesse und die einfließenden außerrechtlichen (sozialen, religiösen, politischen, fiskalischen) Normen und Faktoren. Die Einbeziehung der verarbeiteten und zitierten Untersuchungsakten und Verhörprotokolle kann über die juridisch-obrigkeitlichen Interessen hinaus Einblicke auf die Relevanz der lokalen Ebene und Akteure eröffnen, nicht zuletzt im Hinblick auf die Argumente, Strategien und Optionen von Delinquenten und deren Bedeutung für die Entscheidungsfindung und Strafzumessung.

5.4 Infrajustiz: Bittschriften und Gnade

Im frühneuzeitlichen Inquisitionsprozess kam es aufgrund der Struktur des Verfahrens nur selten zu einem Freispruch, sondern bestenfalls zu einer Absolvierung von der Instanz, d. h. bei neuen Beweisen konnte das Verfahren fortgesetzt werden. Allerdings können Urteilsvorschlag und auch das verkündete Urteil nicht mit dem Vollzug der darin festgesetzten Strafe gleichgesetzt werden. Denn nach einem Urteil und teilweise bereits während eines Verfahrens konnten Delinquenten Bittschriften bzw. Suppliken/Supplikationen an den Landes- bzw. Gerichtsherrn richten und darin um Gnade oder die Modifikation/Milderung einer Strafe bitten. Die im frühneuzeitlichen Europa weit verbreitete, als traditionelles Recht anerkannte Praxis des Supplizierens und Gnadenbittens gewann im Alten Reich im inquisitorischen Strafverfahren, das bestenfalls rudimentäre Verteidigungsmöglichkeiten und Rechtsmittel bot, eine wichtige Funktion und Bedeutung und entwickelte sich zu einer extra- oder infrajustiziellen Praxis der Strafjustiz (Bauer 1996; Schuster 2000; Rudolph 2001; Härter 2000a, 2002/2005b, 2012; Nubola/Würgler 2002, 2005; Ludwig 2008a, 2008b; Rehse 2008; Härter/Nubola 2011; Mayenburg 2014).

Formen und Beteiligte

Bittschriften bildeten in der Vormoderne einen allgemeinen Interaktions- und Kommunikationsmodus zwischen Untertanen und Obrigkeit (oder Herrschaftsunterworfenen und Herrschenden). Das Supplizieren lässt sich daher in zahlreichen Bereichen und Verfahren nachweisen. Daraus resultierten sehr unterschiedliche Formen und Funktionen von Bittschriften, was gelegentlich zu definitorischen und terminologischen Unsicherheiten führt, wie z. B. der heuristisch wenig ergiebigen formalen Unterscheidung zwischen Supplikation, Supplik, Rechtssupplik, Gnadensupplik, Gnadenbitte, Beschwerdesupplik, Petition oder Immediatsupplik (Dolezalek 1998; Hülle 1998; Neuhaus 2000; Haug-Moritz/Ullmann 2015). Sinnvoll erscheint eine funktionale Differenzierung nach einzelnen Bereichen (Kirche, Politik, Verwaltung, Zivil- und Strafgerichtsbarkeit) und den jeweiligen Anliegen. Eine formale Unterscheidung einzelner Quellentypen ist dagegen schwierig, da einzelne Formen und Verfahren des Supplizierens und Gnadenbittens im Reich von den jeweiligen Obrigkeiten sehr unterschiedlich geregelt waren. Die meisten Bittschriften weisen immerhin eine weitgehend übereinstimmende Grundstruktur mit formaler Anrede des Adressaten, Nennung von Namen, Status und Ort des Bittenden und des Anliegens sowie teilweise topische Argumentationsmuster auf. Als Supplikanten konnten Delinquenten sowie deren Familienangehörige, Freunde, Gemeindemitglieder, lokale Amtsträger und Notablen oder ganze Gemeinden („Gemeindesupplik") auftreten, die auch als „Fürsprecher" interzedieren konnten. Meist wurden Bittschriften unter Mitwirkung von Schreibern, Notaren, Advokaten, Prokuratoren und anderen Experten verfasst. Methodisch bedeutet dies, dass die Autorenschaft nicht eindeutig den Supplikanten zugeschrieben werden kann und die beteiligten Experten topische, politische und rechtliche Argumentationen einfließen ließen. Im Prinzip hatte jeder Untertan das Recht, zu supplizieren; folglich reichten auch Angehörige von Unterschichten und Minderheiten (wie z. B. Juden) Supliken ein, soweit ihnen das finanziell möglich war und sie über die notwendigen Kontakte verfügten. Neben den Kosten für die Schreiber fielen in der Regel Verwaltungsgebühren an; teilweise musste ein besonderes gestempeltes Papier erworben werden.

In der Frühen Neuzeit war die spätmittelalterliche Praxis der persönlichen Überreichung oder Audienz weitgehend verschwunden. Bearbeitet wurden die Bittschriften in einem „außergerichtlichen" Verwaltungsverfahren, das freilich in seiner Struktur dem inquisitorischen Strafverfahren ähnelte und in das eine Vielzahl von Akteuren eingebunden sein konnte: Neben Supplikanten, helfenden Experten und Fürsprechern waren dies lokale Amtsträger und Behörden, die Bittschriften entgegennahmen, prüften, einsandten oder dazu eine Stellungnahme abgaben, lokale und zentrale Gerichte sowie Zentralbehörden und Spruchkollegien, die auch am Strafverfahren beteiligt waren, eine Bittschrift prüften, begutachteten und mittels Relation und Votum eine Entscheidung vorbereiteten. Diese traf in der Regel der Landesherr als oberster Gerichtsherr und Inhaber des Gnadenrechts, der wie bei der Bestätigung der Strafurteile eine Entscheidung fällte, die wiederum per Reskript oder Gnadenbrief den lokalen Behörden und Delinquenten mitgeteilt wurde. Gelegentlich wurde auch bereits während eines laufenden Strafverfahrens suppliziert oder ein Urteilsvorschlag enthielt Bittschrift und Gnade als Option zwecks Milderung einer strafrechtlich vorgegebenen Strafe (Rudolph 2001, 265–327; Härter 2000a, 2005a, 495–515; Ludwig 2008a, 2008b). Das Supplizieren avancierte allerdings nicht zu einem regulären, formalen Bestandteil des Strafverfahrens und wurde nicht durch „Strafprozessrecht" festgeschrieben, sondern meist nur mittels Ordnungs- und Policeygesetzen normiert, standardisiert und formalisiert. Diese regelten die Formen und Verfahren hinsichtlich Fristen, Schriftlichkeit, Ausführung durch einen Experten oder Amtsträger, Benutzung von Stempelpapier und Gebührenordnung, Gestaltungsprinzipien, namentliche Unterzeichnung, genaue Adressierung, Anzahl der Exemplare, Einreichung über lokale Verwaltungsorgane (und deren Berichte oder Stellungnahmen), zentrale Behörden oder direkt an den Landesherrn. Die Verfahrensweisen innerhalb der beteiligten Behörden und Organe und die Gnadengewährung (z. B. durch Gnadenbriefe) wurden ebenfalls normativ geregelt (z. B. in Hofrats- und Kanzleiordnungen). Von der Praxis der Reichsgerichte ausgehend behandelte auch die praktische juristische Literatur gelegentlich Supplikenwesen und Gnadengewährung und trug durch spezifische Anleitungen und Formulare zur Formalisierung und Standardisierung – auch im Hinblick auf die Argumentationsmuster – bei (Claproth 1769, 99 ff.).

Supplikationsverfahren

Pragmatische Literatur und Ordnungsgesetze können folglich ebenfalls als Quellen herangezogen werden, um das Supplikenwesen in der Strafjustiz zu untersuchen; Letztere lassen sich über das *Repertorium der Policeyordnungen* erschließen (Härter/Stolleis 1996–2017; siehe Kapitel 4.2). Darüber hinaus existieren keine modernen Hilfsmittel oder Editionen, so dass Bittschriften in Kriminalsachen und das begleitende Schriftgut (Berichte, Stellungsnahmen, Gutachten, Reskripte, Gnadenbriefe) in den einschlägigen Archivbeständen ermittelt werden müssen. Meist finden sie sich in den Kriminalakten oder den Beständen oberster Regierungsbehörden (Hofrat, Regierung, Kanzlei). Nur in Ausnahmefällen existieren spezifische oder geschlossene Supplikenbestände, die oft unterschiedliche Bereiche und Themen umfassen. Methodisch bedeutet diese oft disparate und fragmentarische Überlieferung, dass sich das Verhältnis von Urteilen und Bittschriften meist nicht exakt bestimmen lässt und die Suppliken nur einen Ausschnitt aus dem Strafverfahren bieten, insbesondere wenn die korrespondierenden Kriminalakten nicht herangezogen werden können. Die Anwendung einfacher quantitativer Methoden ist folglich nur bei umfangreicheren seriellen Beständen möglich, um z. B. Daten über Supplikanten (Geschlecht, Status), Delikte, Strafen, Anbringen und Entscheidungen zu gewinnen, die zu den regulären Strafverfahren in Bezug gesetzt werden können. Insgesamt überwiegen in der Forschung allerdings hermeneutisch-qualitative Analysen insbesondere der Argumentationsmuster oder mikrohistorische Fallstudien (Rudolph 2001, 265–327; Härter 2000a, 2005a, 495–515; Ludwig 2008a, 151ff.).

Inhaltliche Reichweite und Informationen der Suppliken in Kriminalsachen betreffen unterschiedliche Themen und Abschnitte eines Verfahrens. Neben der Bitte um Gnade bzw. Strafmilderung nach einem Urteil wurden sie auch benutzt, um ein Verfahren einzuleiten (z. B. durch Mitteilung von deviantem Verhalten oder in Hexenprozessen), Beschwerde über Missstände in der Gerichtsorganisation, abzuleistende Dienste, die Untersuchungshaft oder den Strafvollzug zu führen (Beschwerdesuppliken) oder eine Entlassung aus der Inquisitionshaft (Untersuchungshaft) und sicheres Geleit zu erlangen. Zum Aushandeln von Gnade bzw. Strafen gehören daher auch solche infrajustiziellen Interaktionsformen wie das vormoderne Asyl (Härter 2003b). Dieses beruhte auf der Immunität spezifischer Orte (wie insbesondere Kirchen, Klöster oder adligen Besitzungen) und ermöglichte den strafrechtlich Verfolgten, mit der

Obrigkeit Urteil und Strafe außerhalb des regulären Strafverfahrens auszuhandeln, und zwar in der Regel durch schriftliche Bitten und Gesuche. Mittels Suppliken und den darauf erfolgenden Stellungnahmen konnten während eines gesamten Verfahrens Argumente und Interessen aller Beteiligten eingespeist werden, die den Prozessausgang bzw. die Entscheidung beeinflussen konnten. Dabei ging es nicht nur um die Begnadigung im Sinn eines vollständigen Straferlasses, sondern meist um die Umwandlung oder Minderung von Strafen, z.B. im Hinblick auf entehrende Folgen, Auswirkungen auf Dritte und den „allgemeinen Nutzen". Argumentationsmuster der Bittschriften und die Entscheidungsgründe betrafen nicht nur christliche Milde und Gnade, sondern auch den ökonomischen und sozialen Status von Delinquenten und deren „Nützlichkeit", die Zusicherung eines künftigen gesetzestreuen und disziplinierten Verhaltens, die Leistung von Kompensationen für Geschädigte sowie fiskalische Erwägungen wie Kosten der Sozialfürsorge von Angehörigen, Abgaben- und Steuerausfall, Kosten des Strafvollzugs und das Angebot von Geldbußen. Rechtliche Argumente wie verminderte Zurechnungsfähigkeit (Alkoholkonsum, Wut, Jugend usw.) wurden ebenfalls angeführt, spielten aber letztlich eine geringere Rolle, da diese bereits im regulären Strafverfahren berücksichtigt worden waren (Härter 2000a; Rudolph 2001; Nubola/Würgler 2002, 2005; Ludwig 2008a; 2008b; Rehse 2008).

Die Forschung hat die Bittschriften und das Supplizieren in Kriminalsachen unterschiedlich, teils auch kontrovers interpretiert. Die von Natalie Zemon Davis anhand französischer Gnadengesuche des 16. Jahrhunderts (bei Totschlagsdelikten) aufgestellte These, darin würden lediglich fiktive Geschichten erzählt – *Fiction in the Archives* (Davis 1987) – steht die ebenfalls kritisch angezweifelte Deutung als „Ego-Dokumente" oder „Selbstzeugnisse" (Ulbricht 1996) gegenüber. Bereits die Vielzahl der involvierten Akteure und das Verfahren machen deutlich, dass sich Bittschriften nicht lediglich als Äußerungen einzelner Supplikanten/Delinquenten lesen lassen, sondern auf einen komplexen Interaktions- und Kommunikationsprozess sowie unterschiedliche Interessen und Funktionen verweisen. Folglich lassen sich von der Strafrechts- wie Kriminalitätsgeschichte verwendete allgemeine Theorien und Konzepte produktiv heranziehen (Schwerhoff 2011, 93f.; Härter/Nubola 2011; Haug-Moritz/Ullmann 2015). Supplikationen und Gnade können interpretiert werden hinsichtlich der Differenz von Rechtsnorm und

Deutungs- und Interpretationsmöglichkeiten

Strafpraxis, als Sanktionsverzicht und/oder Aushandeln von Devianz und Strafe, als Justiznutzung und Infrajustiz, soziale Kontrolle und Disziplinierung oder im Kontext von Verstaatlichung, Verrechtlichung, Professionalisierung und Säkularisierung. So wird betont, dass sie auch für die Obrigkeit bzw. den Landesherrn eine Möglichkeit bildeten, Herrschaft öffentlich und symbolisch zu vermitteln und zu inszenieren; Rituale, Symbole, Verfahren, Fürsprecher und Publikum sicherten Legitimität und damit Gerechtigkeit des Gnadenaktes. An der Entwicklung des Supplikations- und Gnadenwesens lassen sich Institutionalisierung und Professionalisierung infrajustizieller Verfahren ablesen, die damit letztlich auch der Akzeptanz von Herrschaft und sozialer Kontrolle dienen konnten. Betont werden freilich auch der Strafverzicht und die Funktion der Anpassung des durch harte Strafen, fehlende Verteidigungsmöglichkeiten und Rechtsmittel gekennzeichneten, nicht mehr zeitgemäßen Strafrechts. Diese „Reformfunktion" kontrastiert allerdings mit der Kritik der Aufklärung und der Rechtsgeschichte an Suppliken und Gnade als außerrechtlichen willkürlichen Manifestationen von „Kabinettsjustiz" (Regge 1977), die in einem Spannungsverhältnis zur Gerechtigkeit und Gleichheit stünden und daher durch das moderne kodifizierte Strafrecht des 19. Jahrhunderts abgeschafft worden seien (Härter/Nubola 2011; Härter 2011e; Kesper-Biermann 2012; Waldhoff 2014). Das Supplizieren in Strafsachen und die Gnadengewährung kann aber auch als ein infrajustizielles Aushandeln von Strafen und damit auch von Devianz und Kriminalität konzeptualisiert werden, das für die beteiligten Akteure Möglichkeiten bot, Strafjustiz im Hinblick auf den „Einzelfall" und dessen soziale Kontexte anzupassen und damit einen Ausgleich zwischen Norm und Praxis zu bewirken. Dies bedeutet freilich auch eine Verschränkung formeller und informeller Formen von Sozialkontrolle im Rahmen einer letztlich utilitaristischen Zwecken folgenden Strafjustiz, die im 19. Jahrhundert das vormoderne Aushandeln von Kriminalität und Strafe transformierte und (als Strafmilderungsgründe, freie richterliche Beweiswürdigung, Strafrahmen, Verjährung, Kronzeugenregelung, das Aussetzen einer Strafe auf Bewährung) in das Rechtssystem integrierte.

5.5 Justizverwaltung: Rechnungen, Berichte, Strafvollzugsakten

Im Rahmen eines Strafverfahrens und im Kontext der lokalen Justizverwaltung entstand neben Verhörprotokollen, Rechtsgutachten und Suppliken ein umfangreiches administrativ-juridisches Schriftgut, das eine heterogene Quellengruppe bildet, die von der Forschung bislang nur punktuell ausgewertet wurde. Dazu gehören Berichte, Protokolle und Rechnungen von Amtsträgern, Gerichts- und Polizeiorganen, Scharfrichtern u.a. m., der Schriftwechsel mit auswärtigen Behörden oder Quellen zum Vollzug von Strafen. Sie sollen hier zumindest kurz vorgestellt werden, da sie die Gerichts- und Kriminalakten ergänzen und zusätzliche Informationen und Auswertungsmöglichkeiten bieten. Erschlossen oder ediert sind diese Quellen allerdings bestenfalls ausschnitthaft; in der Regel finden sie sich in unterschiedlichen Archivbeständen lokaler Verwaltungen und Gerichte oder den Akten zentraler Behörden (Schwerhoff 2002, 277 f.; Scheutz 2004, 567 f.; Streitt/Kocher/Schiller 2011).

Eine wichtige Gruppe bilden die Rechnungen und Rechnungsbücher der lokalen Verwaltungen und Gerichte über unterschiedliche Dienste, die Erhebung von Gerichtsbeiträgen und Bußen, die Bewachung von Delinquenten, die Tätigkeit des Scharfrichters oder die Abrechnung der Strafvollstreckung. Dazu gehören nicht nur Hinrichtungen, sondern z.B. auch Stadt- und Landesverweise, Transport- und Wachdienste, die Unterhaltung von Hinrichtungsstätten und ähnliches mehr. Die lokalen Rechnungen sind folglich eine wertvolle Quelle, um Praxis und Funktionieren der Strafgerichtsbarkeit untersuchen zu können. So lässt sich z.B. ermitteln, welche Akteure und Ämter beteiligt waren, von den Schöffen, Schreibern und Wächtern bis zur Gerichtsmannschaft und dem Scharfrichter, die zudem eine Vielzahl von unterschiedlichen Diensten verrichteten. Gerichtsrechnungen verzeichnen meist jede Einzelheit eines Verfahrens, die Kosten verursachte, von der Verhaftung und Durchführung der Verhöre bis zum Strafvollzug. Damit lassen sich nicht nur viele Details des inquisitorischen Strafverfahrens rekonstruieren, sondern auch die Haftbedingungen der Inquisiten sowie Dauer und Kosten eines Verfahrens bestimmen. Einige Obrigkeiten bzw. Gerichte führten Verzeichnisse, Listen oder Bücher über die Inquisiten bzw. „Untersuchungshäftlinge" wie z.B.

Rechnungs-bücher und Verzeichnisse

die Turmbücher der Reichsstadt Köln oder die Inquisitentabellen im Kurfürstentum Mainz. Aus diesen Quellen lassen sich ebenfalls Daten zu Delinquenten, Delikten, Strafen und zu Durchführung und Dauer eines Untersuchungsverfahrens – oder Fluchtversuchen – ermitteln (Schwerhoff 1992; Härter 1996b, 2005a, 456 f.; Schwerhoff 2011, 43 f.; Streitt/Kocher/Schiller 2011).

Strafvollzug

Der Strafvollzug generierte ebenfalls Akten und Schriftgut, wie insbesondere Straf-, Buß- und Urfehdebücher, Hinrichtungsberichte, Gefängnis- und Zuchthausakten, Ordnungen oder Tagebücher von Insassen (Krause 1999; Scheutz 2000, 59–63; Scheutz/Tersch 2002). Sie sind in der Regel nur archivalisch überliefert, wobei erst im Laufe der Frühen Neuzeit spezifische Bestände entstanden, die eine serielle Qualität haben und sich auch für quantitative Methoden eignen. Einen ersten Zugang zur normativen Ebene bieten die zahlreichen Ordnungsgesetze, die den Strafvollzug regelten, die sich über das *Repertorium der Policeyordnungen* erschließen lassen (Härter/Stolleis 1996–2017).

Urfehden und Ausweisungs-strafen

Einen besonderen Quellentyp stellen die Urfehden dar, die in Form einzelner Urfehdebriefe oder als Urfehdebücher in einigen Archiven in teils umfangreichen Beständen überliefert sind. In der Frühen Neuzeit wandelte sich der von Tätern ursprünglich bei einer Haftentlassung zu leistende „Racheverzichtseid" zu einem „Aufenthaltsverbotsschwur" beim Vollzug von Stadt- oder Landesverweisen und damit zu einer Sanktion, um die Rückkehr von Delinquenten zu verhindern; Urfehdebruch wurde in der Carolina als Straftatbestand mit hohen Strafen bedroht. Als serielle Quelle eignen sich Urfehden für quantifizierende und auch qualitative Auswertungen, um soziale Profile der betroffenen Delinquenten nachzuzeichnen oder Veränderungen in der Entwicklung des Strafvollzugs insbesondere bei Ausweisungsstrafen aufzuzeigen (Wernicke/Hoernes 1990; Sellert 1998; Blauert 2000). Denn die Praxis der in der Frühen Neuzeit stark zunehmenden grenzübergreifenden Strafen und Sanktionen – insbesondere die mit Urfehde verbundenen Stadt- und Landesverweise – lässt sich oft nur anhand verstreut überlieferter Berichte lokaler Amtsträger oder aus Rechnungsbüchern rekonstruieren (Schnabel-Schüle 1995; Härter 2005a, 647 ff.; Schwerhoff 2006a). Erst mit der grenzübergreifend organisierten Verbringung von Galeerensträflingen sowie mit den organisierten Bettelschüben und den „Laufpässen" (mit Angabe zu „Zielort" und Stationen) entstanden spezifische Quellen, die Auskunft über die Durchführung grenzübergreifender Sanktionsmaßnahmen insbesondere gegen Bettler und Vaganten geben (Scheutz 2003; Pelizaeus 2011).

Bezüglich der in der Frühen Neuzeit ebenfalls an Bedeutung gewinnenden Arbeits- und Freiheitsstrafen – vor allem in der Form des Zuchthauses – geben die Zuchthausordnungen einen auf die normative Dimension begrenzten Einblick in die innere Struktur der Institutionen und die damit verbundenen Strafzwecke. Einige wurden wie die Zuchthausordnung von 1732 für Kurhannover im Druck publiziert oder sind in einer älteren Sammlung ediert (Saam 1936). Die Akten einzelner Institutionen, wie z. B. der sächsischen Zuchthäuser, sind meist erst ab dem 18. Jahrhundert in nennenswerten Beständen überliefert. Sie zeigen primär die obrigkeitliche Perspektive auf Zwangsarbeit, Repression, Disziplinierung und „Besserung" sowie die häufigen wirtschaftlichen Probleme der Institutionen, die meist nicht den erhofften fiskalischen Nutzen erbrachten. Nur in Ausnahmefällen sind für die Frühe Neuzeit Tagebücher von Zuchthaus- oder Gefängnisinsassen überliefert, die als Selbstzeugnisse eine Untersuchungsperspektive auf die Strafgefangenen ermöglichen (Scheutz/Tersch 2002; Ammerer/Bretschneider/Weiß 2003; Bretschneider 2008; Ammerer/Brunhart/Scheutz/Weiß 2010).

Tagebücher von Scharfrichtern, wie das des Nürnberger Henkers Franz Schmidt (Keller 1979; Schieber 2013), geben ebenfalls Einblicke in die „Strafrituale der Vergeltung", das „Theater des Schreckens" und die „Inszenierung von Todesstrafen" im Rahmen des Endlichen Rechtstags (Schild 1984; Dülmen 1988; Evans 1996; Martschukat 2000; Schuster 2015). Quellenkritisch ist freilich anzumerken, dass Augenzeugenberichte oft herausragende Ereignisse und besondere Vorgänge schildern und die blutigen Strafrituale überzeichnen (Nowosadtko 1994, 2005). Zahlreiche Details des Vollzugs von peinlichen und Todesstrafen lassen sich auch den Gerichts- und Amtsrechnungen entnehmen, in denen z. B. die Kosten für die „Henkersmahlzeiten", die Errichtung eines Galgens, den Vollzug der Enthauptung oder des Hängens u. a. m. detailliert abgerechnet wurden (Härter 1996b, 138 f.). Die in den Gerichts- und Kriminalakten nur vereinzelt überlieferten Hinrichtungsberichte von Amtsträgern zeichnen allerdings ein eher nüchternes, administratives Bild der differenzierten, gleichwohl für die Betroffenen oft harten frühneuzeitlichen Strafpraxis: „Die Execution an sich selbsten ginge ganz besonders glücklich vonstatten, so das in einem Hieb und in einem Augenblick inquisita enthauptet gewesen", berichtete

Zuchthaus

Scharfrichter und Hinrichtungen

der Mainzer Gewaltbote über die Hinrichtung der vierundzwanzigjährigen Kindsmörderin Katharina Peterlin im Juli 1766 (Härter 2005a, 729).

Die öffentlichen Hinrichtungen wurden auch in populären Medien wie den illustrierten Einblattdrucken dargstellt und generierten im 18. Jahrhundert eine eigene Gattung von Druckschriften, die Armesünderblätter und Urgichten (siehe Kapitel 6.2). Um Todesstrafen und Zuchthaus entwickelte sich zudem seit dem 18. Jahrhundert ein intensiver Expertendiskurs, der zahlreiche Schriften hervorbrachte, wie z. B. über *Zuchthäuser und Zuchthausstrafen, wie jene zweckmäßig einzurichten und diese solcher Einrichtung gemäs zu bestimmen und anzuwenden seyen* (Wächter 1786). Darin wurden Zustände bzw. „Missstände" des frühneuzeitlichen Zuchthaus- und Gefängniswesens geschildert, meist um Reformen zu fordern. Auch wenn es sich dabei um oft einseitige, zweckgebundene Darstellungen handelt, können sie – wie die juridisch-praktische Literatur insgesamt – in ihren Wechselwirkungen zur Praxis untersucht werden. Dies betrifft z. B. die Durchführung von Reformen in einigen Territorialstaaten oder den Vergleich mit Strafvollzugsakten (Ammerer/Bretschneider/Weiß 2003; Härter 2005a, 448–469; Bretschneider 2008; Ammerer/Brunhart/Scheutz/Weiß 2010; Ammerer 2010). Insgesamt erlaubt die disparate Quellengruppe der Rechnungen, Berichte und Strafvollzugsakten folglich produktive Vergleiche der daraus zumindest ausschnittweise rekonstruierbaren Strafpraxis mit den strafrechtlichen Diskursen und der Entscheidungspraxis und ermöglicht zudem eine weitere Annäherung an die Delinquenten und die gesellschaftlichen Reaktionen auf Strafe.

5.6 Grundlegende Methoden und Möglichkeiten der Auswertung

Genaue Kenntnisse der unterschiedlichen Gerichtsstrukturen, Verfahren und Kommunikationsmodi, in denen Kriminalquellen produziert wurden, sind eine zentrale methodische Voraussetzung der Auswertung und Interpretation der dargestellten Gerichts- und Kriminalakten. Quellenkritisch ist dabei über die bereits eingangs diskutierte Frage der obrigkeitlichen Prägung und Perspektive auf die Probleme der Selektivität, begrenzter Informationsgehalte und die jeweiligen (durchaus auch unterschiedlichen) Funktionen bzw. intendierten und nicht intendierten Zwecke zu verwiesen, die sowohl die quantitative als auch hermeneutisch-qualitative und mikrohistorische Auswertungs- und Interpretationsmöglichkeiten berücksichtigen sollten. Diesbezüglich können zwei grundlegende Ansätze unterschieden werden:

1) Kriminalität wird anhand der Gerichts- und Kriminalakten als Produkt der Funktionsweisen frühneuzeitlicher Strafjustiz untersucht und dient insofern der Erforschung der Rechtspraxis und Rechtskultur. Die Perspektive liegt damit primär auf den Akteuren, Verfahren und Entscheidungsprozessen der Strafjustiz, die abweichendes Verhalten und Konflikte auf der Basis rechtlicher, aber auch sozialer und religiöser Normen als Kriminalität verfolgte und sanktionierte, wobei neben den spezifischen juridischen Verfahren und Logiken durchaus soziale Faktoren (z. B. im Kontext infrajustizieller Praktiken) einbezogen sein können.

2) Kriminalität wird primär als ein soziales Phänomen untersucht; insofern bilden die Kriminal- und Gerichtsakten spezifische Modi ab, wie Gesellschaft und Strafjustiz mit abweichendem Verhalten und Konflikten umgingen, die als Kriminalität etikettiert bzw. verfolgt wurden. In dieser Perspektive können Kriminal- und Gerichtsakten auch als Quellen von der allgemeinen Sozial-, Alltags, Kultur- und Geschlechtergeschichte herangezogen werden; solche über die Strafrechts- und Kriminalitätsgeschichte hinausgehenden Analysemöglichkeiten können im Folgenden allerdings bestenfalls kursorisch angedeutet werden.

Methodisch manifestiert sich der zweite Ansatz darin, dass die Quellen nicht lediglich als Produkte von Justiz und Verwaltung, sondern auch „gegen den Strich" gelesen werden können. Von der obrigkeitlich-juridischen Perspektive der Quellen soll folglich mehr oder weniger abstrahiert werden, um Handlungsspielräume, Strategien, Praktiken oder den „Eigensinn" sozialer Akteure oder Gruppen auszuloten. Dies wird auch mittels mikrohistorischer qualitativ-hermeneutischer Analysen einzelner (Kriminal-)Fälle und der jeweiligen Gerichts- und Kriminalakten realisiert (Simon-Muscheid/Simon 1996; Schuster 2000; Scheutz 2001; Ammerer 2003; Kallenberg 2015). Diese Vorgehensweise kann allerdings sowohl mit makro- als auch rechtshistorischen Methoden kollidieren: In Gerichts- und Kriminal-

Juridische Kommunikationslogiken

akten schriftlich festgehaltene Kommunikationen folgen einer juridischen wie auch obrigkeitlich-policeylichen Logik und wurden für gutachtende und judizierende Amtsträger und Juristen produziert. Dies gilt ebenso für gedrucktes Material wie Sammlungen von Rechtsgutachten und die pragmatische Literatur. Auch sie resultieren aus spezifischen Verfahrens- und Kommunikationsmodi, nehmen praktische Erfahrungen der Autoren bzw. Juristen auf und wollten wiederum auf die Justizpraxis einwirken. Insofern macht auch das „gegen den Strich"-Lesen eine genaue Kenntnis dieser Logiken (sozusagen den „Strich") und Zwecke notwendig, von denen eine Analyse der Gerichts- oder Kriminalquellen nie völlig abstrahieren kann. Letztlich erweist sie sich häufig als dominante Perspektive, wenn es um die Bewertung und Sanktionierung von abweichendem und kriminellem Verhalten und zugrundeliegender Konflikte geht. Zudem bedürfen die am Einzelfall gewonnenen Erkenntnisse einer vergleichenden Einbettung durch die Untersuchung einer ausreichenden, auch zeitlich, räumlich, sozial und bezüglich der Delikte breit gestreuten Quellenauswahl und/oder quantitativ-makrohistorischer Untersuchungen, die eine allgemeine empirische Basis für Einordnung und Vergleich liefern (Valentinitsch 1992, 81f.; Schwerhoff 1999, 46–68; Scheutz 2000; Baumann/Westphal/Wendehorst/Ehrenpreis 2001; Härter 2005a, 1–26; Scheutz/Winkelbauer 2005, 7–9; Lepsius/Wetzstein 2008; Schwerhoff 2011, 54–71).

Makro- und Mikroanalysen   Methoden, Auswertung und Interpretation von Gerichts- und Kriminalakten stehen damit in einem gewissen Spannungsfeld von allgemein-historischen, insbesondere sozialgeschichtlichen und eher rechts- oder makrohistorischen Ansätzen. Beide sind durchaus kompatibel und lassen sich mit qualitativen und quantitativen Methoden und Darstellungsweisen verfolgen. Diese können sich bewegen zwischen den Polen einer mikrohistorischen Detailanalyse und „dichten Beschreibung" eines Einzelfalles, die den Kriminalfall lediglich als Ausgangspunkt nimmt, um wie Carlo Ginzburg die Geschichte eines Müllers und der Würmer im Käse zu erzählen, und einer Daten auswertenden historischen Kriminologie, die Kriminalität als ein Phänomen von Statistiken und Zahlen präsentiert. Damit ergeben sich als weitere methodische Herausforderungen die Menge und der Umfang der Gerichts- und Kriminalakten, die in Serien überliefert sind, die vom 16. bis zum frühen 19. Jahrhundert reichen können und Tausende an einzelnen Fällen enthalten, wie die rund 13.000 Frankfurter Kriminalakten oder die über 3000 Kurmainzer Kriminalrelationen. Zudem wurden die einzelnen Kriminalakten (meist eines Falles) im Laufe der Frühen Neuzeit voluminöser (bis zu 1000 Blatt und mehr) und können aus zahlreichen einzelnen Schriftstücken bestehen. Sowohl quantitative als auch mikrohistorische Untersuchungen müssen folglich eine Auswahl treffen, die im Hinblick auf die Quellentypen und Fälle wie auch bezüglich der verfolgten Fragestellungen repräsentativ und exemplarisch ist.

Während sich die rechtsgeschichtliche Forschung meist pragmatisch auf „wichtige" Strafgesetze und Werke bzw. Autoren des gelehrten Rechts konzentriert und eher selten eine breitere, quantitativ orientierte Auswertung der sich hierfür anbietenden Gattungen durchführt, hat die Kriminalitätsforschung ein methodisch differenzierteres Vorgehen entwickelt. Dieses orientiert sich an allgemeinen, quantitativen sozialwissenschaftlichen und kriminologischen Methoden und an kulturwissenschaftlichen, mikrohistorischen Fallstudien, wie sie z. B. die Alltags- und Geschlechtergeschichte oder die historische Anthropologie verwenden (Griesebner/Mommertz 2000; Burghartz 2002; Habermas 2002; Temme/Künzel 2010). Beide Vorgehensweisen, die oft kombiniert werden, stützen sich allerdings häufig auf eine exemplarische Heranziehung unterschiedlicher Quellentypen und einzelne „Tiefenbohrungen" (auch hinsichtlich anderer, insbesondere lokaler Überlieferungen) und versuchen auch durch Stichproben und Querschnitte (z. B. bestimmte Jahre oder Buchstaben) ein repräsentatives Sample von Quellen bzw. Fällen zu bilden. Eine grundsätzliche Begrenzung erfolgt dabei meist durch räumliche und/oder zeitlich limitierte Fallstudien auf ein Territorium, eine Stadt oder ein Gericht und Perioden von wenigen Jahren bis zu zwei Jahrhunderten (Behringer 1990; Plaum 1990; Schwerhoff 1991; Griesebner 2000; Schuster 2000; Rudolph 2001; Scheutz 2001; Brachtendorf 2003; Eibach 2003; Behrisch 2005; Härter 2005a; Scheutz/Winkelbauer 2005; Brich 2006; Ludwig 2008a; Franke 2013). Dies kann weiter eingeschränkt werden, indem z. B. nur bestimmte Formen von Devianz bzw. Delikte oder spezifische Strafen untersucht werden, wobei die räumliche Begrenzung nicht in jedem Fall zugunsten einer breiter vergleichenden Analyse aufgegeben wird (Thiel 2003; Hehenberger 2006; Schwerhoff 2006c; Lidman 2008; Loetz 2012; Schwerhoff/Reinke 2015).

Begrenzungen und Grenzen

Kategorisierung
Kriminalität

Damit bilden die Konzeptualisierung von Devianz und Kriminalität (oder Sanktionen und Strafen) und die Bildung von Deliktkategorien oder die Definition von Strafformen eine weitere grundlegende methodische Schwierigkeit. Moderne juristische Konzepte lassen sich nur bedingt übertragen, da diese zumindest implizit auf die erst im 19. Jahrhundert etablierte Trinität der strafbaren Handlungen (Ordnungswidrigkeiten, Vergehen und Verbrechen) rekurrieren, die als Unterscheidungsmerkmal die Strafandrohung benutzt. In der Frühen Neuzeit existierte eine solche eindeutige Legaldefinition der strafbaren Handlungen jedoch noch nicht, die meist anhand gerichtlicher Zuständigkeiten (niedere und höhere Gerichte), der angedrohten Strafen (bürgerliche Sanktionen/Bußen und peinliche Leib- und Lebensstrafen, außerordentliche und ordentliche Strafen) oder mit unterschiedlichen Begriffen wie Frevel, Vergehen, Policeyverstöße, peinliche Verbrechen, Delikte oder *crimina* erfasst wurden. Darunter konnten sehr unterschiedliche kriminelle Handlungen aus verschiedenen Deliktfeldern fallen, vom Wald- und Flurfrevel oder Felddiebstahl über Injurien und Unzucht bis zu Ehebruch, Diebstahl, Raub und Tötungsdelikten, die wiederum je nach Raum bzw. Obrigkeit unterschiedlichen Gerichtsbarkeiten zugeordnet sein konnten, was Generalisierung und Vergleichbarkeit erschwert. Letztlich überwiegt ein pragmatisches, an den Gerichtsbarkeiten, Kriminalakten und damit auch den zeitgenössischen Normen orientiertes methodisches Vorgehen, das sich relativ breiter Deliktkategorien bedient wie Gewalt, Eigentum, Sexualität und „Sitten", Zauberei/Hexerei, Religion, Staat/politische Kriminalität und Ordnung/Policey (Härter 2005a, 533–585; Schwerhoff 2011, 113–177). Daraus resultiert eine gewisse Unschärfe der Termini Delikt, Verbrechen, Kriminalität, Delinquenz und Devianz. Andererseits können so die zeitgenössischen Überschneidungen insbesondere zwischen Ordnungswidrigkeiten/Vergehen/Policeydelikten und Kriminalverbrechen und damit Prozesse der Etikettierung und Kriminalisierung von Devianz adäquater erfasst werden.

Quantifizierung
und Sozialprofil

Dies gilt auch für sozial-, geschlechter- und kulturhistorisch ausgerichtete Untersuchungen und die Quantifizierung und Relationierung entsprechender Daten aus den Gerichts- und Kriminalakten zu Delinquenten, Geschlecht, Stand/Status oder Schicht, einheimisch/fremd, Alter, Delikten und Sanktionen/Strafen. Wurden anfangs meist nur „Fälle" oder einzelne „Verbrechen" gezählt, haben sich inzwischen verfeinerte Analysetechniken etabliert, die freilich im Hinblick auf die Anwendung elaborierter quantitativer Methoden in einer vorstatistischen Epoche begrenzt sind. Ermittelt werden z. B. das Sozialprofil der Delinquenten/Akteure und die sozialen Dimensionen von Delinquenz. Letztere wird als die Summe aller jedem einzelnen Delinquenten zugeschriebenen (und bestraften) kriminellen Handlungen berechnet, die neben „Hauptverbrechen" und „Hauptstrafen" auch minderschwere Vergehen und Nebenstrafen berücksichtigen kann. Damit kann z. B. eine aus mehreren Mitgliedern bzw. Haupt- und Mittätern bestehende Gruppe von männlichen und weiblichen Vaganten, denen Raub, Diebstahl, Betrugsdelikte, Vagabondage und Unzucht vorgeworfen wurde und die unterschiedlich und geschlechtlich differenziert mit Todesstrafen, Landesverweis, Pranger und Prügel gestraft wurden, quantitativ adäquat erfasst werden (Schwerhoff 1991, 33–36; Behringer 1990, 95–97; Schnabel-Schüle 1997, 223–227; Schwerhoff 2011, 63–71). Diese Vorgehensweise stellt zumindest ansatzweise eine Vergleichsbasis auch für die qualitative sozialgeschichtliche Auswertung von Einzelfällen her und führt zu allgemeinen und vergleichbaren Ergebnissen unterschiedlicher Fallstudien, wie die geringere Zahl weiblicher Delinquenten (zwischen 20 und 30 %), die nur bei den Sexualdelikten höher ausfällt (Breit 1991; Ulbricht 1995; Rublack 1998; Härter 2001), der Dominanz von Männern bei Gewaltdelikten (Schwerhoff 2006c; Loetz 2012; Schwerhoff 2013) oder von Angehörigen migrierender Randgruppen und Unterschichten bei den Eigentumsdelikten (Wettmann-Jungblut 1990; Fritz 2004; Gerstenmayer 2013; Härter 2017a). Die quantitative Auswertung serieller Gerichts- und Kriminalakten mittels deskriptiver statistischer Methoden, Häufigkeitsverteilungen und Zeitreihen erlaubt auch diachrone Analysen von Veränderungen über einen längeren Zeitraum und ermöglicht eine vergleichende Einordnung zumindest im zeitgenössischen europäischen Kontext als auch hinsichtlich gegenwärtiger Fragehorizonte. Territorial übergreifende, umfangreichere vergleichende Analysen sind freilich selten und entweder räumlich auf wenige Orte begrenzt (Gubler 2015) oder fokussieren auf die Entwicklung der Gewaltkriminalität und die These der Abnahme und Zivilisierung der Gewalt (Schwerhoff 2017; Härter 2017b; siehe Kapitel 7).

Kontrovers diskutierte methodische Fragen bleiben allerdings die Bildung von Stichproben und Stichprobenperioden versus einer „Vollauswertung" aller verfügbaren seriellen Quellen, die unter-

Methoden, Deutungen, Kontroversen

schiedlichen Zählweisen von Fällen, Delikten, Tätern, Straftaten und Delinquenz oder Überschneidungen und Mehrfachzählungen, wenn in einem Fall mehrere Delinquenten für unterschiedliche strafbare Handlungen mit jeweils mehr als einer Sanktion gestraft wurden (z. B. entehrende Prügel und Pranger bei Ausweisungsstrafen). Als methodisch besonders problematisch erweisen sich darüber hinaus Interpolationen, Schätzungen und die Bildung von Korrelationen zu allgemeinen sozioökonomischen Daten und Entwicklungen, wie z. b. die Berechnung von „Kriminalitätsraten" im Zusammenhang zur Bevölkerungsentwicklung oder von Eigentumsdelikten und Getreidepreisen. Meist fehlen entsprechende Vergleichsdaten oder erweisen sich angesichts der zahlreichen krisen- und wechselhaften Entwicklungen in der Frühen Neuzeit als kontingent (Reinke 1990, 1991; Schwerhoff 1999, 46 ff.). Zudem kann das „Dunkelfeld" nicht aufgehellt werden, so dass die Analyse der Gerichts- und Kriminalakten letztlich kaum ein vollständiges Bild des Verhältnisses von Devianz/Kriminalität und Gesellschaft ergibt, sondern eher Funktionsweise und Intensität obrigkeitlicher Strafverfolgung und sozialer Kontrolle abbildet. Gleichwohl bilden solche Makroanalysen eine wesentliche und tragfähige Basis für die hermeneutisch qualitative Untersuchung einzelner Devianz- und Deliktfelder und damit verbundener sozialer Faktoren wie auch für mikrohistorische Fallstudien, um deren Ergebnisse vergleichend einordnen und verallgemeinern zu können. Die sich daran anschließenden Interpretationen und Deutungen werden in der Forschung im Hinblick auf Fragen wie das Verhältnis von strafrechtlichen Normen und Strafjustiz, deren Funktionen und Wirkungen oder der Entwicklung von Devianz und Kriminalität allerdings auch kontrovers diskutiert (siehe Kapitel 7).

6 Pragmatisch-praktische und populäre Medien

Die für die Strafrechts- und Kriminalitätsgeschichte nutzbaren Quellen sind nicht nur auf strafrechtliche Normen, gelehrtes Recht und Kriminalakten beschränkt. Denn Kriminalität, Recht und Justiz werden ebenfalls durch öffentliche Medien konstruiert, repräsentiert und vermittelt, wie die neuere Forschung für die modernen Massenmedien herausgearbeitet hat (Holzmann 2001; Reichardt 2002; Mason 2004; Müller 2005; Joly/Vismann/Weitin 2007). Bereits im frühneuzeitlichen Europa entwickelten sich Verbrechen, Verbrecher, Justiz und Strafe zu einem zentralen Thema in pragmatisch-praktischen und populären Medien, wie gedruckten „Gauner- und Diebslisten", „aktenmäßigen Berichten und Relationen" von Verbrechen und Prozessen, illustrierten Einblattdrucken und Flugschriften, Urgichten und Armesünderblättern, Sammlungen interessanter Fälle, Lebensbeschreibungen berühmter Verbrecher sowie in Zeitungen und literarischen Werken, die sich im 18. Jahrhundert ebenfalls dieser Thematik zuwandten. Dabei ist eine allmähliche Entwicklung von der auf Experten und Gerichtspraxis orientierten pragmatischen juristischen Literatur zu den allgemeinen populären Medien festzustellen, die insgesamt in einem Wechselverhältnis zu den Kommunikationsmodi des inquisitorischen Strafverfahrens stand: Aus den Verhörprotokollen generierten Amtsträger und Obrigkeiten gedruckte Steckbriefe, Fahndungs- und Diebslisten und umfangreichere aktenmäßige Berichte; Geständnisse und Urteile wurden als Urgichten und Armesünderblätter gedruckt; Rechtsprechungssammlungen dienten als Basis für populäre Fallsammlungen. Damit entwickelte sich in dem differenzierten Medienverbund des frühneuzeitlichen Alten Reiches ein spezifisches Segment juristischer, praktisch-pragmatischer und populärer Medien, die als Quellen neue Perspektiven und Erkenntnisse zur Strafrechts- und Kriminalitätsgeschichte der Frühen Neuzeit ermöglichen (Westphal 2008; Härter/Sälter/Wiebel 2010; Schwerhoff 2011, 178–196; Härter 2011d; Wiltenburg 2012; Kraus 2013; Schönert 2015).

Zwar sind die mit dem Durchbruch des Buchdrucks im 16. Jahrhundert entstehenden populären Druckmedien im Hinblick auf die Quantität von Auflagen und Rezipienten nicht mit modernen Massenmedien vergleichbar, aber wie diese richteten sie sich an ein

Historische Medienwissenschaft

https://doi.org/10.1515/9783110379808-006

allgemeines Publikum und sind durch spezifische Funktionen, Interessen und Zwecke gekennzeichnet, die sich mit historisch ausgerichteten soziologischen und medienwissenschaftlichen Methoden und Konzepten von Öffentlichkeit und (Massen-)Medien erforschen lassen. Ein solches historisches Kommunikationsmodell kann Autoren, Produzenten, Verlage, Auflagen, Interessen, Medien, Kommunikationskanäle, räumliche und soziale Verbreitung, Inhalte, Botschaften, Leserschaft bzw. Empfänger/Rezipienten, Bedürfnisse und nicht zuletzt die Wirkungen berücksichtigen: Produzenten, Autoren, Illustratoren, Drucker und Verlage konnten sowohl kommerzielle als auch obrigkeitliche Interessen und Ziele verfolgen; die Bedürfnisse der Rezipienten oszillierten zwischen Information und Sensationslust; und die Obrigkeit setzte Druckmedien ein, um Informationen über und Deutungen von Kriminalität, Justiz und Strafe zu vermitteln, kontrollierte diese aber gleichzeitig mittels Zensur und Strafjustiz. Die Inhalte und Botschaften können im Hinblick auf enthaltene und vermittelte Repräsentationen, Images, Deutungen, Narrative, Etikettierungen, Sprachlogiken und Visualisierungen untersucht werden. Die Analyse der Funktionen und Wirkungen kann den dadurch geprägten oder erzeugten Alltagsvorstellungen von Kriminalität, Justiz und Strafe und den damit verbundenen Stereotypen, Verbrecherbildern und Erwartungshaltungen ebenso nachgehen wie der Frage nach der Erzeugung oder Verstärkung von Kriminalitätsfurcht (*crime panics*) und den langfristigen Auswirkungen auf Sicherheitsdiskurse und Kriminalitätspolitik. Freilich ist die Anwendung und Umsetzung der diesbezüglichen Methoden der modernen Medienwissenschaft im historischen Kontext nur begrenzt möglich, da zu den Medienwirkungen kaum aussagefähige historische Quellen existieren oder diese (wie z. B. Tagebücher) nur punktuelle Rückschlüsse zulassen (Reichardt 2002; Würgler 2009; Härter/Sälter/Wiebel 2010; Schwerhoff 2011, 178–196).

Bild und Recht Strafrechtsgeschichte und historische Kriminalitätsforschung beschäftigen sich inzwischen verstärkt mit der Mediengeschichte von Kriminalität und Justiz und wählen dabei meist kultur- und literaturwissenschaftliche Ansätze. Untersucht wurden beispielsweise illustrierte mittelalterliche Rechtstexte, Gemälde und sonstige bildliche Darstellungen oder die in Gerichtsbüchern und Kriminalakten enthaltenen, eher beiläufig angefertigten Zeichnungen. Thematisiert wurden ebenfalls Schandbilder und Schmähbriefe und die darin verwendeten Illustrationen, die in der Verbindung von Bild und Wort die öffentliche Sichtbarmachung von Devianz besonders wirkungsvoll realisierten, allerdings wie die Zeichnungen in Gerichtsbüchern als Unikate keine weite Verbreitung hatten (Schmidt 1985; Lentz 2004; Schwerhoff 2006b). Intensiver beschäftigt hat sich die (rechts-)historische Forschung auch mit den Bildern von Recht und Gerechtigkeit und den visuellen Repräsentationen bzw. „Bildregimen" des Rechts; bedarf doch das „Auge des Gesetzes" der Bilder und Medien, um Adressaten und Nutzer zu erreichen (Stolleis 2004; Joly/Vismann/Weitin 2007). Dabei spielen Kriminalität und Strafjustiz eine bedeutende Rolle: Verbrechen, Verbrecher, Gerichte und Strafen bilden seit dem späten Mittelalter ein zentrales Sujet von Bild- und anderen populären Massenmedien, die auf ein wie auch immer geartetes allgemeines Publikum zielten. Die entsprechenden *Criminalgeschichten* und *Criminalbilder* wurden dabei nicht nur von bildhaften Medien wie illustrierten Einblattdrucken, Gemälden oder Stichen, sondern auch durch Literatur oder Zeitungen vermittelt und sind somit eingebettet in gesamtgesellschaftliche, häufig populäre Kriminalitäts- und Sicherheitsdiskurse. In diesem Kontext haben sich historische Kriminalitätsforschung und Rechtsgeschichte dem für die frühneuzeitliche Mediengeschichte von Kriminalität und Strafjustiz zentralen bildhaften populären Druckmedium – den illustrierten Einblattdrucken – zugewandt, die im Folgenden vorgestellt werden (Westphal 2008; Härter/Sälter/ Wiebel 2010; Wiltenburg 2012; Kraus 2013). Die Thematik Strafrecht/Kriminalität und bildhafte Medien hat zudem einige Ausstellungskataloge und Sammelbände generiert, die viele zeitgenössische Quellen (Gemälde, Einblattdrucke, Titelkupfer, Zeichnungen, sonstige Bilder) zugänglich machen, allerdings meist auf ein breiteres Publikum zielen und das Material eher präsentieren als quellenkritisch im Kontext mediengeschichtlicher Methoden aufbereiten (Schild 1980; Pleister/Schild 1988; Hinckeldey 1989; Sellert 1993).

Ein zweiter Schwerpunkt der interdisziplinären Forschungen liegt auf den textorientierten Massenmedien Literatur und Presse und damit auf dem Zusammenhang von Literatur, Kriminalität und Rechtskultur (Böker/Houswitschka 1996), den narrativen Darstellungen der Strafrechtspflege in Publizistik und Literatur (Schönert 1991), den gesellschaftlichen Erfahrung von Verbrechen und Strafverfolgung als Gegenstand des Erzählens (Schönert 1983; Schönert 2015) und dem Wissen über Kriminalität (Linder/Ort 2013). Die Mehr-

Literatur und Recht

zahl der Untersuchungen setzt allerdings zeitlich mit der Aufklärung ein und behandelt populäre Bilder von Kriminalität, Justiz und Strafe anhand erzählter Kriminalität in der Form des „Kriminalromans", „trivialer" Literatur und der Massenpresse, die erst im 19. Jahrhunderts an Bedeutung gewannen (Holzmann 2001; Müller 2005; Schönert 2015). Zur Frühen Neuzeit liegen nur wenige Untersuchungen vor, die wie die bahnbrechende Studie zu Kriminalität und Literatur im Frankreich des 18. Jahrhunderts (Lüsebrink 1983) meist die Räuber-Literatur oder den von Harsdörffer ab 1649 in mehreren Bänden und sieben Auflagen publizierten *Schauplatz Jämerlicher Mordgeschichte* behandeln (Harsdörffer 1649/50; Siebenpfeiffer 2006). Auf die frühneuzeitlichen Räuber- und Mordgeschichten bauen auch moderne, meist gekürzte und wissenschaftlichen Ansprüchen nicht immer genügende Kompilationen wie die *Merkwürdigkeiten deutscher Verbrecher* (Kirchschlager 2002) oder die deutschen Räuberbanden in „Originaldokumenten" (Boehncke/Sarkowicz 1991) auf, bei denen pittoreske und kommerzielle Absichten zu dominieren scheinen. Unberücksichtigt bleiben dabei meist Entstehungskontexte und Quellen: die Fahndungs- und Diebslisten und die aktenmäßigen Berichte, die wiederum auf konkrete Strafverfahren und die darin produzierten Informationen zurückgingen.

Methodisch erscheint es folglich sinnvoll, für die Analyse der pragmatisch-praktischen und populären frühneuzeitlichen Medien ein historisches Medien- und Kommunikationsmodell zugrunde zu legen, das Bild und Text gleichwertig einbezieht, nach Funktion und Wirkung der medialen Repräsentation von Devianz/Kriminalität, Recht, Justiz und Strafe fragt und die Quellen zur zeitgenössischen Praxis der Strafjustiz in Bezug setzt (Härter 2011d). Hiervon ausgehend sollen im Folgenden exemplarische Quellentypen vorgestellt und Auswertungsmöglichkeiten aufgezeigt werden: Fahndungslisten und aktenmäßige Berichte als Typus der pragmatisch-praktischen Medien der Strafverfolgung sowie illustrierte Einblattdrucke, Flugschriften und Fallsammlungen als populäre (Massen-)Medien.

6.1 Fahndungslisten und aktenmäßige Berichte

Aus dem mittelalterlichen Achtbrief entstand der in gedruckter Form erstmals im 15. Jahrhundert nachweisbare Steckbrief, mit dem nach einem entflohenen oder gesuchten Straftäter gefahndet wurde und den Gerichte und Behörden untereinander, sowohl innerhalb eines Territoriums als auch grenzübergreifend versandten. Sie enthielten auf der Basis von Verhörprotokollen oder Zeugenaussagen zusammengestellte Personenbeschreibungen gesuchter Täter, wurden meist nur in geringer Stückzahl teils auch handschriftlich vervielfältigt und oft direkt zwischen lokalen Verwaltungen ausgetauscht. Die Fahndung aus aktuellem Anlass mittels spezifischer Steckbriefe behielt man auch über das Ende des Alten Reiches hinaus bei, wobei eine Entwicklung zu gedruckten und standardisierten *Signalements* festzustellen ist, die z. T. auch mittels Policeygesetzen und schließlich auch zur allgemeinen Warnung des „Publikums" in der Presse publiziert wurden (Valentinitsch 1992; Groebner 2004; Härter 2005a, 1023–1026).

Aus dieser eher verfahrensinternen Kommunikation entwickelte sich seit dem Ende des 17. Jahrhunderts das neue pragmatisch-praktische Druckmedium der Fahndungs-, Gauner- oder Diebslisten, die auch grenzübergreifend auf dem Requisitionsweg und mit der Bitte um Amtshilfe kommuniziert wurden, wie z. B. die 1758 gedruckte *Actenmäßige Beschreibung der in ChurMayntz. Trier. Pfältz. Heßis. und Schwäbischen Landen herum vagirendt in Manns- und Weibsleuth bestehend und sich täglich vermehrenden Ziegeuner Bande. Welche Bey gelegenheit Einer zu Heppenheim an der Bergstraße vorgewesenen Inquisition als Compliciae verschiedener gewaltsam und seditiosen auch zu Lorsch mit einer Mordthat verknüpften sehr beträchtlichen Diebstähl angegeben.* Diese Listen kompilieren nicht nur einzelne Steckbriefe, sondern verzeichnen zahlreiche Mitglieder sogenannter Räuber- und Diebsbanden bzw. Vagantengruppen, oft geordnet nach Kriminalfällen, Straftaten oder Gruppen. Die enthaltenen Informationen wurden insbesondere aus Verhören bzw. Inquisitionsprotokollen – teilweise auch durch Anwendung der Folter – gewonnen. Angeführt wurden neben gesuchten auch bereits verurteilte und hingerichtete Straftäter sowie Familienangehörige und Begleiter mit den folgenden Daten: Namen und Aliasnamen, Personenbeschreibung mit Personenstand, Geschlecht, Alter, Aussehen, Gesichtszüge, Länge und Farbe der Haare, Statur, besondere Kennzeichen (Narben, Buckel, Hinken, Brandmarkungen), Kleidung, Bewaffnung und Berufen bzw. den beim Umherziehen ausgeübten „Professionen" (Bettler, Quacksalber, Hausierer, Kesselflicker usw.), Herkunfts-, Wohn- und Aufenthaltsorte, bevorzugte Verstecke, Routen und Gebiete sowie vor allem frühere Strafen (wie Ausweisung,

Fahndungslisten

Brandmarkung, Zuchthaus), Strafverfahren und begangene oder lediglich vermutete Straftaten.

Überlieferung und Erschließung

Im Alten Reich lassen sich über 150 solcher „Gauner- und Diebslisten" nachweisen, die mit teils umfangreichen Angaben zu Banden und ganzen Netzwerken zumindest 15.000 einzelne Personen beschreiben. Sie wurden häufig in mehreren hundert Exemplaren gedruckt, auch grenzübergreifend verteilt und finden sich in Kriminalakten, als Anlage zu Verhörprotokollen, in den Akten von exekutiven Polizeiorganen oder auch im Zusammenhang mit den einschlägigen Policeygesetzen zu „Vaganten und Dieben"; teilweise wurden kleinere Listen auch als Beilage zu solchen Gesetzen publiziert. Letztere lassen sich daher über das *Repertorium der Policeyordnungen* auffinden, das ebenfalls die damit zusammenhängenden policeylich-strafrechtlichen Normen erschließt (Härter/ Stolleis 1996–2017). Darüber hinaus liegt ein Repertorium der gedruckten südwestdeutschen, schweizerischen und österreichischen Listen vor, das im Anhang das Faksimile der umfangreichen Sulzer Liste von 1784 bietet (Blauert/Wiebel 2001). Da viele Listen nicht nur gedruckt, sondern zeitgenössisch auch bereits verlegerisch publiziert wurden, sind sie in Bibliotheken überliefert und oft auch als Digitalisate online zugänglich.

Zweck und Quellenwert

Der Zweck der Listen reichte über die konkrete Fahndung nach „Verbrechern" hinaus: Sie dienten auch der Identifikation und dem Erkennen verdächtiger Personen, Familien und Gruppen, dem grenzübergreifenden Informationsaustausch, der Kompilierung von Informationen über das „kriminelle Milieu" vagierender Familien und sozialer Randgruppen und der Durchsetzung der entsprechenden Policeygesetze. Zahlreiche Listen enthalten Angaben zu religiösen Minderheiten und ethnischen Gruppen wie insbesondere „Zigeunern" und Juden (bzw. „Betteljuden"). Sie wurden an Ämter, Städte, Amtsträger und Polizeiorgane verteilt und bei exekutiven Maßnahmen wie Personenkontrollen, Streifen und Visitationen, aber auch bei Verhören eingesetzt, um Aussagen zu kontrollieren. Bei der Verurteilung von Straftätern konnten sie ebenfalls eine Rolle spielen, denn die Nennung in einer Liste wurde als „Vorstrafe" oder zumindest als strafverschärfend gewertet. Mit den „Gauner- und Diebslisten" entstand folglich ein *criminalpoliceyliches Wissen*, das spezifische Verbrecherbilder und Bedrohungsnarrative verbreitete, und zwar auch an eine allgemeine Öffentlichkeit: Die Listen wurden von der Bevölkerung zur Kenntnis genommen, die z. B. Dienste bei der

Strafverfolgung verrichten musste, und beeinflussten die entstehende pragmatische policeyliche und criminalistische Literatur. Sie waren insofern ein Medium des sicherheitspoliceylichen Diskurses, in dem das Etikett der „kriminellen Vaganten und Diebsbanden" weiter ausdifferenziert wurde. Zwar mögen die „Diebslisten" in einigen Fällen durchaus Phantasiegebilde oder bloße Stereotypen vermitteln, wie die bisherige Forschung aber zeigen kann, enthalten sie überwiegend Informationen aus konkreten Verfahren – soweit Inquisiten, Untersuchungsbeamte und Schreiber in der Lage waren, Personen nach den Vorstellungen der Zeit zu beschreiben (Härter 2005a, 1023–1036; Gruber 2010; Fritz 2013; Heller 2017).

Im Kontext der Fahndungslisten entwickelte sich ein weiterer pragmatisch-praktischer Quellentyp: die verlegerisch verbreiteten aktenmäßigen Berichte wie die *Ausführliche Relation von der Famosen Ziegeuner- Diebs- Mord- u. Rauberbande*, die der zuständige Untersuchungsbeamte Johann Benjamin Weissenbruch 1727 nach einem Strafverfahren gegen die Räuberbande des *großen Galantho* publizierte, oder der *Abriss des Jauner und Bettelwesens in Schwaben*, den Johann Ulrich Schöll 1793 veröffentliche. Im 18. und den ersten Jahrzehnten des 19. Jahrhunderts erschienen zahlreiche aktenmäßigen Berichte, die insbesondere Kriminalverfahren gegen Räuberbanden in Mitteldeutschland betreffen. Bei den Autoren handelt es sich in der Regel um Amtsträger, die das Untersuchungsverfahren durchgeführt hatten und die sich als *Criminalisten* bzw. praktische Experten verstanden (Rothfuss 1997; Fritz 2013). Zwar sind diese Schriften nicht durch moderne Hilfsmittel erschlossen, sie sind aber ebenfalls in Archivbeständen von Kriminal- und Polizeiakten und zahlreichen Bibliotheken überliefert und inzwischen häufig als Digitalisate online zugänglich. Die bereits erwähnten modernen Sammlungen mit Auszügen aus den „Originaldokumenten" der „großen Räuberbanden" oder „großen Räuberinnen" beruhen auf diesen Quellen, genügen aber meist nicht wissenschaftlichen Ansprüchen (Boehncke/Sarkowicz 1991).

Die aktenmäßigen Berichte, Nachrichten, Geschichten oder Relationen listen nicht nur Personen auf, sondern drucken Auszüge aus den Verhörprotokollen, Kriminalakten oder Urteilen und beschreiben mit einem policeylich-criminalistischen Anspruch die Verbrechen und Strafverfolgung von Räuberbanden bzw. sozialen Randgruppen wie Bettlern, Juden und sogenannten Zigeunern. Charakteristisch sind Schriften wie die *Diebs-Händel; oder allerhand*

Aktenmäßige Berichte

Zweck und Quellenwert

Gesetze, Ordnungen, Protocolle, eingeholte rechtliche Responsa, Gutachten und Urtheile, so die Diebe, ihre Captur, Inquisition, Tortur, und verdiente Straff betreffend (Pistorius 1728) oder die „Sachsen-Coburgische Acta Criminalia Wider eine Jüdische Diebs- und Rauber-Bande" „zum nützlichen Gebrauch Derer Criminal-Gerichte" (Einert 1737). Sie dienten über aktuelle Fahndungs- und Identifikationszwecke hinaus einer allgemeinen Informationssammlung und Darstellung des „kriminellen Milieus", dessen Methoden und Eigenheiten – wie die „Gaunersprache"– beschrieben werden. Dabei ging es auch um die Vermittlung authentischer, weil aus den Akten als „Relation" gezogener praktischer Erfahrungen, insbesondere in der grenzübergreifenden Strafverfolgung, verbunden mit einer teils kritischen Bestandsanalyse des sicherheitspoliceylichen Vorgehens der Obrigkeiten und allgemeinen kriminal- bzw. sicherheitspolitischen Überlegungen. Kennzeichnend ist daher, dass die Verfasser ihre eigenen Aktivitäten als *Criminalisten* in den Vordergrund rückten, um sich als „Räuberfänger" zu stilisieren, und dabei Stärke, Aktivitäten und Gefährlichkeit von Banden auch übertrieben und diese womöglich sogar im Sinn einer organisierten Vereinigung von „Berufskriminellen" oder als „kriminelles Milieu" sozialer Randgruppen überhaupt erst konstruierten, was quellenkritisch zu berücksichtigen ist (Lange 1994; Fritz 2010; Gerstenmayer 2013).

Auswertungsmöglichkeiten und Fragestellungen

Die sozialgeschichtlich ausgerichtete Forschung hat die Fahndungslisten und aktenmäßigen Berichte hinsichtlich des Milieus und der Subkultur mobiler sozialer Randgruppen untersucht und dabei die Konstruktion einer kriminellen Gegengesellschaft kritisch hinterfragt (Seidenspinner 1998). Auch die Kriminalitätsgeschichte hat diese Quellen intensiv ausgewertet, um Räuberbanden zwischen Strafverfolgung und medialer Repräsentation zu erforschen, und quellenkritisch herausgearbeitet, dass die enthaltenen Informationen kaum direkt als sozialgeschichtliche Daten gelesen werden können (Gerstenmayer 2013). Mit einem medien- und kommunikationstheoretischen Ansatz lassen sie sich eher interpretieren als spezifische obrigkeitliche, *criminalistische* Konstruktionen und Repräsentationen im Kontext der Ausdifferenzierung und Professionalisierung der frühneuzeitlichen Strafjustiz und der begleitenden Kriminalitäts- und Sicherheitsdiskurse. In dieser methodischen Perspektivierung lassen sich die Fahnungslisten und aktenmäßigen Beschreibungen für zahlreiche Themen und Fragestellungen der Strafrechts- und Kriminalitätsgeschichte heranziehen:

–   als serielle Quelle für eine quantitative Auswertung der enthaltenen Daten zu Delikten, Tätern, Strafen und Kontexten, die
    immerhin begrenzte Aufschlüsse über das Milieu und die Lebenswelt von Vagierenden im Hinblick auf familiale Netzwerke, Sprache oder Kleidung erlaubt (Seidenspinner 1998; Ammerer/Fritz 2013);
–   als Ergänzung zu den Kriminalakten, um vergleichend Differenzen oder Übereinstimmungen zwischen den unterschiedlichen Kommunikationsformen und Medien der Strafjustiz zu
    ermitteln;
–   bezüglich der Wechselwirkungen mit der Policey- und Strafgesetzgebung;
–   im Hinblick auf die grenzübergreifende Praxis von Strafverfolgung, dem Zusammenwirken und den Verfahrensweisen juridischer Institutionen und exekutiver Verwaltungsorgane sowie
    bezüglich der Entwicklung polizeilich-strafrechtlicher Techniken der sozialen Kontrolle und Identifikation (Gruber 2010;
    Fritz 2013; Heller 2017; Härter 2017);
–   als Quelle zur Entstehung und Professionalisierung strafrechtlich-polizeilicher Experten, polizeilicher Medien und der im
    19. Jahrhundert entstehenden praktischen Criminalwissenschaften (Rothfuss 1997; Fritz 2010, 2013; Greve 2004; Becker
    2005);
–   hinsichtlich der Konstruktion und langfristigen Verfestigung
    von Bedrohungsnarrativen, Etikettierungen und Verbrecherbildern „des Kriminellen", die Kriminalitäts- und Sicherheitsdiskurse beeinflussten und damit auch „Kriminalitätsfurcht" erzeugen konnten (Bretschneider 2007; Fritz 2010; Schwerhoff
    2011, 46);
–   und schließlich kann nach den Wechselwirkungen mit anderen
    populären Medien gefragt werden, die sich der Informationen,
    Narrative und Stereotypen der Fahnungslisten und aktenmäßigen Berichte bedienten.

6.2 Einblattdrucke, Flugschriften, Criminalgeschichten und Fallsammlungen

Über die pragmatisch-praktischen Medien hinaus entwickelten sich
Kriminalität, Justiz und Strafe zu einem wichtigen Sujet in der sich

ausdifferenzierenden frühneuzeitlichen Medienlandschaft. Dabei gewannen Illustrationen in Strafgesetzen und strafrechtlicher Literatur sowie illustrierte Einblattdrucke seit dem 16. Jahrhundert an Bedeutung. Im 17. Jahrhundert kamen umfangreichere Flugschriften und Pamphlete einzelner Fälle hinzu und erste Sammlungen wie der *Schauplatz Jämerlicher Mordgeschichte* (Harsdörffer 1649/50) entstanden. Mit der einsetzenden Aufklärung wurden Kriminalität und Strafjustiz im 18. Jahrhundert zu einem Thema spezifischer Sammlungen sowie allgemein der expandierenden Presse und schöngeistigen Literatur. Die Etablierung von Kriminalität und Strafjustiz als ein Sujet populärer Medien vollzog sich dabei auch in Wechselwirkungen mit den Medien des Strafrechts und der kommunikativen wie medialen Praxis der Strafjustiz, die mit Rechtsprechungssammlungen, Handbüchern und Anleitungen eine eigene pragmatisch-praktische Literatur hervorbrachte. Die damit entstehenden Übergänge zwischen juristischen und populären Druckmedien, die „theils ausschliessend für Gelehrte theils für Leser von aller Classen bestimmt" waren, haben die älteren *Handbücher der Literatur des Kriminalrechts* noch berücksichtigt (Böhmer 1816, 559). So erschließen Böhmer und Kappler unter der Kategorie „casuistische Schriften" Entscheidungssammlungen, criminalistische Sammlungen und einzelne *Criminalgeschichten* einschließlich einiger aktenmäßiger Berichte über Räuberbanden (Böhmer 1816, 553–588; Kappler 1838, 215 f.). Neuere umfassendere Hilfsmittel oder Editionen existieren dagegen nicht; lediglich einzelne spezifische Mediengattungen wie z. B. Pitavals *Causes Célèbres* wurden nachgedruckt (siehe unten).

Bilder und juridische Werke

Bereits seit dem frühen 16. Jahrhundert nutzten Strafgesetze und juristische Werke bildhafte Darstellungen im Titelkupfer oder zur Illustration einzelner Kapitel. Bekannte Beispiele sind die illustrierte Ausgabe der Bambergensis von 1509, die brandenburgische Halsgerichtsordnung von 1516 oder das Titelkupfer der Ausgabe der Carolina von 1542 mit seiner verdichteten Darstellung der spiegelnden peinlichen Strafen. Insbesondere umfangreichere Gesetzestexte bedienten sich solcher Titelillustrationen, die in der Regel die charakteristischen Symbole des peinlichen Rechts und den Vollzug peinlicher Strafen präsentieren. Noch die *Constitutio Criminalis Theresiana* (Theresiana 1768) enthielt einen umfangreichen Appendix, der in zahlreichen Illustrationen die Anwendung der Folter demonstrierte, um die korrekte praktische Anwendung zu vermitteln. Auch Werke der Strafrechtswissenschaft wie das *Straffbuch* von Abraham

Saur verwendeten Bilder, um Strafen oder Delikte symbolisch darzustellen (Saur 1577). Daraus entwickelten sich praktisch und popu-
lär orientierte bzw. sowohl an Experten als auch an ein allgemeines
Publikum gerichtete Publikationen wie insbesondere das in mehreren Auflagen publizierte *Theatrum Poenarum, Suppliciorum Et Executionum Criminalium* (Döpler 1693/1697). Es will anhand konkreter
Gutachten und Entscheidungen sowohl praktisch anwendbares
Wissen vermitteln, stellt aber auch teils illustriert die „die Abstraf-
fung der Verbrecher/ auch endliche Hinrichtung der Malefiz-Per-
sonen" dar und zielt damit auf das allgemeine Interesse an Verbrechen und Strafe. Gleichwohl blieb die Verbindung zwischen Text
und Bild in juristischen Büchern und Gesetzen schwach ausgeprägt.
Der Text dominierte, „wirkliche" Fälle oder realistische Verbre-
chensdarstellungen wurden nicht abgebildet, und die Funktion der
Bilder beschränkte sich auf exemplarische, symbolhafte Illustrationen des gesamten Druckwerkes, meist mit einer erzieherischen,
religiösen oder praktischen Botschaft. Obwohl z. B. peinliche Halsgerichtsordnungen auch an Laien adressiert waren, blieben Funktion, Reichweite und Publikum dieser auf die juridischen Experten
zielenden Publikationen begrenzt.

Dagegen entstand im 16. Jahrhundert mit den relativ rasch und **Illustrierte Einblattdrucke**
kostengünstig herstellbaren illustrierten Einblattdrucken ein dem
modernen Comic-Strip ähnelndes potentielles „Massenmedium",
das in seiner Verbindung von Bild und Text die Thematik Kriminalität und Strafjustiz an eine weit größere Zahl von Rezipienten
vermittelte. Bei den großformatigen illustrierten Einblattdrucken
handelte sich in der Regel um billige Drucke (Holzschnitte und
Kupferstiche) von einer oder wenigen Seiten Umfang, die in einer
Auflage von bis zu 2000 Stück und mehr publiziert und zu einem
günstigen Preis verkauft wurden. Durch verschiedene Formen ge-
meinschaftlichen Konsums (z. B. Vorlesen) und die Illustrationen
konnten diese Bildergeschichten ein relativ großes Publikum erreichen, das nur über begrenzte Lesefähigkeiten verfügen musste.
Damit entstanden ein größerer, ständeübergreifender potentieller
Adressatenkreis und ein gewinnversprechender Markt. Besonders
„sensationelle" Fälle (wie insbesondere Attentate auf Herrscher und
Revolten) erschienen auch mehrsprachig oder wurden in anderen
Sprachen und Ländern verbreitet. Die Einblattdrucke versuchten
durch entsprechende Überschriften und Textpassagen Nachrichtencharakter und Authentizität zu vermitteln und verwendeten häufig

dominierende Illustrationen, die allerdings kaum die „Realität" dar-
stellten, sondern spezifische Bilder von Verbrechen, Täter, Opfer
und Strafe transportierten. Insofern konnten Einblattdrucke Aktua-
lität besitzen und Ereignisse und Nachrichten präsentierten, die sich
mit populären und obrigkeitlichen Vorstellungen von Kriminalität
und Strafjustiz verbinden ließen. Das Potential dieses populären
Mediums erkannten nicht nur kommerziell orientierte Autoren, Drucker und Verleger, sondern auch die frühneuzeitlichen Obrigkeiten,
die Botschaften und Darstellung über Aufträge, Autoren (bei denen
sich auch um Amtsträger handelte) und Zensur beeinflussten. Seit
dem 18. Jahrhundert zeigt sich eine stärkere mediale Differenzierung
zwischen reinen Bildmedien mit geringem Textanteil (Bilderbögen),
nur gelegentlich illustrierten Zeitungsberichten sowie umfangreicheren Flugschriften. Grundsätzlich kann davon ausgegangen werden, dass seit der Aufklärung die Verbreitung und Leserschaft – wie
generell bei populären Medien und Druckerzeugnissen – deutlich
zunahm. Populäre und insbesondere bildhafte Medien bildeten damit ein wesentliches Element der entstehenden politischen Öffentlichkeit (Reichardt 2002; Würgler 2009; Schwerhoff 2009; Härter
2010). Bereits die Zeitgenossen legten Sammlungen von Einblattdrucken und Flugschriften an, die in zahlreichen Bibliotheken überliefert und inzwischen auch häufig digitalisiert und über die einschlägigen Online-Portale, Kataloge und Datenbanken wie KVK
(https://kvk.bibliothek.kit.edu), Gallica (http://gallica.bnf.fr), Deutsche Digitale Bibliothek (https://www.deutsche-digitale-bibliothek.
de/) und Wikipedia (https://commons.wikimedia.org) zugänglich
sind. Darüber hinaus liegen neuere umfassende kritische Editionen
vor, in denen auch zahlreiche Einblattdrucke zu Kriminalität und
Strafjustiz enthalten sind (Harms 1985–1997; Paas 1985–2007).

Themen und
Forschungen
In den frühneuzeitlichen illustrierten Einblattdrucken erlangte
die Thematik „Verbrechen und Strafe" eine beachtliche Bedeutung,
die neuere Arbeiten mit Methoden der Strafrechts- und Kriminalitätsgeschichte untersucht haben. Diese interpretieren die in den Illustrationen oft dominierenden, jedenfalls immer dargestellten peinlichen Strafen als charakteristische vormoderne Strafrituale des
Theaters des Endlichen Rechtstags (Peil 2002) und die ebenfalls
überwiegenden Gewaltverbrechen als „Evidenz des Verbrechens"
(Rudolph 2005, 2007) und Entstehung der modernen Sensations-
und Schaulust an der „Faszination Verbrechen" (Wiltenburg 2012).
Stärker rechtsgeschichtlich orientierte Untersuchungen analysieren

die Darstellung von Unrecht und den Nachrichtencharakter im Hinblick auf Kriminalität und Recht (Westphal 2008; Kraus 2013). Neue Forschungen haben die Darstellung von politischen Verbrechen – insbesondere Revolten und Attentate – im Kontext der rechtlich-obrigkeitlichen Reaktionen auf politische Gewalt untersucht (Härter 2014a, 2014c, 2016a). Dabei lässt sich zeigen, dass populäre, bildhafte Medien Verbrechen und Strafe nicht nur widerspiegeln, sondern Teil des politischen Konflikts waren. Sie vermittelten zwar prinzipiell die obrigkeitliche Interpretation des Verbrechens als illegitimen Angriff auf die legitime Ordnung und einer gerechten adäquaten strafrechtlichen Reaktion, erlaubten aber auch unterschiedliche Deutungen und Nutzungen. Diese waren durch kommerzielle Interessen der Produzenten und die Bedürfnisse von Konsumenten bzw. Akteuren an Sensation, Bestätigung, Dämonisierung/Psychologisierung oder Kritik geprägt. Anstelle einer medialen Multiplikation entehrender und auslöschender Bestrafungen konnten illustrierte Einblattdrucke daher ebenfalls kollektive Erinnerung an Verbrechen und Konflikte konservieren.

Es kann daher methodisch problematisch sein, die Bildergeschichten als unmittelbare Berichterstattung über zeitgenössische Kriminalfälle und Strafverfahren zu lesen oder moderne Vorstellungen von Unrecht, Gewalt und „Sensationalismus" zugrunde zu legen. Vergleich und Analyse von Normen, Rechtsvorstellungen, Verbrechen und strafrechtlichen Praktiken in den illustrierten Einblattdrucken sollten folglich sowohl die spezifischen Strukturen und Bedingungen des Mediums berücksichtigen als auch medien- und kommunikationsgeschichtliche Methoden und Konzepte nutzbar machen. Dazu gehören die Wechselwirkungen im gesamten frühneuzeitlichen Medienverbund – einschließlich der juridischen und pragmatisch-praktischen Literatur – sowie die unterschiedlichen Interessen der Produzenten und Konsumenten und die Funktion im Hinblick auf die Repräsentation von Kriminalität und Strafjustiz. Eine Inhaltsanalyse kann Informationen, Botschaften, Bedrohungsnarrative, Symbole, Stereotypen und Ordnungsvorstellungen dekodieren und zu den zeitgenössischen Kriminalitäts- und Sicherheitsdiskursen wie zur „historischen Praxis" von Kriminalität und Strafjustiz in Bezug setzen. Dabei wird es kaum möglich sein, die „Wahrheit hinter dem Medium" durch Ermittlung des authentischen Falls zu rekonstruieren oder umgekehrt dessen bloße Fiktionalität nachzuweisen. Methodisch sinnvoller erscheint es viel-

Methodische Fragen

mehr, die mediale Repräsentation spezifischer Images von Delikten, Verbrechern, Opfern, Beteiligten, Strafverfolgung, Justiz und Strafvollzug in den Criminalbildern mit derjenigen zu vergleichen, die sich aus Gerichts- und Kriminalakten rekonstruieren lässt, die ebenfalls spezifische Bilder vermitteln. Dabei ist eine Quantifizierung problematisch, denn Funktion und Struktur des Massenmediums bedingen bereits, dass schwere Eigentums- und Tötungsdelikte, politische Gewalttaten und peinliche, entehrende Strafen überrepräsentiert sind. Eine qualitativ-hermeneutische Analyse kann dagegen obrigkeitliche und populäre Vorstellungen von Kriminalität, Justiz und Strafe und damit korrespondierende Ordnungsmodelle und Interessen aufzeigen, die auch die vormoderne Strafjustiz prägten und sich in der medialen Repräsentation wiederfinden. Freilich ist die Anwendung von Methoden der Kommunikations- und Medienforschung im Hinblick auf die frühneuzeitliche Strafrechts- und Kriminalitätsgeschichte deutlich begrenzt: Produktion/Autoren, Verbreitung/Auflagen und vor allem Rezeptionsbedingungen, Publikumsbedürfnisse und Wirkungen können mangels Quellen oft nicht ermittelt oder systematisch erforscht werden (Schwerhoff 2009; Härter 2010).

Flugschriften, Urgichten, Armesünderblätter

Dies gilt ebenfalls für andere Typen populärer Medien wie die mehrseitigen Flugschriften, Urgichten und Armesünderblätter, die seit Mitte des 17. Jahrhunderts zunahmen. Sie wurden zwar häufig im Kontext eines konkreten Verfahrens publiziert, zielten aber ebenfalls auf ein breiteres Publikum. Teilweise handelte es sich um Schriften beteiligter Akteure und Obrigkeiten, die damit rechtliche Positionen insbesondere in politischen Strafverfahren vermitteln wollten und daher Auszüge aus Gerichtsakten, Verhörprotokolle, Urteilen und juristischen Stellungnahmen inkludierten, wie die 1671 in Nürnberg publizierte *Ausführliche und Warhafftige Beschreibung, wie es mit denen Criminal-Prozessen und darauf erfolgten Executionen, wider die drey Grafen Frantzen Nadaßdi, Peter von Zrin und Frantz Christophen Frangepan eigentlich hergangen*. Über diese politischen Prozessschriften hinaus thematisierten im 18. Jahrhundert solche *Acta Criminalia* auch andere Delikte wie insbesondere Diebstahl und Raub, wobei fließende Übergänge und inhaltliche Überschneidungen zu den aktenmäßigen Berichten und Relationen existieren. Allerdings fokussierten die Criminalgeschichten im Laufe des 18. Jahrhunderts stärker auf „Leben, Verbrechen und Bestrafung" „berühmter" Räuber wie des „berüchtigten französischen Erzdiebs

Cartouche" oder des „Bayerischen Hiesel", die auch die literarische Bearbeitungen der Räuberthematik durch Ludwig Tieck und Friedrich Schiller beeinflussen sollten (Lüsebrink 1983; Schönert 2015). Die Tendenz zur Vermittlung von Lebensbeschreibungen einzelner Täter in populären Medien findet sich auch in dem Typus der Urgichten, peinlichen Urteile und Armesünderblätter (Ammerer/Adomeit 2010). Bei diesen handelt es sich um mehrseitige Flugschriften, die neben Urteil und Geständnissen kurze Beschreibungen einzelner Kriminalfälle enthalten konnten und über die Verbrechen und Lebensgeschichte einzelner Täter berichteten, wie die *Lebensgeschichte und Todes-Urtheil der Maria Katharina Steffaninn, von Stuifzgen im Kemptischen, welche den 28ten Juny 1804 zu Kempten wegen verübten qualifizirten zweyfachen Gift-Mordes mit dem Schwerdt vom Leben zum Tod gerichtet wurde*. Im Mittelpunkt dieser Criminalgeschichten standen das Urteil und sein Vollzug – in der Regel durch eine öffentliche Hinrichtung – und die Lebensbeschreibung der Verbrecher als arme Sünder, die dem Publikum mit beigefügter „Moral-Rede", „Traur-Gespräch und Abschid-Lied" zwecks Ermahnung und als abschreckendes Beispiel vorgestellt wurden (Wohlverdientes Todtes-Urtheil 1750; Wohlverdientes Todes-Urtheil 1754).

Insbesondere Kriminalfälle und Strafverfahren, die eine größere öffentliche Aufmerksamkeit erzielten und politische Verbrechen oder „berühmte" Verbrecher betrafen, wurden auch in umfangreicheren Sammlungen kompiliert, die sich an den französischen *Causes célèbres et interessantes, avec les jugemens qui les ont décidées* des Advokaten François Gayot de Pitaval oder den englischen *Collection of State-Trials* orientierten. Dazu zählen ebenfalls die *Gespräche in dem Reiche derer Todten unter den Spitzbuben*, die David Faßmann 1718 bis 1739 in periodischer Form veröffentlichte (Faßmann 1718–1739), die mehrbändige Übersetzung des Pitaval und *sonderbarer Rechtshändel sammt deren gerichtlichen Entscheidung* (Pitaval 1747–1767) sowie die *Merkwürdige Rechtsfälle als ein Beitrag zur Geschichte der Menschheit*, die Schiller ab 1792 publizierte (Schiller 1792–1795). Dieser neue Typus eines auf Kriminalität und Strafjustiz spezialisierten populären Mediums war ebenfalls durch eine Hinwendung zu Lebensbeschreibungen „berühmter Verbrecher" und „sensationellen Fällen" gekennzeichnet, behielt aber gleichwohl noch Bezüge zu Urteilen und Kriminalakten bei. Allerdings waren Konjunktur und Erfolg begrenzt: Die serielle Form der Berichterstattung wurde durch die Zeitungen und Zeitschriften – das

Populäre Fall-
sammlungen

neue Leitmedium der Aufklärung und bürgerlichen Gesellschaft – übernommen, und die „Lebensgeschichten" entwickelten sich allmählich zu einem Sujet der schöngeistigen Literatur, die schließlich im 19. Jahrhundert den Kriminalroman hervorbrachte (Dainat 2009, 2010; Schönert 2015). Damit verbunden war die allmähliche Individualisierung und Pathologisierung der „Verbrecher" und das Aufkommen psychisch-medizinisch-biographischer Deutungsmuster. Von dieser Entwicklung blieb auch die um 1800 entstehende „neue" Strafrechtswissenschaft nicht unberührt, die sich sowohl der Criminalpsychologie zuwandte als auch in dem neuen Medium der strafrechtswissenschaftlichen Zeitschriften wie dem ab 1799 publizierten *Archiv des Criminalrechts* einzelne Verbrecher und Fälle darstellte (Roth 1999; Greve 2004).

Analyseperspektiven und Interpretationen

Praktisch-pragmatische und populäre Medien bilden folglich eine eigenständige Quellengattung, die mit den Methoden der Strafrechts- und Kriminalitätsgeschichte und der Medienwissenschaft untersucht werden können. Analyse und Interpretation sollten dabei sowohl die medienspezifischen Eigenheiten als auch die vielfältigen Wechselwirkungen zu strafrechtlichen Normen, Medien, Diskursen und Praxis berücksichtigen. So kann vergleichend untersucht werden, wie sich bestimmte Formen von Kriminalität (Gewalt/Raub, Attentate, Revolten), spezifische Verbrecherbilder und öffentliche Strafrituale zu den entsprechenden Narrativen und Mustern des Strafrechts und der Strafjustiz verhalten. Populäre Massenmedien konnten ambivalente, mehrdeutige Erinnerungen und Interpretationen über Kriminalität und Strafjustiz zulassen und damit auch öffentlich-politische Diskurse induzieren, die um die Sinndeutung und die diskursive-mediale Deutungsherrschaft über Kriminalität und angemessene strafrechtliche Reaktionen kreisen, wie sie insbesondere für die Aufklärung und die Diskussion um Attentate, Revolten, Kindsmord, Folter und Todesstrafe kennzeichnend sind. Die Obrigkeit reagierte darauf auch mit Zensur und einer aktiven Medienstrategie, indem sie zunehmend Gerichts- und Kriminalakten und Bilder publizierte. Dies konnte allerdings das Ziel einer Auslöschung (*damnatio memoriae*) des Verbrechens konterkarieren und bedeutete letztlich ein Aufbrechen der vormodernen arkanen inquisitorischen Strafjustiz.

Wandel und Medien

Die Veränderungen in der medialen Darstellung von Kriminalität und Strafjustiz können folglich in Bezug gesetzt werden zu allgemeinen Wandlungsprozessen im Strafrecht, in der Strafjustiz und hinsichtlich der Wahrnehmung von Kriminalität als gesellschaftlicher Bedrohung und Konstruktion. So kann diskutiert werden, ob die Entwicklung der populären Massenmedien mit der allmählichen Verdrängung sozialer Akteure in der Strafjustiz und der öffentlichen Strafen korrespondiert. Dies würde freilich auch bedeuten, die Untersuchungsperspektive noch stärker auf die Produzenten, Nutzer und Rezipienten zu erweitern. Nicht nur die Obrigkeit konnte pragmatische und populäre Medien nutzen, um Strafverfolgung zu effektivieren oder Strafzwecke (wie insbesondere generalpräventiv-abschreckende) an ein allgemeines Publikum zu vermitteln, sondern auch Autoren und Produzenten verbanden damit eigene kommerzielle und professionelle Interessen. Ebenso konnten als deviant etikettierte Akteure und ihre Unterstützer Medien nutzen, um eigene rechtliche Positionen und politische Deutungen zu kommunizieren oder gar Protest und Kritik an Strafrecht und Strafjustiz zu formulieren. Populäre und pragmatische Medien können folglich als Elemente unterschiedlicher Diskurse über Ordnung, Kriminalität und Sicherheit analysiert werden. Medien vermitteln, erzeugen oder bestätigen Bilder und Narrative von Kriminalität, Verbrechern, Justiz und Strafe, die die alltäglichen Wahrnehmungen von Devianz und Recht, den Umgang im und mit dem Rechtssystem und letztlich Sicherheitspolitik und Justizpraxis prägen können. Damit beeinflussen sie auch das „Sicherheitsempfinden", die „Kriminalitätsfurcht" und langfristig wirksame kollektive Vorstellungen. Die Wirkungen im Hinblick auf Unsicherheit, Kriminalitätsfurcht oder *crime panics* sind freilich methodisch ebenso schwierig zu operationalisieren wie insgesamt die Frage nach der Funktion und Wirkung medial vermittelter Diskurse und ihres interdependenten, ambivalenten Verhältnisses zur „Realität" der „Kriminalakten" und der Justizpraxis (Schwerhoff 2011, 185–190; Härter 2013b). Denn Wirkungen und Funktionen von Medien und Diskursen veränderten sich zwar in der Frühen Neuzeit, weisen aber auch Kontinuitäten auf, die jeweils zu bestimmen wären. So kann zwar eine „Säkularisierung" der Kriminalitäts- und Justizbilder konstatiert werden, die an der Wende zum 19. Jahrhundert bürgerliche Ordnung, Sicherheit und den handlungsfähigen rationalen Staat repräsentieren. Die historische Analyse muss dabei allerdings als zentrale methodische Voraussetzung Wechselwirkungen und Spannungsverhältnis zu den zeitgenössischen strafrechtlichen Normen und juridischen Diskursen der Strafrechtswissenschaft wie zur Praxis der Strafjustiz berücksichtigen:

Die Mediengeschichte von Kriminalität und Strafrecht bedarf folglich der Methoden und Ergebnisse der Strafrechts- und Kriminalitätsgeschichte.

Teil 3: **Probleme und Perspektiven der Forschung**

7 Forschungsprobleme und kontroverse Deutungen

Im Folgenden können nur für einige aktuelle Forschungsfelder wesentliche Forschungsprobleme und kontroverse Deutungen der Strafrechts- und Kriminalitätsgeschichte exemplarisch vorgestellt werden, denen auch in den internationalen Forschungsdebatten Relevanz zugebilligt wird (Knepper 2016). Ausgangspunkt bildet das Problem des Verhältnisses von Strafrecht, Strafjustiz und Kriminalität im Hinblick auf die Funktion strafrechtlicher Normen und einer davon divergierenden Justizpraxis, die mit unterschiedlichen Konzepten wie Normdurchsetzung und Sanktionsverzicht kontrovers gedeutet wird. Ein zweites Problem stellt die Entwicklung der Kriminalität in der Frühen Neuzeit dar, die insbesondere anhand der abnehmenden Gewalt- und zunehmenden Eigentumsdelikte diskutiert und verknüpft wird mit Interpretamenten wie der Zivilisierung von Gewalt, der Kriminalisierung mobiler sozialer Randgruppen und einer sozial zweigleisigen Strafjustiz. Eng damit verbunden ist die Deutung der Zwecke und Funktionen der Strafjustiz im historischen Wandel zwischen Kriminalitätsbekämpfung/Repression, Disziplinierung und sozialer Kontrolle, Konfliktregulierung und Justiznutzung. Abschließend werden Wandel und Kontinuitäten von Strafrecht, Strafjustiz und Kriminalität in der Frühen Neuzeit anhand der kontrovers diskutierten Konzepte/Interpretamente Verrechtlichung, Modernisierung, Rationalisierung, Humanisierung und Verstaatlichung bzw. Staatsbildung erörtert.

Ein zentrales Forschungsproblem, das Strafrechts- und Kriminalitätsgeschichte mit unterschiedlichen Forschungskonzepten bearbeiten und teils kontrovers deuten, ist das Verhältnis von Strafrecht, Strafjustiz und Kriminalität oder allgemeiner von Rechtsnormen und Rechtspraxis. Dies betrifft die Funktion und Bedeutung strafrechtlicher Normen und des wissenschaftlichen Diskurses, deren Um- und Durchsetzung und die Frage nach ihrem Verhältnis zur konkreten Strafpraxis. Generell konzeptualisiert die neuere Forschung das komplexe Verhältnis von Rechtsnormen und Praxis meist als Normdurchsetzung, Implementation oder Umsetzung von (strafrechtlichen) Normen. Erstere hat die Rechtsgeschichte definiert „als die Geschichte der staatlichen und privaten Justiz, ihrer alternativen Einrichtungen und der in den jeweiligen sozialen Institutionen

Verhältnis von Strafrecht, Strafjustiz und Kriminalität

https://doi.org/10.1515/9783110379808-007

wirksamen Denkweisen und Agenten" (Simon 1988, 201). Einer damit einhergehenden Überbewertung von staatlicher Justiz, Zwang und Strafe werden Implementation und Umsetzung als „neutralere" Begriffe entgegengesetzt, die letztlich aber ebenfalls nicht auf das Konzept der sozialen Kontrolle von abweichendem bzw. kriminellem Verhalten verzichten (Schwerhoff 1999, 84–91; Härter 1999; Landwehr 2000). Umstritten bleiben freilich die Reichweite, Intensität und Wirkung von Strafjustiz als einem System sozialer Kontrolle im Verhältnis zu den zeitgenössischen Normen. Als Extrempositionen lassen sich für die ältere Strafrechtsgeschichte eine weitgehende Gleichsetzung von Rechtsnorm und Rechtspraxis oder doch zumindest eine Priorisierung insbesondere der Bedeutung der Strafrechtswissenschaft markieren (Schmidt 1965), während andererseits einige Vertreter der historischen Kriminalitätsforschung dem Strafrecht eine eher symbolische Funktion zumessen, der für die konkrete Strafpraxis eine bestenfalls geringe Relevanz zukam (Dinges 2000).

Divergenz
Rechtsnormen –
Rechtspraxis

In der neueren Forschung herrscht weitgehend Konsens, dass sich im frühneuzeitlichen Reich Unterschiede und Abweichungen zwischen Rechtsnormen und Rechtspraxis feststellen lassen, die auf das Problem der Konzeptualisierung strafrechtlicher Normen und der Funktions- und Wirkungsweise von Strafjustiz verweisen. Die Divergenzen werden empirisch belegt durch den Vergleich der im Strafrecht (insbesondere der Carolina und den partikularen Malefizordnungen) angedrohten regulären peinlichen Strafen mit der aus der Analyse der Kriminalakten ermittelten milderen und weitaus differenzierteren Strafpraxis. Letztere ist zudem durch die infrajustiziellen Praktiken des Supplizierens um Strafmilderung und der Gnadengewährung gekennzeichnet, welche die „Kluft" zwischen Strafrecht und Gnadenjustiz noch vertiefen. Gedeutet wird dies mit Interpretamenten wie einem völligen oder selektiven „Sanktionsverzicht", „Vollzugsdefiziten", die insbesondere aus der institutionellen Schwäche des vormodernen Staates resultieren, oder einer stärker auf Frieden und Konfliktregulierung als auf Disziplinierung und Strafe ausgerichteten Justiz (Schuster 2000; Rudolph 2001; Ludwig 2008a; Gubler 2015, 15–35). Weiter differenziert werden diese Deutungen durch die Konzepte einer flexiblen Entscheidungspraxis, eines Aushandelns von Devianz/Kriminalität und Strafen/Gnade und einer sozial zweigleisigen Strafjustiz. Letztere betont die selektive Funktion des Strafens mit Bezug auf soziale Ungleichheit: Delinquenten, die als Angehörige fremder mobiler Randgruppen etikettiert wurden, sind bei den exemplarischen, abschreckenden schweren Strafen überrepräsentiert, während deviante/kriminelle Untertanen infrajustizielle Möglichkeiten wie Supplizieren und Gnadenbitten nutzen konnten und die Entscheidungs- und Gnadenpraxis hinsichtlich der Strafzumessung bzw. Strafmilderung stärker auf utilitaristische Zwecke abstellte (Eibach 2003; Brachtendorf 2003; Härter 2005a, 2011e, 2012; Ludwig 2008a; Schwerhoff 2011, 109 f.).

Das damit einhergehende Problem der Qualität und Funktion strafrechtlicher Normen und ihrer Um- und Durchsetzung lässt sich lösen, indem anstelle eines auf Erfolg oder Effektivität rekurrierenden linearen Wirkungsmodells eines gesetzmäßig bindenden kohärenten Strafrechts das Konzept der Multinormativität (Vec 2009) und Pluralität strafrechtlicher Normen angewandt wird: Nicht Durchsetzung, sondern die differenzierte Anwendung von Straf- und Policeygesetzen, die Strafen keineswegs immer absolut, sondern häufig arbiträr und in Form von außerordentlichen Sanktionen androhten, in Verbindung mit dem gelehrten Recht, das zahlreiche Interpretations- und Auslegensmöglichkeiten entwickelte, eröffnete Ermessensspielräume, um Devianz und Kriminalität auf einer normativen Grundlage flexibel zu sanktionieren. Dabei ist zu berücksichtigen, dass sich der öffentliche Strafanspruch erst allmählich durchsetzte und sich Normen, Institutionen, Verfahren und Strafzwecke im Laufe der Frühen Neuzeit wandelten und erheblich ausdifferenzierten (Lüderssen 2002; Rudolph/Schnabel-Schüle 2003; Kesper-Biermann/Klippel 2007; Habermas/Schwerhoff 2009). Die damit verbundenen Aktivitäten machen deutlich, dass die frühneuzeitliche Obrigkeit nicht nur symbolische Gesetzgebung betrieb, sondern sowohl traditionelle Strukturen und infrajustizielle Verfahren integrierte als auch „experimentierend" ein Instrumentarium der sozialen Kontrolle auf- und ausbaute. Dieses diente sowohl den obrigkeitlich-staatlichen Interessen und einer letztlich utilitaristischen Strafjustiz als auch den allgemeinen gesellschaftlichen Interessen an der Regulierung von Konflikten und der Erhaltung von sozialem Frieden, Ordnung und Sicherheit. Ob und inwieweit diese Wirkungen erzielt wurden, bleibt freilich weiterhin Gegenstand kontroverser Debatten.

Denn weder aus der vielfach konstatierten „Nichtbefolgung von Normen" noch aus der „Rate der Normverstöße" lassen sich unmittelbar generalisierende Aussagen ableiten, um das Problem des komplexen Verhältnisses von Strafrecht, Strafjustiz und Kriminalität zu lösen. Die Legitimität einer Norm ist durch abweichendes

Strafrecht und Spielräume

Problem der Wirkungen

Verhalten noch nicht grundsätzlich in Frage gestellt, und Normabweichung ist eine Existenzbedingung staatlicher Normsetzung und Normdurchsetzung. Normkonformes Verhalten hat sich aber kaum in Quellen niedergeschlagen und das „Dunkelfeld" kann ebenfalls nicht aufgehellt werden. Die aus den Gerichts- und Kriminalakten ermittelte Kriminalität lässt daher nur begrenzte Aufschlüsse über die tatsächlichen Strukturen und Entwicklungen zu, die auf veränderter Normgebung und (Ent-)Kriminalisierungsprozessen, sozioökonomischen Entwicklungen oder verändertem Sozial- und Konfliktverhalten basieren können. Sie belegen eher eine zu- oder abnehmende Verfolgungs- und Strafintensität, die auf ein geändertes Anzeigeverhalten, spezifische Justiznutzungsstrategien oder Veränderungen in den Sicherheits- und Kriminalitätsdiskursen und in den institutionellen Strukturen der Strafjustiz zurückgeführt werden können. Diese Entwicklungen werden im Folgenden am Problem der Entwicklung der Gewalt- und Eigentumskriminalität in der Frühen Neuzeit weiter diskutiert.

Gewalt-kriminalität
Die vielleicht internationalste Forschungsdebatte der Kriminalitätsgeschichte kreist um die Interpretation der historischen Entwicklung der Gewaltkriminalität in Europa, die als Rate der Tötungsdelikte auf jeweils 100.000 Einwohner berechnet wird und im Laufe der Frühen Neuzeit einen starken Rückgang um nahezu 90 % verzeichnet. Diese auch für Territorien und Städte des Alte Reiches belegbare Abnahme steht nach mehrheitlicher Auffassung der Forschung in Verbindung mit dem gleichzeitigen Wandel des staatlichen Strafens von den vergeltenden Körper- und Todesstrafen zu den disziplinierenden Arbeits- und Freiheitsstrafen. In Anlehnung an die Konzepte von Michel Foucault und Norbert Elias wird diese Entwicklung auch als Disziplinierung und Zivilisierung des affektiven, durch Ehrvorstellungen beeinflussten männlichen Gewaltverhaltens gedeutet, einhergehend mit der Kriminalisierung verschiedener Formen interpersonaler physischer Gewalt (Totschlag, Körperverletzung, Fehde und Duell) und der Etablierung eines staatlichen Gewaltmonopols (Schwerhoff 2011, 113–136; Spierenburg 2013, 2017, 8–10; Knepper 2016, 77–81).

Zivilisierung der Gewalt?
Gegen einen solchen kausalen Zusammenhang zwischen der Entwicklung von Kriminalität und (staatlicher) Strafjustiz und der Interpretation der Wirkung als „Zivilisierung" wurden allerdings zahlreiche methodische und empirische Argumente angeführt, die auf grundsätzliche Deutungsprobleme der Strafrechts- und Krimina-

litätsgeschichte verweisen. So verbesserte sich z. B. die medizinische Versorgung, so dass Wunden weitaus weniger zum Tod führten, und die Formen von Gewalt und gewaltsamem Konfliktaustrag wandelten sich hin zu kollektiver oder staatlicher Gewalt (Kriege, Revolutionen). Insbesondere aber fehlt es an Untersuchungen zur Gewaltkriminalität unterhalb der Schwelle der Tötungsdelikte. Bis weit ins 18. Jahrhundert hinein wurden Körperverletzungen weniger intensiv verfolgt und häufig infrajustiziell mittels Kompensationen geregelt, welche die obrigkeitliche Strafjustiz auch (als strafmildernd) in die Entscheidungs- und Strafpraxis mit einbezog; auch bei Totschlagsdelikten konnte in diesen Fällen häufig Gnade gewährt werden. Zudem existierte eine starke geschlechtsspezifische Selektion bezüglich des weiblichen Gewaltverhaltens, denn letzteres entsprach nicht dem zeitgenössischen Verständnis der weiblichen Geschlechterrolle und wurde insbesondere bei Gewalt bzw. Körperverletzungen gegen Männer vielfach erst gar nicht zur Anzeige gebracht. Erst seit dem späten 18. Jahrhundert ist in diesem Bereich eine Intensivierung der Verfolgungs- und Strafpraxis festzustellen, die zumindest darauf hindeutet, dass auch unter den Bedingungen niedriger Tötungsraten und eines staatlichen Gewaltmonopols „Disziplinierung" und „Zivilisierung" beibehalten oder gar ausgedehnt wurden. Dies lässt sich auch für die im 19. Jahrhundert keineswegs abnehmende sexualisierte und die häusliche Gewalt zeigen. Gleichzeitig integrierte die staatliche Strafjustiz vormoderne Formen infrajustizieller Konfliktregulierung in Form von „Privatstrafen" und außergerichtlichen Kompensationen, die zu einem Verzicht auf staatliche Strafen oder Begnadigungen führen konnten. Insofern relativieren sich die Bedeutung des staatlichen Gewaltmonopols und der Umbruch um 1800. Diskussionswürdig erscheint weiterhin, ob der Wandel der Gewaltkriminalität mit der Zivilisierung interpersonaler physischer Gewalt erklärt werden kann oder ob dieser (auch) auf Veränderungen in der Wahrnehmung und Zuschreibung sowie der Verfahren und Zwecke der Strafjustiz oder anderen politischen, sozialen, ökonomischen und kulturellen Faktoren beruht und wie Letztere konzeptualisiert werden können (Lacour 2000; Schwerhoff 2006c, 2011, 2017; Loetz 2012; Kesper-Biermann 2012; Härter 2017b).

Einen Versuch im Bereich der Eigentumskriminalität bildet die sogenannte *violence-au-vol-These*: Parallel zur Abnahme der Tötungsdelikte seit Mitte des 18. Jahrhunderts wird eine Zunahme der Eigentumskriminalität konstatiert, ebenfalls einhergehend mit ei- | **Eigentums-kriminalität** ner Ausdifferenzierung der Eigentumsdelikte (neben Raub und Diebstahl auch Betrug, Fälschung, Hehlerei und Wucher), der Kriminalisierung von sozialen Randgruppen als „Räuber- und Diebsbanden" und einer Intensivierung der Strafverfolgung. Gedeutet wurde dies auch als Entwicklung von der „feudalen" Gewalt- zur „kapitalistischen" Eigentumskriminalität, ebenfalls im Kontext des Wandels zur modernen bürgerlichen Gesellschaft, der Etablierung einer repressiven staatlichen Strafjustiz mit dem Ziel einer Disziplinierung sozialer Unterschichten und der „Entstehung der modernen Rechtsordnung" (Küther 1976; Wettmann-Jungblut 1990; Habermas 2008; Schwerhoff 2011, 136–151; Knepper 2016, 41–43). Allerdings beruht die Verteidigung von Eigentum durch staatliche Strafjustiz nicht nur auf einem neuen bürgerlichen Eigentumsverständnis, sondern auch auf Bedrohungsnarrativen und Sicherheitsdiskursen, die bereits in der zweiten Hälfte des 17. Jahrhunderts zu einer verstärkten Kriminalisierung von mobilen sozialen Randgruppen als allgemeiner Bedrohung von Staat und Gesellschaft und zu einer deutlichen Intensivierung einer sozial zweigleisigen Strafpraxis führten, die sich exemplarischer, abschreckender und räumlich ausgrenzender Strafen bediente. Auch in dieser Beziehung kann die Veränderung von Kriminalität nicht linear aus sozioökonomischen Entwicklungen (Hungerkrisen, Wandel zum bürgerlichen Eigentumsbegriff und zur bürgerlichen Gesellschaft) abgeleitet werden. Zudem wird gegen eine repressive und im Hinblick auf Randgruppen und Unterschichten „effektive" Strafjustiz eingewandt, dass die alltäglichen Überlebenspraktiken dieser Gruppen unterschätzt werden, die sich obrigkeitlicher Strafverfolgung durchaus auch mithilfe der Bevölkerung entziehen konnten. Darüber hinaus kontrastieren die sozialen Strukturen und Praktiken der kriminalisierten Gruppen mit dem obrigkeitlichen Bedrohungsnarrativ professioneller Räuberbanden und organisierter Kriminalität (Ammerer 2003; Ammerer/Fritz 2013; Härter 2017a).

Justiznutzung und Konfliktregulierung

Die Beispiele zeigen, dass lineare, monokausale Wirkungsmodelle und Modernisierungstheorien kaum ausreichen, um die historische Entwicklung von Kriminalität – insbesondere wenn diese aus quantitativen Analysen abgeleitet wurde – zu deuten. Vielmehr müssen neben sozioökonomischen und politischen auch kulturelle, mediale, diskursive und nicht zuletzt rechtliche Faktoren und Rahmenbedingungen einbezogen werden, deren jeweilige Gewichtung freilich umstritten bleibt. Dies gilt insbesondere für die

Zwecke und Funktionen der Strafjustiz im historischen Wandel, die zwischen repressiver Kriminalitätsbekämpfung, sozialer Kontrolle, Konfliktregulierung, Justiznutzung und konsensualer Praxis konzeptualisiert werden. Die Erklärkraft und Anwendbarkeit dieser Konzepte ist allerdings vom methodischen Vorgehen – Quantifizierung oder Mikrogeschichte – wie von den untersuchten konkreten Devianz- und Kriminalitätsformen sowie dem sozialen Status und den Handlungsmöglichkeiten der betreffenden Akteure abhängig. Dichotome Modelle, die Normadressaten und Delinquenten lediglich als Objekte einer vergeltenden, repressiven und disziplinierenden Strafjustiz beobachten, werden von der neueren Forschung inzwischen zugunsten einer Perspektive aufgegeben, die – soweit die obrigkeitlich determinierten Quellen dies zulassen – die Interaktions- und Kommunikationsvorgänge zwischen Normgebern und Normadressaten bzw. Strafgerichten und Delinquenten in den Mittelpunkt stellt. Problematisch erscheint es allerdings, dies ausschließlich als Justiznutzung oder konsensuale Praxis zu konzeptualisieren. Damit lassen sich zwar zutreffend Optionen und Einflussmöglichkeiten der Akteure beschreiben, die auch Strafjustiz nutzen konnten, um Konflikte zu regulieren. Soziale Reichweite und Autonomie von infrajustiziellen Praktiken und Justiznutzungen beurteilt die Forschung aber kontrovers: Die frühneuzeitliche Strafjustiz kann kaum als ein staatliches Dienstleistungsunternehmen angesehen werden, das die Bevölkerung gleichsam beliebig und herrschaftsfrei zum Zweck der konsensualen Konfliktlösung nutzen konnte. Und ebenso fraglich erscheint es für die Frühe Neuzeit, Infrajustiz als autonomes oder gar konkurrierendes „alternativ-substitutives Rechtssystem" zu konzeptualisieren, das autonome soziale Konfliktregulierung ohne staatliche Justiz betrieb. Die Interdependenzen und Interaktionen innerhalb und im infrajustiziellen Umfeld obrigkeitlicher Strafjustiz sollten folglich die Dimensionen von Herrschaft, sozialer Ungleichheit und unterschiedlicher Macht- und Definitionspotentiale nicht ausblenden, die auch die frühneuzeitliche Strafjustiz als ein System formeller punitiver und informeller sozialer Kontrolle kennzeichnen (Dinges 2000; Loetz 2000; Eibach 2004; Härter 2012).

Als Konsequenz müsste dann freilich die frühneuzeitliche Strafrechts- und Kriminalitätsgeschichte weniger unter den Vorzeichen Modernisierung, Verstaatlichung, Professionalisierung, Rationalisierung und Humanisierung, sondern als konsequente Interdepen- *Historischer Wandel und Modernisierung* denzgeschichte gerichtlicher und infrajustizieller Konfliktregulierung und Sozialkontrolle konzeptualisiert werden. Dies bedeutet keineswegs, die genannten Konzepte völlig aufzugeben. Zweifellos kann empirisch fundiert festgestellt werden, dass sich Strafrecht und Strafjustiz in der Frühen Neuzeit erheblich wandelten. Dies betrifft:

- die Verrechtlichung und Kodifizierung des Strafrechts auf der Basis von Prinzipien wie strikter gesetzlicher Normierung, Bestimmtheit und Proportionalität von Delikt und Strafe seit dem späten 18. Jahrhundert;
- die Verwissenschaftlichung und Professionalisierung der Jurisprudenz und der Juristen als einer staatlichen Funktionselite;
- die Ausdifferenzierung von Institutionen (Polizeien) und Techniken der Feststellung und Verfolgung von Normverstößen;
- die Monopolisierung und Zentralisierung der jurisdiktionellen Entscheidungskompetenzen;
- die allmähliche Verstaatlichung und Professionalisierung der Strafgerichtsbarkeit;
- die Säkularisierung und den Wandel der Strafzwecke von einem vergeltenden zu einem utilitaristischen Strafmodell.

Problematisch erscheint es allerdings, darin ausschließlich zielgerichtete, obrigkeitlich-staatlich gesteuerte Prozesse zu sehen, die primär den Motiven einer Rationalisierung und Humanisierung von Strafrecht und Strafjustiz folgten oder gar den Schutz der Gesellschaft vor Kriminalität verbessern wollten und an der Wende von der Frühen Neuzeit zur Moderne schließlich in die Durchsetzung des staatlichen Gesetzgebungs-, Justiz- und Gewaltmonopols mündeten. Insgesamt steht die neuere Geschichtswissenschaft – und die historische Kriminalitätsforschung insbesondere – solchen modernisierungstheoretischen, auf retrospektiv konstruierte finale Ziele hinauslaufenden Modellen historischen Wandels eher kritisch gegenüber. Handelt es sich doch keineswegs um lineare, reibungslose Fortschrittprozesse, sondern ebenso lassen sich zahlreiche Kontinuitäten feststellen, denn vormoderne Elemente und Praktiken wie Kompensation, Vergeltung, Infrajustiz, gute Policey oder das inquisitorische Strafverfahren wurden auch nach 1806 beibehalten, integriert oder transformiert. Die Obrigkeiten bzw. der Staat reagierten auch auf gesellschaftliche Nachfrage nach Konfliktregulierung, Ordnung und Strafe, wurden von allgemeinen Sicherheits-

und Kriminalitätsdiskursen beeinflusst und blieben auf die Mitwirkung sozialer Akteure und Gruppen in der Strafjustiz als einem hybriden System formeller und informeller Sozialkontrolle angewiesen.

8 Forschungsperspektiven

Bandbreite und Ausdifferenzierung der Forschung machen es notwendig, die Darstellung der Forschungsperspektiven auf knappe Skizzen einiger aktueller und prospektiver Forschungsfelder der Strafrechts- und Kriminalitätsgeschichte der Frühen Neuzeit zu beschränken. Weitere aktuelle, insbesondere internationale Tendenzen und Perspektiven der Forschung lassen sich den teils noch im Erscheinen befindlichen Handbüchern (Knepper/Johansen 2016; Emsley/McDougall 2018) und dem Jubiläumsband der Zeitschrift Crime, histoire & sociétés/Crime, History & Societies (2017) entnehmen.

Die Diskussion neuer Forschungsperspektiven orientiert sich meist an den unterschiedlichen Bereichen von Kriminalität und Strafrecht. Forschungsdesiderata bestehen diesbezüglich insbesondere für die Themen „Wirtschaftskriminalität" und „religiöse Devianz", die beide eine aktuelle Dimension aufweisen. Das moderne, rechtlich-dogmatisch eher gering entwickelte Konzept der „Wirtschaftskriminalität" kann freilich nicht retrospektiv auf die Frühe Neuzeit mit ihren differenten sozioökonomischen Strukturen übertragen werden. Dennoch lässt sich eine seit dem späten Mittelalter zunehmende Reglementierung unterschiedlicher ökonomischer Bereiche beobachten, die in zahlreichen Ordnungs- und Strafgesetzen spezifische wirtschaftliche Praktiken als abweichend festschrieb und auch kriminalisierte. Dies betraf Produktion und Distribution ebenso wie den Schutz von Verbrauchern und die Steuerung des Konsums und bedeutete eine Ausdifferenzierung strafrechtlicher Delikte im Bereich von Fälschung, Betrug, Täuschung, Abgabenhinterziehung usw., die allerdings eng mit dem Bereich der „guten Policey" und der „Ordnungsdelikte" verbunden blieben und auch an die „Frevel" des traditionalen Rechts anknüpften. Bereits die Entwicklung der Normen und der begleitenden Diskurse bilden Schnittfelder für interdisziplinäre, epochenübergreifende Forschungen von (Straf-)Rechts- und Wirtschaftsgeschichte, die mit den Ansätzen der historischen Kriminalitätsforschung auf die Justizpraxis im Bereich der „Wirtschaftskriminalität" ausgedehnt werden können.

Als ein weiteres prospektives Feld hat die historische Kriminalitätsforschung „religiöse Devianz" ausgemacht, die zwischen schweren Delikten wie Gottlosigkeit, Hexerei oder Blasphemie und nonkonformistischen Glaubenspraktiken verortet und mit neueren

Wirtschaftskriminalität

Religiöse Devianz

https://doi.org/10.1515/9783110379808-008

sozialwissenschaftlichen und kriminalitätshistorischen Ansätzen, Methoden und Fragestellungen erforscht wird (Kästner/Schwerhoff 2013; Piltz/Schwerhoff 2015). Im Mittelpunkt stehen dabei der Herstellungsprozess religiöser Abweichung bzw. die Kriminalisierung abweichender Praktiken und Gruppen sowie deren Zuschreibung, Verfolgung und Sanktionierung, die über den engeren Bereich des Religiös-Konfessionellen hinaus auch in eine rechtliche Praxis eingebettet waren. Dies wird besonders deutlich am Umgang mit devianten und als Sekten und Aufrührer kriminalisierten Gruppen, die als Bedrohung der gesamten Ordnung verfolgt, ausgegrenzt oder sozialer Kontrolle unterworfen wurden. In der Perspektive einer auf Gruppen, Widerstand und Aufruhr bezogenen (Straf-)Rechts- und Kriminalitätsgeschichte lassen sich Forschungen zur religiösen Devianz auch mit den Themenfeldern der „politischen Kriminalität" und der „kulturellen Diversität" verbinden.

Kulturelle Diversität

Kulturelle Diversität entwickelte sich bereits in der Frühen Neuzeit zu einer Herausforderung, die auch Strafrecht, Strafjustiz und Kriminalität betraf. Soziale und ethnische Minderheiten, Migrationsbewegungen und religiös-konfessionelle Differenzierungsprozesse bewirkten eine zunehmende kulturelle Diversifizierung der vormodernen Ständegesellschaft. Rechtssysteme konnten kulturelle Diversität normieren und schützen und die daraus resultierenden Konflikte regulieren, aber auch kulturelles Verhalten und Gruppen, die von der jeweiligen Gesellschaft bzw. dominierenden Kultur abwichen, kriminalisieren, verfolgen und ausgrenzen. Kulturelle Devianz wurde folglich auch im frühneuzeitlichen Reich als kriminell etikettiert und auch durch die Strafjustiz verfolgt, wie sich am Beispiel der religiös-kulturellen Randgruppen und Minderheiten der Juden, „Zigeuner", Vagierenden oder „Sekten" zeigen lässt. Die Interdependenzen zwischen kultureller Diversität, Devianz und Strafrecht/Strafjustiz bilden folglich einen prospektiven Forschungsansatz, um sowohl die ambivalenten Funktionen des Rechtssystems im Hinblick auf Privilegierung, begrenzte Autonomie und Konfliktregulierung als auch Normen und Praxis der Kriminalisierung und Strafverfolgung zu untersuchen. Kulturelle Diversität und Devianz könnten dabei nicht nur für religiöse oder soziale Minderheiten bzw. Randgruppen erforscht, sondern ebenfalls auf Eliten (Adel und Geistlichkeit) erweitert werden, die sich insbesondere in kultureller Hinsicht zu distinguieren suchten und sich auch bezüglich Recht und Justiz (z.B. durch Privilegien, Immunitäten und Autonomien) deutlich unterschieden. Insofern würde kulturelle (und soziale) Diversität um den Aspekt der Diversität des vormodernen Rechts- und Justizsystems erweitert. In dieser Perspektive können Konzepte wie Justiznutzung oder Infrajustiz fruchtbar gemacht werden, um insbesondere die jeweiligen Akteure und ihre rechtliche Agency bzw. ihre kulturellen Praktiken, Wissensbestände und Strategien im Umgang mit Devianz, Recht und Justiz aufzuhellen.

Die Thematik kultureller Diversität/Devianz und Strafjustiz zeigt bereits exemplarisch, dass neuere kulturgeschichtliche Ansätze die Forschungsperspektiven der Strafrechts- und Kriminalitätsgeschichte der Frühen Neuzeit bereichern, und zwar auch im Hinblick auf die Einbeziehung der Geschichte der Rechtskultur: Die Schnittmengen von Kulturgeschichte und Rechtskultur eröffnen Forschungsperspektiven für eine interdisziplinäre Vertiefung von Strafrechts- und Kriminalitätsgeschichte. Als ein zentrales thematisches Forschungsfeld einer solchen interdisziplinären Rechtskulturgeschichte kann die Kultur des Strafverfahrens identifiziert werden, charakterisiert durch Kommunikation und Medien, die in einem interdependenten Verhältnis stehen. Wie dargestellt, ist das frühneuzeitliche Strafverfahren durch unterschiedliche, mündliche und interpersonale, aber auch schriftliche und juridische Kommunikationsmodi gekennzeichnet, die auch infrajustizielle Formen wie Mediation, Schlichtung, Supplizieren oder Gnadenbitten einschließen. Die Ausdifferenzierung der jeweils spezifischen Kommunikationsformen innerhalb des Verfahrens beeinflusste oder generierte die Entwicklung entsprechender juridischer, pragmatisch-praktischer und populärer Medien: das Verhör die entsprechenden Anleitungsbücher, die Konsilien- und Relationstechnik die Rechtsprechungs- und populären Fallsammlungen, das Urteil die Urgichten und Armesünderblätter usw. Eine Untersuchungsperspektive kann sich folglich auf die Wechselwirkungen zwischen verfahrensinternen Kommunikationsmodi und Druckmedien richten, eine zweite nach dem damit produzierten und vermittelten kulturellen Wissen einschließlich der Bedrohungsnarrative und populären Repräsentationen von Kriminalität und Strafjustiz fragen.

Inhaltlich verbinden lassen sich die Forschungsperspektiven auf die Kultur des Strafverfahrens und kulturelle Diversität insbesondere mit der Thematik der „politischen Kriminalität", die sich in unterschiedlichen, teils gewaltsamen Formen wie Protest, Revol-

Kultur des Strafverfahrens

Politische Kriminalität

ten, Verschwörungen oder Attentaten manifestierte. Die zugrunde-
liegenden politischen Konflikte verweisen auf religiöse und kulturelle Devianz und kulturell divergierende Praktiken des gewaltsamen Konfliktaustrags innerhalb einer Elite oder zwischen sozial
und kulturell unterschiedlichen Gruppen. Auf diese reagierte die
Strafjustiz mit spezifischen Kommunikationsformen und Medien:
dem politischen „Schauprozess" oder dem Gericht als Forum der
Deutung politischer Dissidenz; Flugschriften und Pamphleten, die
unterschiedliche Akteure nutzen konnten; und juridische oder populäre Darstellungen und Fallsammlungen zu Revolten, Attentaten
oder *State-Trials*. Sowohl die Erscheinungsformen politischer Kriminalität und die rechtlichen Reaktionen als auch die juridischen und
populären Medien und die darin konstruierten oder vermittelten
Bedrohungsnarrative besitzen eine grenzübergreifende, transnationale Dimension (Würgler 1999; Härter/de Graaf 2012; De Benedictis/
Härter 2013; Härter 2014a, 2014c).

Trans-
nationalität

Damit ist eine weitere Forschungsperspektive angesprochen:
die Untersuchung grenzübergreifender, trans- und internationaler
strafrechtlicher Interaktionen, deren Anfänge sich in der Frühen
Neuzeit verorten lassen (Kesper-Biermann/Overath 2007; Härter
2011c, 2017a). Der methodische Ansatz liegt dabei auf den transnationalen, grenzübergreifenden Phänomenen, Elementen und Interaktionen und nicht auf dem Vergleich unterschiedlicher Rechtsräume bzw. der Rechtsvergleichung. Dabei kann es sich handeln
um:

- verschiedene Formen grenzübergreifender Kriminalität, von
  politischer Dissidenz, Gewalt und Desertion über illegalen Warenverkehr, Schmuggel und Zollhinterziehung bis zu illegaler
  Migration und umherziehenden Dieben und Räuberbanden;
- die Verfahren und Techniken transnationaler Strafverfolgung,
  vom Requisitionswesen und dem Austausch von Fahndungslisten und Kriminalakten bis zur grenzübergreifenden Nacheile
  oder Auslieferung;
- Formen grenzübergreifender Strafen und Sanktionen, vom
  Stadt- und Landesverweis bis zur Ausweisung und Abschiebung;
- transnationale strafrechtliche Normen und Prinzipien, die sowohl in internationalen Abkommen (wie z. B. Auslieferungs-
  verträgen) als auch dem jeweiligen territorialen Recht festgeschrieben wurden;

- transnationale Expertendiskurse und Internationalisierung von Strafrechtswissenschaft und Kriminalpolitik, die sich in der Rezeption und Übersetzung von wissenschaftlicher Literatur wie in internationalen Konferenzen und Organisationen manifestierten;
- grenzübergreifende Kommunikationen und Medien, die Kriminalitäts-, Sicherheits- und Bedrohungsnarrative ebenso vermittelten wie juridisches Wissen.

Transnationalität, Kommunikation und Medien sowie kulturelle Diversität bilden damit Forschungsperspektiven, die die Epochenschwelle zwischen Früher Neuzeit und Vormoderne überwinden und einer interdisziplinär ausgerichteten Strafrechts- und Kriminalitätsgeschichte im internationalen Forschungskontext Austausch, Vergleich und Anschlussfähigkeit ermöglichen können.

Teil 4: **Bibliographie und Verzeichnisse**

9 Bibliographie

Actenmäßige Beschreibung 1758 = Actenmäßige Beschreibung der in ChurMayntz. Trier. Pfältz. Heßis. und Schwäbischen Landen herum vagirendt in Manns- und Weibsleuth bestehend und sich täglich vermehrenden Ziegeuner Bande. Welche Bey gelegenheit Einer zu Heppenheim an der Bergstraße vorgewesenen Inquisition als Compliciae verschiedener gewaltsam und seditiosen auch zu Lorsch mit einer Mordthat verknüpften sehr beträchtlichen Diebstähl angegeben. Bensheim 1758

Allmansberger 2003 = Allmansberger, Mathias, Stadt- und Halsgerichtsordnungen in würzburgischen Städten des 16. Jahrhunderts insbesondere zur Zeit Julius Echters von Mespelbrunn (1573–1617). Würzburg 2003

ALR 1794/1996 = Allgemeines Landrecht für die preußischen Staaten. Von 1794. Mit einer Einführung von Hans Hattenhauer und einer Bibliographie von Günther Bernert, 3. Aufl. Neuwied u. a. 1996

Altenhain/Willenberg (Hg.) 2011 = Die Geschichte der Folter seit ihrer Abschaffung, hg. von Karsten Altenhain und Nicola Willenberg. Göttingen 2011

Ammerer 2003 = Gerhard Ammerer, Heimat Straße. Vaganten im Österreich des Ancien Régime. München 2003

Ammerer 2010 = Ammerer, Gerhard, Das Ende für Schwert und Galgen? Legislativer Prozess und öffentlicher Diskurs zur Reduzierung der Todesstrafe im Ordentlichen Verfahren unter Joseph II. (1781–1787). Wien 2010

Ammerer/Adomeit 2010 = Ammerer, Gerhard/Adomeit, Friedrich, „Armesünderblätter". In: Härter/Sälter/Wiebel (Hg.) 2010, S. 271–308

Ammerer/Bretschneider/Weiß (Hg.) 2003 = Gefängnis und Gesellschaft. Zur (Vor-)Geschichte der strafenden Einsperrung, hg. von Gerhard Ammerer, Falk Bretschneider und Alfred Stefan Weiß (= Comparativ 13, Heft 5/6). Leipzig 2003

Ammerer/Brunhart/Scheutz/Weiß (Hg.) 2010 = Orte der Verwahrung: Die innere Organisation von Gefängnissen, Hospitälern und Klöstern seit dem Spätmittelalter, hg. von Gerhard Ammerer, Arthur Brunhart, Martin Scheutz und Alfred Stefan Weiß. Leipzig 2010

Ammerer/Fritz (Hg.) 2013 = Die Gesellschaft der Nichtsesshaften. Zur Lebenswelt vagierender Schichten vom 16. bis zum 19. Jahrhundert: Beiträge der Tagung vom 29. und 30. September 2011 im Kriminalmuseum Rothenburg ob der Tauber, hg. von Gerhard Ammerer und Gerhard Fritz. Affalterbach 2013

Archiv des Criminalrechts, hg. von Ernst Ferdinand Klein und Gallus Aloys Kleinschrod, Bd. 1–7 (1799–1807)

Archivdatenbank Criminalia, Institut für Stadtgeschichte Frankfurt am Main, online: http://www.ifaust.de/isg/zeig.FAU?sid=C028E97620&dm=1&ind=1&ipos=Criminalia

Ausführliche und Warhafftige Beschreibung 1671 = Ausführliche und Warhafftige Beschreibung, wie es mit denen Criminal-Prozessen und darauf erfolgten Executionen, wider die drey Grafen Frantzen Nadaßdi, Peter von Zrin und Frantz Christophen Frangepan eigentlich hergangen. Nürnberg 1671

Bambergensis 1507 = Bambergische Halßgerichts vnd Rechtlich ordnung, in[n] peinlichen sachen zu volnfarn. Allen Stetten, Communen, Regimenten, Amptleuten, Vögten, Verwesern, Schultheyßen, Schöffen, vnd Richtern, dienstlich, fürderlich vnd behülfflich, darnach zu handeln vnd rechtsprechen, gantz gleichförmig gemeynen geschriben Rechten [...]. Mainz 1531

Bauer 1996 = Bauer, Andreas, Das Gnadenbitten in der Strafrechtspflege des 15. und 16. Jahrhunderts. Frankfurt am Main 1996

https://doi.org/10.1515/9783110379808-009

Baumann/Westphal/Wendehorst/Ehrenpreis (Hg.) 2001 = Prozessakten als Quelle. Neue Ansätze zur Erforschung der höchsten Gerichtsbarkeit im Alten Reich, hg. von Anette Baumann, Siegrid Westphal, Stephan Wendehorst und Stefan Ehrenpreis. Köln 2001

Becker 2001 = Becker, Monika, Kriminalität, Herrschaft und Gesellschaft im Königreich Württemberg. Ein Beitrag zur historischen Kriminologie unter Berücksichtigung von Normen- und Sozialgeschichte in Württemberg von 1830 bis 1848. Freiburg 2001

Becker 2005 = Becker, Peter, Dem Täter auf der Spur. Eine Geschichte der Kriminalistik. Darmstadt 2005

Behringer 1990 = Behringer, Wolfgang, Mörder, Diebe, Ehebrecher. Verbrechen und Strafen in Kurbayern vom 16. bis 18. Jahrhundert. In: Dülmen (Hg.) 1990, S. 85–132

Behringer 1996 = Behringer, Wolfgang, Gegenreformation als Generationenkonflikt oder: Verhörsprotokolle und andere administrative Quellen zur Mentalitätsgeschichtliche. In: Schulze 1996, S. 275–293

Behrisch 2005 = Behrisch, Lars, Städtische Obrigkeit und Soziale Kontrolle. Görlitz 1450–1600. Epfendorf/Neckar 2005

Bellabarba/Schwerhoff/Zorzi (Hg.) 2001 = Criminalità e giustizia in Germania e in Italia. Pratiche giudiziarie e linguaggi giuridici tra tardo Medioevo ed età moderna / Kriminalität und Justiz in Deutschland und Italien. Rechtspraktiken und gerichtliche Diskurse in Spätmittelalter und Früher Neuzeit, hg. von Marco Bellabarba, Gerd Schwerhoff und Andrea Zorzi. Bologna/Berlin 2001

Bendlage 2003 = Bendlage, Andrea, Henkers Hetzbruder. Das Strafverfolgungspersonal der Reichsstadt Nürnberg im 15. und 16. Jahrhundert. Konstanz 2003

Berding/Klippel/Lottes (Hg.) 1999 = Kriminalität und abweichendes Verhalten. Deutschland im 18. und 19. Jahrhundert, hg. von Helmut Berding, Diethelm Klippel und Günther Lottes. Göttingen 1999

Bierbrauer 1758 = Bierbrauer, Johann Jakob, Beschreibung derer berüchtigten Jüdischen Diebes, Mörder- und Rauber-Banden [...] vornemlich [in] hiesigen hochfürstl., sodann auch denen umliegenden Landen und Städten. Kassel 1758

Bilgenroth-Barke 2010 = Bilgenroth-Barke, Heike, Kriminalität und Zahlungsmoral im 16. Jahrhundert. Der Alltag in Duderstadt im Spiegel des Strafbuches. Göttingen 2010

Birr 2002a = Birr, Christiane, Konflikt und Strafgericht. Der Ausbau der Zentgerichtsbarkeit der Würzburger Fürstbischöfe zu Beginn der frühen Neuzeit. Köln 2002

Birr 2002b = Birr, Christiane, „und sollen die geringste Rug nit verschweigen". Beobachtungen zu Rügepflicht und Zentzuständigkeit. In: Schlosser/Sprandel/Willoweit (Hg.) 2002, S. 207–226

Bitter 2013 = Bitter, Albrecht von, Das Strafrecht des Preußischen Allgemeinen Landrechts von 1794 vor dem ideengeschichtlichen Hintergrund seiner Zeit. Baden-Baden 2013

Blasius 1996 = Blasius, Dirk, Strafrechtsreform und Kriminalpolitik in Preußen 1794–1848. In: Politischer Wandel, Gesellschaft und Kriminalitätsdiskurse. Beiträge zur interdisziplinären wissenschaftlichen Kriminologie. Festschrift für Fritz Sack zum 65. Geburtstag, hg. von Trutz von Trotha. Baden-Baden 1996, S. 223–235

Blauert 2000 = Blauert, Andreas, Das Urfehdewesen im deutschen Südwesten im Spätmittelalter und in der frühen Neuzeit. Tübingen 2000

Blauert/Schwerhoff (Hg.) 1993 = Mit den Waffen der Justiz. Zur Kriminalitätsgeschichte des Spätmittelalters und der Frühen Neuzeit, hg. von Andreas Blauert und Gerd Schwerhoff. Frankfurt am Main 1993

Blauert/Schwerhoff (Hg.) 2000 = Kriminalitätsgeschichte. Beiträge zur Sozial- und Kulturgeschichte der Vormoderne, hg. von Andreas Blauert und Gerd Schwerhoff. Konstanz 2000

Blauert/Wiebel 2001 = Blauert, Andreas und Wiebel, Eva, Gauner- und Diebslisten: Registrieren, Identifizieren und Fahnden im 18. Jahrhundert. Mit einem Repertorium gedruckter südwestdeutscher, schweizerischer und österreichischer Listen sowie einem Faksimile der Schäffer'schen oder Sulzer Liste von 1784. Frankfurt am Main 2001

Blickle 2001 = Blickle, Renate, Denunziation. Das Wort und sein historisch-semantisches Umfeld: Delation, Rüge, Anzeige. In: Hohkamp/Ulbrich (Hg.) 2001, S. 25–59

Blumblacher 1704 = Blumblacher, Christoph, Commentarius In Käyser Carl deß Fünfften, und deß H. Röm. Reichs Halsgerichts-Ordnung [...]. Salzburg 1704

Boehm 1940–1942 = Boehm, Ernst, Der Schöppenstuhl zu Leipzig und der sächsische Inquisitionsprozeß im Barockzeitalter. Wichtige rechtskundliche Quellen in der Leipziger Universitäts-Bibliothek. In: Zeitschrift für die gesamte Strafrechtswissenschaft 59 (1940), S. 371–410 und 620–639; 60 (1941), S. 155–249; 61 (1942), S. 300–403

Boehncke/Sarkowicz (Hg.) 1991 = Die deutschen Räuberbanden. In Originaldokumenten, hg. von Heiner Boehncke und Hans Sarkowicz, 3 Bde. Frankfurt am Main 1991

Boes 2013 = Boes, Maria. Crime and punishment in early modern Germany: Courts and adjudicatory practices in Frankfurt am Main, 1562–1696. Farnham 2013

Böhmer 1732 = Böhmer, Johann Samuel Friedrich von, Elementa Ivrisprvdentiae Criminalis In Vsvm Avditorii Commoda Methodo Adornata. Halle/Magdeburg 1732

Böhmer 1770 = Böhmer, Johann Samuel Friedrich von: Meditationes in constitutionem criminalem Carolinam. Halle 1770

Böhmer 1816 = Böhmer, Georg Wilhelm, Handbuch der Litteratur des Criminalrechts in seinen allgemeinen Beziehungen mit besondrer Rücksicht auf Criminalpolitik nebst wissenschaftlichen Bemerkungen. Göttingen 1816

Böker/Houswitschka (Hg.) 1996 = Literatur, Kriminalität und Rechtskultur im 17. und 18. Jahrhundert. Tagung am 17. und 18. Juni 1994 an der Technischen Universität Dresden, hg. von Uwe Böker und Christoph Houswitschka. Essen 1996

Boldt 1936 = Boldt, Gottfried, Johann Samuel Friedrich von Böhmer und die gemeinrechtliche Strafrechtswissenschaft. Berlin u. a. 1936

Borck (Hg.) 2002 = „Unrecht und Recht. Kriminalität und Gesellschaft im Wandel von 1500–2000". Gemeinsame Landesausstellung der rheinland-pfälzischen und saarländischen Archive. Wissenschaftlicher Begleitband, hg. von Heinz-Günther Borck. Koblenz 2002

Brachtendorf 2003 = Brachtendorf, Ralf, Konflikte, Devianz, Kriminalität. Justiznutzung und Strafpraxis in Kurtrier im 18. Jahrhundert am Beispiel des Amts Cochem. Marburg 2003

Brauneder 1987 = Brauneder, Wilhelm, Das Strafrecht in den österreichischen Polizeiordnungen des 16. Jahrhunderts. In: Wege europäischer Rechtsgeschichte. Karl Kroeschell zum 60. Geburtstag [...], hg. von Gerhard Köbler. Frankfurt am Main 1987, S. 1–28

Breit 1991 = Breit, Stefan, „Leichtfertigkeit" und ländliche Gesellschaft. Voreheliche Sexualität in der frühen Neuzeit. München 1991

Bretschneider (Hg.) 2007 = Der Kriminelle. Deutsch-französische Perspektiven, hg. von Falk Bretschneider. Leipzig 2007

Bretschneider 2008 = Bretschneider, Falk, Gefangene Gesellschaft. Eine Geschichte der Einsperrung in Sachsen im 18. und 19. Jahrhundert. Konstanz 2008

Brich 2006 = Brich, Christian, Criminalrecht und Criminaljustiz in Süd- und Neuostpreussen 1793–1806/07. Herbolzheim 2006

Brunnemann 1717 = Brunnemann, Johann, Inqvisition-Proceß. Ehemals Denen, welche mit Peinlichen Sachen umbzugehen pflegen, zum Besten geschrieben, Anitzo aber Mit allem Fleiß ins Teutsche übersetzet [...]. Frankfurt am Main/Leipzig 1717

Bruns 1994 = Bruns, Silvin, Zur Geschichte des Inquisitionsprozesses, Der Beschuldigte im Verhör nach Abschaffung der Folter. Hagen/Westf. 1994

BStAW KA = Bayerisches Staatsarchiv Würzburg, Mainzer Regierungsarchiv, Kriminalakten 1–3033

Burghartz 1999 = Burghartz, Susanna, Zeiten der Reinheit- Orte der Unzucht. Ehe und Sexualität in Basel während der frühen Neuzeit. Paderborn 1999

Burghartz 2002 = Burghartz, Susanna, Historische Anthropologie/Mikrogeschichte. In: Eibach/ Lottes (Hg.) 2002, S. 206–218

Burret 2010 = Burret, Gianna, Der Inquisitionsprozess im Laienspiegel des Ulrich Tengler. Rezeption des gelehrten Rechts in der städtischen Rechtspraxis. Köln u. a. 2010

Buschmann (Hg.) 1998 = Textbuch zur Strafrechtsgeschichte der Neuzeit. Die klassischen Gesetze, hg. von Arno Buschmann. München 1998

Carolina 1533 = Des allerdurchleuchtigsten großmechtigste[n] vnüberwindtlichsten Keyser Karls des fünfften: vnnd des heyligen Römischen Reichs peinlich gerichtsordnung, auff den Reichsztägen zu Augspurgk vnd Regenspurgk, in[n] jaren dreissig, vn[d] zwey vnd dreisssig gehalten, auff- gericht vnd beschlossen. Mainz 1533

Carolina 1975 = Die Peinliche Gerichtsordnung Kaiser Karls V. von 1532 (Carolina), 6. Aufl., hg. von Arthur Kaufmann. Stuttgart 1975

Carolina 2000 = Die peinliche Gerichtsordnung Kaiser Karls V. und des Heiligen Römischen Reichs von 1532 (Carolina), hg. und erläutert von Friedrich-Christian Schroeder. Stuttgart 2000

Carpzov 1635 = Carpzov, Benedict, Practica nova imperialis Saxonica rerum criminalium. Wittenberg 1635 (weitere Auflagen 1646, 1652, 1658, 1665, 1677, 1684, 1695, 1709, 1739; Nachdruck mit einem Vorw. von Dietrich Oehler, Goldbach 1996)

Carpzov 1638 = Carpzov, Benedict, Peinlicher Sächsischer Inquisition- und Achts-Prozeß / Darauß zu vernehmen/ Wann/ wie/ und welcher gestalt von der Obrigkeit ex officio wider die De- linqventen und Verbrechere zu inqviriren […]. Frankfurt am Main/Leipzig 1638

Carrach 1776 = Carrach, Johann Tobias, Kurze Anweisung zum Prozeß. Halle 1776

Claproth 1756 = Claproth, Justus, Grundsätze von Verfertigung der Relationen aus Gerichts-Acten. Zum Gebrauch der Vorlesungen […]. Göttingen 1756

Claproth 1769 = Claproth, Justus, Grundsätze von Verfertigung und Abnahme der Rechnungen, von Rescripten und Berichten, von Memorialien und Resolutionen […], 2. Aufl. Göttingen 1769

Codex Juris Bavarici Criminalis De Anno MDCCLI. München 1751

Cohen 1993 = Cohen, Stanley, Visions of Social Control. Crime, Punishment and Classification, zweite Aufl. Cambridge 1993

Coing (Hg.) 1976/77 = Handbuch der Quellen und Literatur der neueren europäischen Privatrechts- geschichte, hg. von Helmut Coing, Bd. 2: Neuere Zeit (1500–1800). Das Zeitalter des Gemeinen Rechts, 2 Teilbde. München 1976/77

Crime, Histoire & Sociétés/Crime, History & Societies, hg. von der International Association for the History of Crime and Criminal Justice, Genf 1997–2017, online: http://chs.revues.org/

Dainat 2009 = Dainat, Holger, Räuber im Oktavformat: Über die printmediale Aufbereitung von Kriminalität im 18. Jahrhundert. In: Habermas/Schwerhoff (Hg.) 2009, S. 339–366

Dainat 2010 = Dainat, Holger, Gespräche im Reiche der Toten unter den Spitzbuben. Literarische Bilder krimineller Karrieren im frühen 18. Jahrhundert. In: Härter/Sälter/Wiebel (Hg.) 2010, S. 309–340

Damhouder 1554 = Damhouder, Joos de, Praxis rerum criminalium. Antwerpen 1554. Deutsche Ausgabe: Gründlicher Bericht vnd Anweisung, Welcher massen in Rechtfärtigung Peinlicher sachen, nach gemeynen beschribenen Rechten, vor vnd in Gerichten ordentlich zuhandeln. Frankfurt am Main 1565

Danker 1988 = Danker, Uwe, Räuberbanden im Alten Reich um 1700. Ein Beitrag zur Geschichte von Herrschaft und Kriminalität in der Frühen Neuzeit. Frankfurt am Main 1988

Davis 1987 = Davis, Natalie Zemon, Fiction in the Archives: Pardon Tales and Their Tellers in Sixteenth-Century France. Stanford 1987

De Benedictis/Härter (Hg.) 2013 = Revolten und politische Verbrechen zwischen dem 12. und 19. Jahrhundert. Rechtliche Reaktionen und juristisch-politische Diskurse / Revolts and Political Crime from the 12th to the 19th Century. Legal Responses and Juridical-Political Discourses, hg. von Angela De Benedictis und Karl Härter unter redaktioneller Mitarbeit von Tina Hannappel und Thomas Walter. Frankfurt am Main 2013

Deutsch (Hg.) 2011 = Ulrich Tenglers Laienspiegel. Ein Rechtsbuch zwischen Humanismus und Hexenwahn, hg. von Andreas Deutsch. Heidelberg 2011

Dinges 1992 = Dinges, Martin, Frühneuzeitliche Justiz. Justizphantasien als Justiznutzung am Beispiel von Klagen bei der Pariser Polizei im 18. Jahrhundert. In: Mohnhaupt/Simon (Hg.) 1992, S. 269–292

Dinges 1996 = Dinges, Martin, Michel Foucault's Impact on the German Historiography of Criminal Justice, Social Discipline, and Medicalization. In: Institutions of Confinement. Hospitals, Asylums, and Prisons in Western Europe and North America, 1500–1950, hg. von Norbert Finzsch und Robert Jütte. Cambridge 1996, S. 155–174

Dinges 2000 = Dinges, Martin, Justiznutzungen als soziale Kontrolle. In: Blauert/Schwerhoff (Hg.) 2000, S. 503–544

Dölemeyer (Hg.) 1995 = Repertorium ungedruckter Quellen zur Rechtsprechung. Deutschland 1800–1945, hg. von Barbara Dölemeyer, 2 Bde. Frankfurt am Main 1995

Dolezalek 1998 = Dolezalek, Gero, Suppliken. In: HRG, 1. Aufl., Bd. V, Sp. 94–97

Döpler 1693/1697 = Döpler, Jacob, Theatrum Poenarum, Suppliciorum Et Executionum Criminalium […], 2 Bde. Sondershausen 1693 / Leipzig 1697

Dorn 2002 = Dorn, Franz, Zur Entwicklung der Strafrechtswissenschaft in Deutschland. In: Borck (Hg.) 2002, S. 168–209

DRQEdit = Deutschsprachige Rechtsquellen in digitaler Edition, online: http://drw-www.adw.uni-heidelberg.de/drqedit-cgi/zeige

DRW = Deutsches Rechtswörterbuch. Wörterbuch der älteren deutschen Rechtssprache. Hrsg. von der Preußischen Akademie der Wissenschaften. Weimar 1914 ff., online: http://drw-www.adw. uni-heidelberg.de/drw-cgi/zeige

Dubber/Hörnle (Hg.) 2014 = The Oxford Handbook of Criminal Law, hg. von Markus D. Dubber und Tatjana Hörnle. Oxford 2014

Dülmen (Hg.) 1990 = Verbrechen, Strafen und soziale Kontrolle. Studien zur historischen Kulturforschung III, hg. von Richard van Dülmen. Frankfurt am Main 1990

Dülmen 1988 = Dülmen, Richard van, Theater des Schreckens. Gerichtspraxis und Strafrituale in der frühen Neuzeit. München, 3. Aufl. 1988

Eibach 1996 = Eibach, Joachim, Kriminalitätsgeschichte zwischen Sozialgeschichte und Historischer Kulturforschung. In: Historische Zeitschrift 263 (1996), S. 681–715

Eibach 2001 = Eibach, Joachim, Recht – Kultur – Diskurs. Nullum Crimen sine Scientia. In: Zeitschrift für Neuere Rechtsgeschichte 23 (2001), S. 102–120

Eibach 2003 = Eibach, Joachim, Frankfurter Verhöre. Städtische Lebenswelten und Kriminalität im 18. Jahrhundert. Paderborn 2003

Eibach 2004 = Eibach, Joachim, Städtische Strafjustiz als konsensuale Praxis: Frankfurt a. M. im 17. und 18. Jahrhundert. In: Interaktion und Herrschaft. Die Politik der frühneuzeitlichen Stadt, hg. von Rudolf Schlögl. Konstanz 2004, S. 181–214

Eibach/Lottes (Hg.) 2002 = Kompass der Geschichtswissenschaft, hg. von Joachim Eibach und Günther Lottes. Göttingen 2002

Einert 1737 = Einert, Paul Nicol., Entdeckter Jüdischer Baldober, Oder Sachsen-Coburgische Acta Criminalia Wider eine Jüdische Diebs- und Rauber-Bande [...]. Coburg 1737

Emsley/McDougall (Hg.) 2018 = A Global History of Crime and Punishment, hg. von Clive Emsley und Sara McDougall. London 2018 [im Druck]

Eriksson/Krug-Richter (Hg.) 2003 = Streitkulturen. Gewalt, Konflikt und Kommunikation in der ländlichen Gesellschaft (16.–19. Jahrhundert), hg. von Magnus Eriksson und Barbara Krug-Richter. Köln 2003

Evans 1996 = Evans, Richard J., Rituals of Retribution. Capital punishment in Germany 1600–1987. Oxford 1996

Falk 2000 = Falk, Ulrich, Zur Geschichte der Strafverteidigung. Aktuelle Beobachtungen und rechtshistorische Grundlagen. In: Zeitschrift der Savigny-Stiftung für Rechtsgeschichte, Germanistische Abteilung 117 (2000), S. 395–449

Falk 2006 = Falk, Ulrich, Consilia. Studien zur Praxis der Rechtsgutachten in der frühen Neuzeit. Frankfurt am Main 2006

Farinacius 1622 = Farinacius, Prosper, Praxis et theoricae criminalis [...]. Frankfurt am Main 1622

Faßmann 1718–1739 = Faßmann, David, Gespräche in dem Reiche derer Todten. Leipzig 1718–1739

Ferdinandea 1656 = Ferdinandi III. [...] newe peinliche Landtgerichts-Ordnung in Österreich unter der Ennß vom 30. December 1656. Wien 1657

Fleck 2003 = Die Mainzer Voruntersuchungsakten gegen die Schinderhannes-Bande (CD Rom Edition), bearb. v. Udo Fleck. Trier 2003

Foucault 1976 = Foucault, Michel, Überwachen und Strafen. Die Geburt des Gefängnisses. Frankfurt am Main 1976

Frank 1995 = Frank, Michael, Dörfliche Gesellschaft und Kriminalität. Das Fallbeispiel Lippe 1650–1800. Paderborn u. a. 1995

Franke 2013 = Franke, Ellen, Von Schelmen, Schlägern, Schimpf und Schande. Kriminalität in einer frühneuzeitlichen Kleinstadt – Strasburg in der Uckermark. Köln u. a. 2013

Frankfurt 1509 = Reformacion der Stat Franckenfort am Meine des heiligen Romischen Richs Cammer anno 1509. Mit Einleitung, bibliographischen Hinweisen und Sachregister [...] hg. von Gerhard Köbler. Gießen 1984

Fritz 2004 = Fritz, Gerhard, Eine Rotte von allerhandt rauberischem Gesindt. Öffentliche Sicherheit in Südwestdeutschland vom Ende des Dreißigjährigen Krieges bis zum Ende des Alten Reiches. Ostfildern 2004

Fritz 2006 = Fritz, Gerhard, Quellen zur Geschichte der öffentlichen Sicherheit in Südwestdeutschland zwischen 1648 und 1806. Remshalden 2006

Fritz 2010 = Fritz, Gerhard, Sicherheitsdiskurse im Schwäbischen Kreis im 18. Jahrhundert. In: Härter/Sälter/ Wiebel (Hg.) 2010, S. 223–269

Fritz 2013 = Fritz, Gerhard, Bettler und Vaganten in Südwestdeutschland im späten 18. Jahrhundert nach Johann Ulrich Schölls „Abriß des Jauner und Bettelwesens in Schwaben". In: Ammerer/ Fritz (Hg.) 2013, S. 53–74

Frölich von Frölichsburg 1709 = Frölich von Frölichsburg, Johann Christoph, Commentarius in Kayser Carl deß Fünfften und deß H. Röm. Reichs Peinliche Hals-Gerichts-Ordnung. Innsbruck 1709 (Ulm 1733, Frankfurt/Leipzig 1759)

Fuchs/Schulze 2002 = Fuchs, Ralf-Peter, Schulze, Winfried, Zeugenverhöre als historische Quellen – einige Vorüberlegungen. In: Wahrheit, Wissen, Erinnerung, hg. von Ralf-Peter Fuchs und Winfried Schulze. Münster u. a. 2002, S. 7–40

Gehrke 1972 = Gehrke, Heinrich, Die Rechtsprechungs- und Konsilienliteratur Deutschlands bis zum Ende des alten Reichs. Bamberg 1972

Gehrke 1976/77 = Gehrke, Heinrich, Deutsches Reich, Rechtsprechungssammlungen. In: Coing (Hg.) 1976/77, Bd. II/2, S. 312–435

Gehrke 2012 = Gehrke, Heinrich, Konsilien, Konsiliensammlungen. In: HRG, 2. Aufl., Bd. II, Sp. 117–121

Gersmann 2000 = Gersmann, Gudrun, Konflikte, Krisen, Provokationen im Fürstbistum Münster. Kriminalgerichtsbarkeit im Spannungsfeld zwischen adeliger und landesherrlicher Justiz. In: Blauert/Schwerhoff (Hg.) 2000, S. 423–446

Gersmann 2003 = Gersmann, Gudrun, Zwischen adeligen Instrumentalisierungsversuchen und landesherrlichen Verwaltungsreformen: Strafjustiz im frühneuzeitlichen Fürstbistum Münster. In: Rudolph/Schnabel-Schüle (Hg.) 2003, S. 467–489

Gerstenmayer 2013 = Gerstenmayer, Christina, Spitzbuben und Erzbösewichter. Räuberbanden in Sachsen zwischen Strafverfolgung und medialer Repräsentation. Konstanz/München 2013

Geus 2002 = Geus, Elmar, Mörder, Diebe, Räuber. Historische Betrachtung des deutschen Strafrechts von der Carolina bis zum Reichsstrafgesetzbuch. Berlin 2002

Gleixner 1994 = Gleixner, Ulrike, „Das Mensch" und „der Kerl". Die Konstruktion von Geschlecht in Unzuchtsverfahren der Frühen Neuzeit (1700–1760). Frankfurt am Main u. a. 1994

Göbler 1543 = Göbler, Justin, De Capitalibus Iudiciis Constitutio. Basel 1543 (ND Goldbach 2000)

Greve 2004 = Greve, Ylva, Verbrechen und Krankheit. Die Entdeckung der »Criminalpsychologie« im 19. Jahrhundert. Köln 2004

Griesebner 2000 = Griesebner, Andrea, Konkurrierende Wahrheiten. Malefizprozesse vor dem Landgericht Perchtoldsdorf im 18. Jahrhundert. Wien u. a. 2000

Griesebner/Hehenberger 2008 = Griesebner, Andrea und Hehenberger, Susanne, Entscheidung über Leib und Leben. Rechtsgutachter in frühneuzeitlichen Malefizprozessen im Erzherzogtum Österreich. In: Kästner/Kesper-Biermann (Hg.) 2008, S. 17–32

Griesebner/Mommertz 2000 = Griesebner, Andrea und Mommertz, Monika, Fragile Liebschaften? Methodologische Anmerkungen zum Verhältnis zwischen historischer Kriminalitätsforschung und Geschlechtergeschichte. In: Blauert/Schwerhoff (Hg.) 2000, S. 205–232

Griesebner/Scheutz/Weigl (Hg.) 2002 = Justiz und Gerechtigkeit. Historische Beiträge (16.–19. Jahrhundert), hg. von Andrea Griesebner, Martin Scheutz und Herwig Weigl. Innsbruck 2002

Griesebner/Tschannett (Hg.) 2010 = Ermitteln, Fahnden und Strafen. Kriminalitätshistorische Studien vom 16. bis zum 19. Jahrhundert, hg. von Andrea Griesebner und Georg Tschannett. Wien 2010

Grimm 1840–1878 = Grimm, Jacob (Hg.), Weisthümer, Bd. 1–7. Göttingen u. a. 1840–1878 (ND Hildesheim u. a. 2000)

Groebner 2004 = Groebner, Valentin, Der Schein der Person. Steckbrief, Ausweis und Kontrolle im Mittelalter. München 2004

Gruber 2010 = Gruber, Stephan, Steckbrieflich gesucht. Behördliche Fahndung in der Habsburgermonarchie im 18. Jahrhundert. In: Griesebner/Tschannett (Hg.) 2010, S. 251–278

Grupen 1754 = Grupen, Christian Ulrich, Observatio iuris criminalis de applicatione tormentorum, insbesondere im Schnüren-Anfang und in vollen Schnüren […]. Hannover 1754

Gubler 2015 = Gubler, Kaspar, Strafjustiz im Spätmittelalter im Südwesten des Reichs. Schaffhausen und Konstanz im Vergleich. Zürich 2015

Guggenberger 1722/1731 = Guggenberger, Vitum, Processe und vortreffliche Gutachten in Criminalibus. Darinnen der ganze Inquisitions-Proces, Captur, Examination, Confrantation, Tortur, Bekanntnuß und Ratification derselben […]. Augsburg 1722 (Augsburg 1731)

Guthke 2009 = Guthke, Thorsten, Die Herausbildung der Strafklage. Exemplarische Studien anhand deutscher, französischer und flämischer Quellen. Köln u. a. 2009

Häberlein (Hg.) 1999 = Devianz, Widerstand und Herrschaftspraxis in der Vormoderne. Studien zu Konflikten im südwestdeutschen Raum. 15.–18. Jahrhundert, hg. von Mark Häberlein. Konstanz 1999

Habermas 2002 = Habermas, Rebekka, Frauen- und Geschlechtergeschichte. In: Eibach/Lottes (Hg.) 2002, S. 231–245

Habermas 2003 = Habermas, Rebekka, Von Anselm von Feuerbach zu Jack the Ripper. Recht und Kriminalität im 19. Jahrhundert. Ein Literaturbericht. In: Rechtsgeschichte 3 (2003), S. 128–163

Habermas 2008 = Habermas, Rebekka, Diebe vor Gericht. Die Entstehung der modernen Rechtsordnung im 19. Jahrhundert. Frankfurt am Main 2008

Habermas 2009 = Habermas, Rebekka, Rechts- und Kriminalitätsgeschichte revisited – ein Plädoyer. In: Habermas/Schwerhoff (Hg.) 2009, S. 19–41

Habermas/Hommen (Hg.) 1999 = Das Frankfurter Gretchen: Der Prozeß gegen die Kindsmörderin Susanna Margaretha Brandt, hg. von Rebekka Habermas und Tanja Hommen. München 1999

Habermas/Schwerhoff (Hg.) 2009 = Verbrechen im Blick. Perspektiven der neuzeitlichen Kriminalitätsgeschichte, hg. von Rebekka Habermas und Gerd Schwerhoff. Frankfurt am Main 2009

Hägermann 2002 = Hägermann, Melanie Julia, Das Strafgerichtswesen im kurpfälzischen Territorialstaat. Entwicklungen der Strafgerichtsbarkeit in der Kurpfalz, dargestellt anhand von ländlichen Rechtsquellen aus vier rechtsrheinischen Zenten. Würzburg 2002

Hahn 1989 = Hahn, Peter-Michael, Die Gerichtspraxis der altständischen Gesellschaft im Zeitalter des Absolutismus. Die Gutachtertätigkeit der Helmstedter Juristenfakultät für die brandenburgisch-preußischen Territorien 1675–1710. Berlin 1989

Halsgerichtsordnung 1516 = Brandenburgische halßgerichtsordnung. Nürnberg 1516

Halsgerichtsordnung 1535 = Heßische halßgerichtsOrdnung in peinlichen sachen zu volnfarn, allen Amptleuten, Vögten, Schultheyszen, Schöffen und Richtern dienstlich, fürderlich und behülfflich, darnach zu handeln und recht zusprechen. Mainz 1535

Harms 1985–1997 = Harms, Wolfgang, Deutsche illustrierte Flugblätter des 16. und 17. Jahrhunderts, Bd. 1–7. Tübingen 1985–1997

Harpprecht 1746 = Harpprecht, Georg Friderich, Decisiones criminales potissimam partem nomine inclute facultatis juris Tubingensis conscriptae. Tübingen 1746

Harsdörffer 1649/50 = Harsdörffer, Georg Philipp, Der Grosse SchauPlatz Jämerlicher Mordgeschichte […], Bd. 1–4. Hamburg 1649/50

Härter 1993 = Härter, Karl, Entwicklung und Funktion der Policeygesetzgebung des Heiligen Römischen Reiches Deutscher Nation im 16. Jahrhundert. In: Ius Commune 20 (1993), S. 61–141

Härter 1996a = Härter, Karl, Bettler – Vaganten – Deviante: Ausgewählte Neuerscheinungen zu Armut, Randgruppen und Kriminalität im frühneuzeitlichen Europa. In: Ius Commune 23 (1996), S. 281–321

Härter 1996b = Härter, Karl, Regionale Strukturen und Entwicklungslinien frühneuzeitlicher Strafjustiz in einem geistlichen Territorium: die Kurmainzer Cent Starkenburg. In: Archiv für Hessische Geschichte und Altertumskunde 54 (1996), S. 111–163

Härter 1998 = Härter, Karl, Kontinuität und Reform der Strafjustiz zwischen Reichsverfassung und Rheinbund. In: Reich oder Nation? Mitteleuropa 1780–1815, hg. von Heinz Duchhardt und Andreas Kunz. Mainz 1998, S. 219–278

Härter 1999 = Härter, Karl, Social Control and the Enforcement of Police-Ordinances in Early Modern Criminal Procedure. In: Schilling (Hg.) 1999, S. 39–63

Härter 2000a = Härter, Karl, Strafverfahren im frühneuzeitlichen Territorialstaat: Inquisition, Entscheidungsfindung, Supplikation. In: Blauert/Schwerhoff (Hg.) 2000, S. 459–480

Härter 2000b = Härter, Karl, Zum Verhältnis von Policey und Strafrecht bei Carpzov. In: Jerouschek/Schild/Gropp (Hg.) 2000, S. 181–225

Härter 2000c = Härter, Karl, Sozialdisziplinierung. In: Oldenbourg Geschichte Lehrbuch Frühe Neuzeit, hg. von Anette Völker-Rasor. München 2000, S. 294–299

Härter 2001 = Härter, Karl, Kriminalität und Praxis der Strafjustiz im geistlichen Territorialstaat des Alten Reiches: Sexuelle Delinquenz und Justiznutzung im frühneuzeitlichen Kurmainz. In: Bellabarba/Schwerhoff/Zorzi (Hg.) 2001, S. 101–134

Härter 2002 = Härter, Karl, Von der „Entstehung des öffentlichen Strafrechts" zur „Fabrikation des Verbrechens": Neuere Forschungen zur Entwicklung von Kriminalität und Strafjustiz im frühneuzeitlichen Europa. In: Rechtsgeschichte 1 (2002), S. 159–196

Härter 2002/2005b = Härter, Karl, Negoziare sanzioni e norme: la funzione e il significato delle suppliche nella giustizia penale della prima età moderna. In: Nubola/Würgler (Hg.) 2002, S. 263–305; dt.: Das Aushandeln von Sanktionen und Normen: Zu Funktion und Bedeutung von Supplikationen in der frühneuzeitlichen Strafjustiz. In: Nubola/Würgler (Hg.) 2005, S. 243–274

Härter 2003a = Härter, Karl, Zum Verhältnis von „Rechtsquellen" und territorialen Rahmenbedingungen in der Strafgerichtsbarkeit des 18. Jahrhunderts: Vagabondage und Diebstahl in der Entscheidungspraxis der Kurmainzer Landesregierung. In: Rudolph/Schnabel-Schüle (Hg.) 2003, S. 433–465

Härter 2003b = Härter, Karl, Vom Kirchenasyl zum politischen Asyl: Asylrecht und Asylpolitik im frühneuzeitlichen Alten Reich. In: Das antike Asyl. Kultische Grundlagen, rechtliche Ausgestaltung und politische Funktion, hg. von Martin Dreher. Köln u. a. 2003, S. 301–336

Härter 2004 = Härter, Karl, Reichsgesetzgebung und Reichsrecht. In: Pauser/Scheutz/Winkelbauer (Hg.) 2004, 312–326

Härter 2005a = Härter, Karl, Policey und Strafjustiz in Kurmainz. Gesetzgebung, Normdurchsetzung und Sozialkontrolle im frühneuzeitlichen Territorialstaat. Frankfurt am Main 2005

Härter 2006 = Härter, Karl, Das Recht des Alten Reiches: Reichsherkommen, Reichsgesetzgebung und „gute Policey". In: Lesebuch Altes Reich, hg. von Stephan Wendehorst und Siegrid Westphal. München 2006, S. 87–94

Härter 2007 = Härter, Karl, Policeygesetzgebung und Strafrecht: Criminalpoliceyliche Ordnungsdiskurse und Strafjustiz in der Frühen Neuzeit. In: Kesper-Biermann/Klippel (Hg.) 2007, S. 189–210

Härter 2008a = Härter, Karl, Strafen mit und neben der Zentralgewalt: Pluralität und Verstaatlichung des Strafens in der Frühen Neuzeit. In: Vergeltung. Eine interdisziplinäre Betrachtung der Rechtfertigung und Regulation von Gewalt, hg. von Günther Schlee und Bertram Turner. Frankfurt am Main/New York 2008, S. 105–126

Härter 2008b = Härter, Karl, Praxis, Formen, Zwecke und Intentionen des Strafens zwischen Aufklärung und Rheinbundreformen (1770–1815): das Beispiel Kurmainz/Großherzogtum Frankfurt. In: Schulze/Vormbaum/Schmidt/Willenberg (Hg.) 2008, S. 213–231

Härter 2008c = Härter, Karl, Gaunertum. In: HRG, 2. Aufl., Bd. II, Sp. 1947–1953

Härter 2009a = Härter, Karl, Die Entwicklung des Strafrechts in Mitteleuropa 1770–1848: Defensive Modernisierung, Kontinuitäten und Wandel der Rahmenbedingungen. In: Habermas/Schwerhoff (Hg.) 2009, S. 71–107

Härter 2009b = Härter, Karl, Polizei. In: Enzyklopädie der Neuzeit, hg. von Friedrich Jaeger, Bd. 10. Stuttgart 2009, Sp. 170–180

Härter 2010 = Härter, Karl, Criminalbildergeschichten: Verbrechen, Justiz und Strafe in illustrierten Einblattdrucken der Frühen Neuzeit. In: Härter/Sälter/Wiebel (Hg.) 2010, S. 25–88

Härter 2011a = Härter, Karl, Die Folter als Instrument policeylicher Ermittlung im inquisitorischen Untersuchungs- und Strafverfahren des 18. und 19. Jahrhunderts. In: Altenhain/Willenberg (Hg.) 2011, S. 83–114

Härter 2011b = Härter, Karl, Die Reichskreise als transterritoriale Ordnungs- und Rechtsräume: Ordnungsnormen, Sicherheitspolitik und Strafverfolgung. In: Wüst/Müller (Hg.) 2011, S. 211–249

Härter 2011c = Härter, Karl, Die Formierung transnationaler Strafrechtsregime: Auslieferung, Asyl und grenzübergreifende Kriminalität im Übergang von gemeinem Recht zum nationalstaatlichen Strafrecht. In: Rechtsgeschichte 18 (2011), S. 36–65

Härter 2011d = Härter, Karl, Policey und Strafjustiz in Entenhausen: Wo steht die Bildergeschichte des öffentlichen Rechts im vormodernen Europa?. In: Rechtsgeschichte 19 (2011), S. 114–129

Härter 2011e = Härter, Karl, Grazia ed equità nella dialettica tra sovranità, diritto e giustizia dal tardo medioevo all'età moderna. In: Härter/Nubola (Hg.) 2011, S. 43–70

Härter 2012 = Härter, Karl, Konfliktregulierung im Umfeld frühneuzeitlicher Strafgerichte: Das Konzept der Infrajustiz in der historischen Kriminalitätsforschung. In: Kritische Vierteljahresschrift für Gesetzgebung und Rechtsprechung 95 (2012), S. 130–144

Härter 2013a = Härter, Karl, The Early Modern Holy Roman Empire of German Nation (1495–1806): A Multi-layered Legal System. In: Law and Empire. Ideas, Practices, Actors, hg. von Jeroen Duindam, Jill Harries, Caroline Humfress und Nimrod Hurvitz. Leiden/Boston 2013, S. 111–131

Härter 2013b = Härter, Karl, Die Sicherheit des Rechts und die Produktion von Sicherheit im frühneuzeitlichen Strafrecht. In: Sicherheit in der Frühen Neuzeit Norm, Praxis, Repräsentation, hg. von Christoph Kampmann und Ulrich Niggemann. Köln u. a. 2013, S. 661–672

Härter 2014a = Härter, Karl, Early Modern Revolts as Political Crimes in the Popular Media of Illustrated Broadsheets. In: From Mutual Observation to Propaganda War. Premodern Revolts in Their Transnational Representations, hg. von Malte Griesse. Bielefeld 2014, S. 309–350

Härter 2014b = Härter, Karl, Feuerbach, das Bayerische Strafgesetzbuch von 1813 und das Polizeistrafrecht. In: Koch/Kubiciel/Löhnig/Pawlik (Hg.) 2014, S. 129–147

Härter 2014c = Härter, Karl, Political crime in early modern Europe: Assassination, legal responses and popular print media. In: European Journal of Criminology 11 (2014), S. 142–168

Härter 2015 = Härter, Karl, Das Heilige Römische Reich deutscher Nation als mehrschichtiges Rechtssystem, 1495–1806. In: Die Anatomie frühneuzeitlicher Imperien. Herrschaftsmanagement jenseits von Staat und Nation: Institutionen, Personal und Techniken, hg. von Stephan Wendehorst. Berlin 2015, S. 327–347

Härter 2016a = Härter, Karl, Images of Dishonoured Rebels and Infamous Revolts: Political Crime, Shaming Punishments and Defamation in the Early Modern Pictorial Media. In: Images of Shame. Infamy, Defamation and the Ethics of oeconomia, hg. von Carolin Behrmann. Berlin/Boston 2016, S. 75–101

Härter 2016b = Härter, Karl, Kriminalität. In: HRG, 2. Aufl., Bd. III, Sp. 271–275

Härter 2017a = Härter, Karl, Grenzübergreifende Kriminalität von Vaganten und Räuberbanden, interterritoriale Strafverfolgung und Landessicherheit im Alten Reich (1648–1806). In: Wüst (Hg.) 2017, S. 19–46

Härter 2017b = Härter, Karl, Violent Crimes and Retaliation in the European Criminal Justice System between the Seventeenth and Nineteenth Century. In: On Retaliation: Towards an Interdisciplinary Understanding of a Basic Human Condition, hg. von Günther Schlee und Bertram Turner. New York/Oxford 2017, S. 101–121

Härter/de Graaf (Hg.) 2012 = Vom Majestätsverbrechen zum Terrorismus: Politische Kriminalität, Recht, Justiz und Polizei zwischen Früher Neuzeit und 20. Jahrhundert, hg. von Karl Härter und Beatrice de Graaf in Zusammenarbeit mit Gerhard Sälter und Eva Wiebel. Frankfurt am Main 2012

Härter/Nubola (Hg.) 2011 = Grazia e giustizia. Figure della clemenza fra tardo medioevo ed età contemporanea, hg. von Karl Härter und Cecilia Nubola. Bologna 2011

Härter/Sälter/Wiebel (Hg.) 2010 = Repräsentationen von Kriminalität und öffentlicher Sicherheit. Bilder, Vorstellungen und Diskurse vom 16. bis zum 20. Jahrhundert, hg. von Karl Härter, Gerhard Sälter und Eva Wiebel. Frankfurt am Main 2010

Härter/Stolleis 1996–2017 = Repertorium der Policeyordnungen der Frühen Neuzeit, hg. von Karl Härter und Michael Stolleis, Bd. 1–12. Frankfurt am Main 1996–2017

Haug-Moritz/Ullmann (Hg.) 2015 = Frühneuzeitliche Supplikationspraxis und monarchische Herrschaft in europäischer Perspektive, hg. von Gabriele Haug-Moritz und Sabine Ullmann. Wien 2015

Hausmann 2002 = Hausmann, Jost, Grundzüge der Strafrechtsgeschichte. In: Borck (Hg.) 2002, S. 3–62

Hehenberger 2006 = Hehenberger, Susanne, Unkeusch wider die Natur. Sodomieprozesse im frühneuzeitlichen Österreich. Wien 2006

Hellbling 1996 = Hellbling, Ernst C., Grundlegende Strafrechtsquellen der österreichischen Erbländer vom Beginn der Neuzeit bis zur Theresiana. Ein Beitrag zur Geschichte des Strafrechts in Österreich, bearb. und hg. von Ilse Reiter. Wien u. a. 1996

Heller 2011 = Heller, Marina, Kriminalitätsbekämpfung im Fränkischen Reichskreis – Grenzüberschreitende Kooperation im Strafvollzug. In: Wüst/Müller (Hg.) 2011, S. 413–442

Heller 2017 = Marina Heller, Kriminalität und Strafverfolgung: Die Quelle der fränkischen Diebeslisten aus dem 18. Jahrhundert. In: Wüst (Hg.) 2017, S. 245–276

Henselmeyer 2002 = Henselmeyer, Ulrich, Ratsherren und andere Delinquenten. Die Rechtsprechungspraxis bei geringfügigen Delikten im spätmittelalterlichen Nürnberg. Konstanz 2002

Heydenreuter 1991 = Heydenreuter, Reinhard, Kreittmayr und die Strafrechtsreform unter Kurfürst Max III. Joseph. In: Wiguläus Xaver Aloys Freiherr von Kreittmayr, 1705–1790, ein Leben für Recht, Staat und Politik. Festschrift zum 200. Todestag, hg. von Richard Bauer und Hans Schlosser. München 1991, S. 37–57

Heydenreuter 2003 = Heydenreuter, Reinhard, Kriminalgeschichte Bayerns. Von den Anfängen bis ins 20. Jahrhundert. Regensburg 2003

Hilgendorf/Weitzel (Hg.) 2007 = Der Strafgedanke in seiner historischen Entwicklung. Ringvorlesung zur Strafrechtsgeschichte und Strafrechtsphilosophie, hg. von Eric Hilgendorf und Jürgen Weitzel. Berlin 2007

Hinckeldey (Hg.) 1989 = Justiz in alter Zeit, hg. von Christoph Hinckeldey. Rothenburg ob der Tauber 1989

Hoffmann 1995 = Hoffmann, Carl A., Strukturen und Quellen des Augsburger reichsstädtischen Strafgerichtswesens in der ersten Hälfte des 16. Jahrhunderts. In: Zeitschrift des Historischen Vereins für Schwaben 88 (1995), S. 57–108

Hohkamp/Ulbrich (Hg.) 2001 = Der Staatsbürger als Spitzel. Denunziation während des 18. und 19. Jahrhunderts aus europäischer Sicht, hg. von Michaela Hohkamp und Claudia Ulbrich. Leipzig 2001

Holenstein 2001 = Holenstein, André, Normen und Praktiken der Anzeige in der Markgrafschaft Baden-Durlach in der zweiten Hälfte des 18. Jahrhunderts. In: Hohkamp/Ulbrich (Hg.) 2001, S. 111–146

Holenstein 2003 = Holenstein, André, „Gute Policey" und lokale Gesellschaft im Staat des Ancien Régime. Das Fallbeispiel Baden(-Durlach), 2 Bde. Tübingen 2003

Holenstein/Konersmann/Pauser/Sälter (Hg.) 2002 = Policey in lokalen Räumen. Ordnungskräfte und Sicherheitspersonal in Gemeinden und Territorien vom Spätmittelalter bis zum frühen

19. Jahrhundert, hg. von André Holenstein, Frank Konersmann, Josef Pauser und Gerhard Sälter. Frankfurt am Main 2002

Holzmann 2001 = Holzmann, Gabriela, Schaulust und Verbrechen. Eine Geschichte des Krimis als Mediengeschichte (1850–1950). Stuttgart u. a. 2001

Hommel 1739 = Hommel, Ferdinand August, Kurtze Anleitung Gerichts-Acta geschickt zu extrahiren, zu referiren und eine Sententz darüber abzufassen. Zum Gebrauch seiner Zuhörer entworfen Leipzig 1739, 7. Aufl. Leipzig 1808

HRG = Handwörterbuch zur deutschen Rechtsgeschichte, hg. von Adalbert Erler und Ekkehard Kaufmann, Bd. I–V, Berlin 1971–1998. 2., völlig überarbeitete und erweiterte Auflage hg. von Albrecht Cordes u. a., Bd. I–III, Berlin 2008, 2012, 2016

Hülle 1998 = Hülle, Werner, Supplikation. In: HRG, 1. Aufl., Bd. V, Sp. 91f.

Ignor 2002 = Ignor, Alexander, Geschichte des Strafprozesses in Deutschland 1532–1846. Von der Carolina Karls V. bis zu den Reformen des Vormärz. Paderborn u. a. 2002

Jablonowski 2002 = Jablonowski, Ulla, Das Rote oder Blutbuch der Dessauer Kanzlei (1542–1584). Im Kontext der Verwaltungs- und Rechtsgeschichte Anhalts im 16. Jahrhundert, Beucha 2002

Jerouschek 1992 = Günter Jerouschek: Die Herausbildung des peinlichen Inquisitionsprozesses im Spätmittelalter und in der frühen Neuzeit. In: Zeitschrift für die gesamte Strafrechtswissenschaft 104 (1992), S. 328–360

Jerouschek 2007 = Jerouschek, Günter, Die Carolina – Antwort auf ein „Feindstrafrecht"?. In: Hilgendorf/Weitzel (Hg.) 2007, S. 79–99

Jerouschek 2010 = Jerouschek, Günter, Sunt hic leones? Zu Fortschritten in der Strafrechtsgeschichte und in der historischen Kriminalitätsforschung. In: Zeitschrift für Neuere Rechtsgeschichte 32 (2010), S. 52–60

Jerouschek/Marssolek/Röckelein (Hg.) 1997 = Denunziation. Historische, juristische und psychologische Aspekte, hg. von Günter Jerouschek, Inge Marssolek und Hedwig Röckelein. Tübingen 1997

Jerouschek/Rüping 1994–1998, 2001, 2006 = Jerouschek, Günter und Rüping, Hinrich, Literaturbericht Strafrechtsgeschichte. In: Zeitschrift für die gesamte Strafrechtswissenschaft 106 (1994), S. 163–183; 107 (1995), S. 171–188; 108 (1996), S. 166–180; 110 (1998), S. 143–165; 113 (2001), S. 369–389; 118 (2006), S. 462–486

Jerouschek/Schild/Gropp (Hg.) 2000 = Benedict Carpzov. Neue Perspektiven zu einem umstrittenen sächsischen Juristen, hg. von Günter Jerouschek, Wolfgang Schild und Walter Gropp. Tübingen 2000

Joly/Vismann/Weitin (Hg.) 2007 = Bildregime des Rechts, hg. von Jean-Baptiste Joly, Cornelia Vismann und Thomas Weitin. Stuttgart 2007

Josephina 1787 = Allgemeines Gesetzbuch über Verbrechen und derselben Bestrafung. Wien 1787

JRA 1654 = Der jüngste Reichsabschied von 1654. Abschied der römisch kais. Majestät und gemeiner Stände, welcher auf dem Reichstag zu Regensburg im Jahr Christi 1654 aufgerichtet ist, hg. von Adolf Laufs. Bern u. a. 1975

Kallenberg 2015 = Kallenberg, Vera. Extrem alltäglich – Jüdinnen und Juden in der Frankfurter Strafgerichtsbarkeit (1780–1814). Darmstadt: Diss. phil. Technische Universität 2015

Kappler 1838 = Kappler, Friedrich, Handbuch der Literatur des Criminalrechts und dessen philosophischer und medizinischer Hülfswissenschaften: für Rechtsgelehrte, Psychologen und gerichtliche Aerzte. Stuttgart 1838

Kästner/Kesper-Biermann (Hg.) 2008 = Experten und Expertenwissen in der Strafjustiz von der Frühen Neuzeit bis zur Moderne, hg. von Alexander Kästner und Sylvia Kesper-Biermann. Leipzig 2008

Kästner/Schwerhoff (Hg.) 2013 = Göttlicher Zorn und menschliches Maß. Religiöse Devianz in frühneuzeitlichen Stadtgemeinschaften, hg. von Alexander Kästner und Gerd Schwerhoff. Konstanz 2013

Keller (Hg.) 1979 = Maister Franntzen Schmidts Nachrichters in Nürnberg all sein Richten. Mit einer neuen Einleitung von W. Leiser, hg. von Albrecht Keller. Neustadt an der Aisch 1979

Kertelhein 2003 = Kertelhein, Arne, Alltag und Kriminalität. Die Brücheregister des Dithmarscher Mitteldrittels 1560–1581. Rostock 2003

Kéry 2006 = Kéry, Lotte, Gottesfurcht und irdische Strafe. Der Beitrag des mittelalterlichen Kirchenrechts zur Entstehung des öffentlichen Strafrechts. Köln u. a. 2006

Kesper-Biermann 2006 = Kesper-Biermann, Sylvia, Die Grenze des Strafrechts. Zur Abgrenzung von „Criminal-" und „Policeyrecht" in Deutschland und der Schweiz während des 19. und frühen 20. Jahrhunderts. In: Opitz/Studer/Tanner (Hg.) 2006, S. 177–193

Kesper-Biermann 2009 = Kesper-Biermann, Sylvia, Einheit und Recht. Strafgesetzgebung und Kriminalrechtsexperten in Deutschland vom Beginn des 19. Jahrhunderts bis zum Reichsstrafgesetzbuch 1871. Frankfurt am Main 2009

Kesper-Biermann 2010 = Kesper-Biermann, Sylvia, Strafrechtswissenschaft. In: Enzyklopädie der Neuzeit, hg. von Friedrich Jaeger, Bd. 12. Stuttgart 2010, Sp. 1103–1105

Kesper-Biermann 2012 = Kesper-Biermann, Sylvia, Gerechtigkeit, Politik und Güte. Gnade im Deutschland des 19. Jahrhunderts. In: Jahrbuch für Juristische Zeitgeschichte 13 (2012), S. 21–47

Kesper-Biermann/Klippel (Hg.) 2007 = Kriminalität in Mittelalter und Früher Neuzeit. Soziale, rechtliche, philosophische und literarische Aspekte, hg. von Sylvia Kesper-Biermann und Diethelm Klippel. Wiesbaden 2007

Kesper-Biermann/Ludwig/Eisfeld 2010 = Kesper-Biermann, Sylvia, Ludwig, Ulrike und Eisfeld, Jens, Strafrecht. In: Enzyklopädie der Neuzeit, hg. von Friedrich Jaeger, Bd. 12, Stuttgart 2010, Sp. 1082–1103

Kesper-Biermann/Overath (Hg.) 2007 = Die Internationalisierung von Strafrechtswissenschaft und Kriminalpolitik (1870–1930), hg. von Sylvia Kesper-Biermann und Petra Overath. Berlin 2007

Kirchschlager (Hg.) 2002 = Mörder – Räuber – Menschenfresser. Einhundert Biographien und Merkwürdigkeiten deutscher Verbrecher des 15. bis 18. Jahrhunderts, hg. von Michael Kirchschlager. Arnstadt 2002

Kischkel 2016 = Kischkel, Thomas, Die Spruchtätigkeit der Gießener Juristenfakultät. Grundlagen – Verlauf – Inhalt. Hildesheim u. a. 2016

Kleinheyer 1979 = Kleinheyer, Gerd, Zur Rolle des Geständnisses im Strafverfahren des späten Mittelalters und der frühen Neuzeit. In: Beiträge zur Rechtsgeschichte. Gedächtnisschrift für Hermann Conrad, hg. von Gerd Kleinheyer und Paul Mikat. Paderborn u. a. 1979, S. 367–384

Klippel 2002 = Klippel, Diethelm, Rechtsgeschichte. In: Eibach/Lottes (Hg.) 2002, S. 126–151

Klippel/Henze/Kesper-Biermann 2006 = Klippel, Diethelm, Henze, Martina und Kesper-Biermann, Sylvia, Ideen und Recht. Die Umsetzung strafrechtlicher Ordnungsvorstellungen im Deutschland des 19. Jahrhunderts. In: Ideen als gesellschaftliche Gestaltungskraft im Europa der Neuzeit. Beiträge für eine erneuerte Geistesgeschichte, hg. von Lutz Raphael und Heinz-Elmar Tenorth. München 2006, S. 372–394

Knapp (Hg.) 1907 = Die Zenten des Hochstifts Würzburg. Ein Beitrag zur Geschichte des süddeutschen Gerichtswesens und Strafrechts, hg. von Hermann Knapp, Bd. 1: Die Weistümer und Ordnungen der Würzburger Zenten. Berlin 1907

Knepper 2016 = Knepper, Paul, Writing the history of crime. London u. a. 2016

Knepper/Johansen (Hg.) 2016 = The Oxford handbook of the history of crime and criminal justice, hg. von Paul Knepper und Anja Johansen. New York 2016

Koch 1781 = Koch, Johann C., Hals- oder Peinliche Gerichtsordnung Kaiser Carls V. Gießen 1781

Koch 2006 = Koch, Arnd, Denunciatio. Zur Geschichte eines strafprozessualen Rechtsinstituts. Frankfurt am Main 2006

Koch 2014 = Koch, Arnd, Die Entwicklung des Strafrechts zwischen 1751 und 1813. In: Koch/ Kubiciel/Löhnig/Pawlik (Hg.) 2014, S. 39–67

Koch/Kubiciel/Löhnig/Pawlik (Hg.) 2014 = Feuerbachs Bayerisches Strafgesetzbuch. Die Geburt liberalen, modernen und rationalen Strafrechts, hg. von Arnd Koch, Michael Kubiciel, Martin Löhnig und Michael Pawlik. Tübingen 2014

Kohler u. a. (Hg.) 1900–15 = Die Carolina und ihre Vorgängerinnen, Bd. 1–4, hg. von Josef Kohler u. a. Halle 1900–1915 (ND Aalen 1968)

König 1995 = König, Reinhard (Bearb.), Bestand 260 Alte Kriminalakten Hanau (vor 1821). Marburg 1995

Kraus 2013 = Kraus, Daniela, Kriminalität und Recht in frühneuzeitlichen Nachrichtendrucken. Bayerische Kriminalberichterstattung vom Ende des 15. bis zur Mitte des 19. Jahrhunderts. Regensburg 2013

Krause 1991 = Krause, Thomas, Die Strafrechtspflege im Kurfürstentum und Königreich Hannover. Vom Ende des 17. bis zum ersten Drittel des 19. Jahrhunderts. Aalen 1991

Krause 1999 = Krause, Thomas, Geschichte des Strafvollzugs. Von den Kerkern der Antike bis zur Gegenwart. Darmstadt 1999

Krause 2000 = Krause, Thomas, Bemerkungen zur Strafverteidigung im gemeinrechtlichen Inquisitionsprozess. In: Zur Erhaltung guter Ordnung. Beiträge zur Geschichte von Recht und Justiz. Festschrift für Wolfgang Sellert, hg. von Jost Hausmann und Thomas Krause. Köln 2000, S. 377–399

Kress 1721 = Kress, Johann Paul, Commentatio in Constitutionem criminalem Caroli V. Hannover 1721

Krischer 2006 = Krischer, André, Neue Forschungen zur Kriminalitätsgeschichte. In: Zeitschrift für historische Forschung 32 (2006), S. 387–415

Krug-Richter 1997 = Krug-Richter, Barbara, Konfliktregulierung zwischen dörflicher Sozialkontrolle und patrimonialer Gerichtsbarkeit. Das Rügegericht in der Westfälischen Gerichtsherrschaft Canstein 1718/19. In: Historische Anthropologie 5 (1997), S. 212–228

Kubink 2002 = Kubink, Michael, Strafen und ihre Alternativen im zeitlichen Wandel. Berlin 2002

Kunz 2008 = Kunz, Karl-Ludwig, Die wissenschaftliche Zugänglichkeit von Kriminalität. Ein Beitrag zur Erkenntnistheorie der Sozialwissenschaften. Wiesbaden 2008

Küther 1976 = Küther, Carsten, Räuber und Gauner in Deutschland. Das organisierte Bandenwesen im 18. und frühen 19. Jahrhundert. Göttingen 1976

Lacour 2000 = Lacour, Eva, Schlägereien und Unglücksfälle. Zur historischen Psychologie und Typologie von Gewalt in der frühneuzeitlichen Eifel. Frankfurt am Main u. a. 2000

Laffert 1721 = L[affert], H[ieronymus] W[igand], Vermehrte Relationes et Casus Criminales cum Rationibus Dubitandi et Decidendi Imgleichen einigen dazugehörigen Königl. Chur- und Fürstlichen Rescriptis sambt andern Beylagen und zugefügten Urtheilen. Zelle 1721

Landau/Schroeder (Hg.) 1984 = Strafrecht, Strafprozeß und Rezeption. Grundlagen, Entwicklung und Wirkung der Constitutio Criminalis Carolina, hg. von Peter Landau und Friedrich-Christian Schroeder. Frankfurt am Main 1984

Landwehr 2000 = Landwehr, Achim, „Normdurchsetzung" in der Frühen Neuzeit?. In: Zeitschrift für Geschichtswissenschaft 48 (2000), S. 146–162

Landwehr 2008 = Landwehr, Achim, Historische Diskursanalyse. Frankfurt am Main 2008

Landwehr 2009 = Landwehr, Achim, Jenseits von Diskursen und Praktiken: Perspektiven kriminalitätshistorischer Forschung. In: Habermas/Schwerhoff (Hg.) 2009, S. 42–67

Langbein 1974 = Langbein, John H., Prosecuting crime in the Renaissance. England, Germany, France. Cambridge/Massachusetts 1974

Lange 1994 = Katrin Lange, Gesellschaft und Kriminalität. Räuberbanden im 18. und frühen 19. Jahrhundert. Frankfurt am Main 1994

Lebensgeschichte 1805 = Lebensgeschichte und Todes-Urtheil der Maria Katharina Steffaninn, von Stuifzgen im Kemptischen, welche den 28ten Juny 1804. zu Kempten wegen verübten qualifizirten zweyfachen Gift-Mordes mit dem Schwerdt vom Leben zum Tod gerichtet wurde. 1805

Leiser 1971 = Leiser, Wolfgang, Strafgerichtsbarkeit in Süddeutschland. Formen und Entwicklungen. Köln/Wien 1971

Lentz 2004 = Lentz, Matthias, Konflikt, Ehre, Ordnung. Untersuchungen zu den Schmähbriefen und Schandbildern des späten Mittelalters und der frühen Neuzeit (ca. 1350 bis 1600). Mit einem illustrierten Katalog der Überlieferung. Hannover 2004

Lepsius/Wetzstein (Hg.) 2008 = Als die Welt in die Akten kam. Prozeßschriftgut im europäischen Mittelalter, hg. von Susanne Lepsius und Thomas Wetzstein. Frankfurt am Main 2008

Lidman 2008 = Lidman, Satu, Zum Spektakel und Abscheu. Schand- und Ehrenstrafen als Mittel öffentlicher Disziplinierung in München um 1600. Frankfurt am Main u. a. 2008

Lieberwirth 1988 = Lieberwirth, Rolf, Lateinische Fachausdrücke im Recht, 2. Aufl. Heidelberg 1988

Linder/Ort (Hg.) 2013 = Wissen über Kriminalität. Zur Medien- und Diskursgeschichte von Verbrechen und Strafjustiz vom 18. bis zum 21. Jahrhundert, hg. von Joachim Linder und Claus-Michael Ort. Würzburg 2013

Loetz 2000 = Loetz, Francisca, L'infrajudiciaire. Facetten und Bedeutung eines Konzepts. In: Blauert/Schwerhoff (Hg.) 2000, S. 545–562

Loetz 2012 = Francisca Loetz, Sexualisierte Gewalt 1500–1850. Plädoyer für eine historische Gewaltforschung. Frankfurt am Main/New York 2012

Lorenz 1982/83 = Lorenz, Sönke, Aktenversendung und Hexenprozeß. Dargestellt am Beispiel der Juristenfakultäten Rostock und Greifswald (1570/82–1630), Bd. 1; Bd. 2.1: Die Hexenprozesse in den Rostocker Spruchakten von 1570 bis 1630; Bd. 2.2: Die Hexenprozesse in den Greifswalder Spruchakten von 1582 bis 1630. Frankfurt am Main 1982/1983

Lorenz 1999 = Lorenz, Maren, Kriminelle Körper – gestörte Gemüter. Die Normierung des Individuums in Gerichtsmedizin und Psychiatrie der Aufklärung. Hamburg 1999

Lück 1992 = Lück, Heiner, Die Spruchkonzepte der Wittenberger Juristenfakultät und die Möglichkeiten ihrer Auswertung. Aspekte eines Forschungsprogramms. In: Mohnhaupt/Simon (Hg.) 1992, S. 153–174

Lück 1998 = Lück, Heiner, Die Spruchtätigkeit der Wittenberger Juristenfakultät. Organisation, Verfahren, Ausstrahlung. Köln u. a. 1998

Lück 1999 = Lück, Heiner, Sühne und Strafgerichtsbarkeit im Kursachsen des 15. und 16. Jahrhunderts. In: Schlosser/Willoweit (Hg.) 1999, S. 83–99

Lück 2003 = Lück, Heiner, Zur Entstehung des peinlichen Strafrechts in Kursachsen: Genesis und Alternativen. In: Rudolph/Schnabel-Schüle (Hg.) 2003, S. 271–286

Lück 2008 = Lück, Heiner, Art. Gerichtsbücher. In: HRG, 2. Aufl., Bd. II, Sp. 144–150

Lüderssen (Hg.) 2002 = Die Durchsetzung des öffentlichen Strafanspruchs. Systematisierung der Fragestellung, hg. von Klaus Lüderssen. Köln u. a. 2002

Ludi 1999 = Ludi, Regula, Die Fabrikation des Verbrechens. Zur Geschichte der modernen Kriminalpolitik 1750–1850. Tübingen 1999

Ludwig 2008a = Ludwig, Ulrike, Das Herz der Justitia. Gestaltungspotentiale territorialer Herrschaft in der Strafrechts- und Gnadenpraxis am Beispiel Kursachsens 1548–1648. Konstanz 2008

Ludwig 2008b = Ludwig, Ulrike, „Ambts halber" kompetent. Die gutachterliche Tätigkeit von Schössern in Straf- und Supplikationsverfahren im 16. und 17. Jahrhundert. In: Kästner/Kesper-Biermann (Hg.) 2008, S. 73–83

Ludwig/Krug-Richter/Schwerhoff (Hg.) 2012 = Das Duell. Ehrenkämpfe vom Mittelalter bis zur Moderne, hg. von Ulrike Ludwig, Barbara Krug-Richter und Gerd Schwerhoff. Konstanz 2012

Lüsebrink 1983 = Lüsebrink, Hans-Jürgen, Kriminalität und Literatur im Frankreich des 18. Jahrhunderts. Historische Formen, soziale Funktionen und Wissenskonstituenten von Kriminalität im Zeitalter der Aufklärung. München 1983

Luther 2016 = Luther, Christoph, Aufgeklärt strafen. Menschengerechtigkeit im 18. Jahrhundert. Frankfurt am Main 2016

Macha/Herborn (Hg.) 1992 = Kölner Hexenverhöre aus dem 17. Jahrhundert, hg. von Jürgen Macha und Wolfgang Herborn. Köln 1992

Maierhöfer 2006 = Maierhöfer, Christian, „Aut dedere – aut iudicare": Herkunft, Rechtsgrundlagen und Inhalt des völkerrechtlichen Gebotes zur Strafverfolgung oder Auslieferung. Berlin 2006

Maihold 2005 = Maihold, Harald, Strafe für fremde Schuld? Die Systematisierung des Strafbegriffs in der spanischen Spätscholastik und Naturrechtslehre. Köln u. a. 2005

Malblank 1782 = Malblank, Julius Friedrich, Geschichte der peinlichen Gerichtsordnung von Kaiser Karl V. Nürnberg 1782 (ND Goldbach 1998)

Martin 1996 = Helmut Martin, Verbrechen und Strafe in der spätmittelalterlichen Chronistik Nürnbergs. Köln u. a. 1996

Martschukat 2000 = Martschukat, Jürgen, Inszeniertes Töten. Eine Geschichte der Todesstrafe vom 17. bis zum 19. Jahrhundert. Köln u. a. 2000

Marzi (Hg.) 2011–2014 = Bd. 1: Das Ober-Ingelheimer Haderbuch 1478–1485, hg. von Werner Marzi, bearb. von Stefan Grathoff (Transkription) und Regina Schäfer (Übertragung). Alzey 2011. Bd. 2: Das Nieder-Ingelheimer Haderbuch 1468–1485, hg. von Werner Marzi, bearb. von Stefan Grathoff (Transkription) und Regina Schäfer (Übertragung). Alzey 2012. Bd. 3: Das Nieder-Ingelheimer Haderbuch 1521–1530, hg. von Werner Marzi, bearb. von Ulrich Hausmann (Transkription) und Stefan Grathoff (Übertragung). Neubamberg 2014

Mason (Hg.) 2004 = Criminal Visions. Media Representations of Crime and Justice, hg. von Paul Mason. Cullompton 2004

Mayenburg 2014 = Mayenburg, David von, Begnadigung aus rechtshistorischer Perspektive. In: Waldhoff (Hg.) 2014, S. 33–74

Meister 1771–1799 = Meister, Christian Friedrich Georg, Rechtliche Erkenntniße und Gutachten in peinlichen Fällen, größten Theils im Namen der Göttingischen Juristen-Facultät ausgearbeitet, Bd. 1–5. Göttingen 1771–1799

Miehe 2000 = Miehe, Olaf, 100 Jahre Strafgesetzgebung nach der Carolina. In: Jerouschek/Schild/ Gropp (Hg.) 2000, S. 137–164

Mohnhaupt 1992 = Mohnhaupt, Heinz, Deutschland. In: Gedruckte Quellen der Rechtsprechung in Europa (1800–1945), hg. von Filippo Ranieri. Frankfurt am Main 1992, S. 95–325

Mohnhaupt/Simon (Hg.) 1992/1993= Vorträge zur Justizforschung. Geschichte und Theorie, hg. von Heinz Mohnhaupt und Dieter Simon, Bd. 1: Frankfurt am Main 1992. Bd. 2: Frankfurt am Main 1993

Moses 2006 = Moses, Annett, Kriminalität in Baden im 19. Jahrhundert. Die „Übersicht der Strafrechtspflege" als Quelle der historischen Kriminologie. Stuttgart 2006

Müller 2005 = Müller, Philipp, Auf der Suche nach dem Täter. Die öffentliche Dramatisierung von Verbrechen im Berlin des Kaiserreichs. Frankfurt am Main 2005

Neuhaus 2000 = Neuhaus, Helmut, „Supplizieren und Wassertrinken sind jedem gestattet." Über den Zugang des Einzelnen zum frühneuzeitlichen Ständestaat. In: Staat – Souveränität – Verfassung. Festschrift für Helmut Quaritsch zum 70. Geburtstag, hg. von Dietrich Murswiek, Ulrich Storost und Heinrich A. Wolff. Berlin 2000, S. 475–492

Niehaus 2003 = Niehaus, Michael, Das Verhör. Geschichte – Theorie – Fiktion. München 2003

Niehaus 2006 = Niehaus, Michael, Mord, Geständnis, Widerruf. Verhören und Verhörtwerden um 1800. Bochum 2006

Nolde 2003 = Nolde, Dorothea, Gattenmord. Macht und Gewalt in der frühneuzeitlichen Ehe. Köln u. a. 2003

Nowosadtko 1994 = Nowosadtko, Jutta, Scharfrichter und Abdecker. Der Alltag zweier „unehrlicher Berufe" in der Frühen Neuzeit. Paderborn u. a. 1994

Nowosadtko 2005 = Nowosadtko, Jutta, Hinrichtungsrituale: Funktion und Logik öffentlicher Exekutionen in der Frühen Neuzeit. In: Kriminalität und Gesellschaft in Spätmittelalter und Neuzeit, mit 14 Abbildungen, hg. von Sigrid Schmitt und Michael Matheus. Stuttgart 2005, S. 71–94

Nubola/Würgler (Hg.) 2002 = Suppliche e „gravamina". Politica, amministrazione, giustizia in Europa (secoli XV–XVIII), hg. von Cecilia Nubola und Andreas Würgler. Bologna 2002

Nubola/Würgler (Hg.) 2005 = Bittschriften und Gravamina. Politik, Verwaltung und Justiz in Europa (14.–18. Jahrhundert), hg. von Cecilia Nubola und Andreas Würgler. Berlin 2005

Oestmann 2008 = Oestmann, Peter, Aktenversendung. In: HRG, 2. Aufl., Bd. I, Sp. 128–132

Ohneberg 2014 = Die Frevelbücher der Herrschaft Bludenz (1544–1599). Kommentar und Edition, bearb. von Nicole D. Ohneberg. Schruns 2014

Opitz/Studer/Tanner 2006 = Kriminalisieren – Entkriminalisieren – Normalisieren, hg. von Claudia Opitz, Brigitte Studer und Jakob Tanner. Zürich 2006

Ordnung 1720 = Neue Ordnung, [...] Wie es in Criminal- und Peinl. Sachen Mit denen gütlichen und peinlichen Verhören, und Inquisitorialischen Untersuchungen [...] in dem Brandenburg-Onolzbachischen Fürstenthum [...] gehalten werden solle. Ansbach 1720

Paas 1985–2007 = Paas, John Roger, The German political broadsheet 1600–1700, Bd. 1–9. Wiesbaden 1985–2007

Paulus 2017 = Paulus, Christof, Mord und Totschlag in der Herrschaft Schwarzenberg? Eine erste Auswertung der Centenalprotokollserie. In: Wüst (Hg.) 2017, S. 205–223

Pauser 2004 = Pauser, Josef, Landesfürstliche Gesetzgebung (Policey-, Malefiz- und Landesordnungen). In: Pauser/Scheutz/Winkelbauer (Hg.) 2004, S. 216–256

Pauser/Scheutz/Winkelbauer 2004 = Quellenkunde der Habsburgermonarchie (16.–18. Jahrhundert). Ein exemplarisches Handbuch, hg. von Josef Pauser, Martin Scheutz und Thomas Winkelbauer. Wien 2004

Peil 2002 = Peil, Dietmar, Strafe und Ritual. Zur Darstellung von Straftaten und Bestrafungen im illustrierten Flugblatt. In: Wahrnehmungsgeschichte und Wissensdiskurs im illustrierten Flugblatt der Frühen Neuzeit (1450–1700), hg. von Wolfgang Harms und Alfred Messerli. Basel 2002, S. 465–486

Pelizaeus 2011 = Pelizaeus, Ludolf, Räumliche Bezugsebenen: Grenzüberschreitende Strafverfolgung im Oberrheinischen Kreis und der Steiermark bei der Verschickung auf die Galeeren im 18. Jahrhundert. In: Wüst/Müller (Hg.) 2011, S. 443–465

Perneder 1551 = Perneder, Andreas: Von Straff vnnd Peen aller vnnd yeder Malefitzhandlungen ain kurtzer bericht. Ingolstadt 1551

Petry 2002 = Petry, Christine, Einführung in die historische Kriminalitätsforschung. In: Borck (Hg.) 2002, S. 28–42

Piltz/Schwerhoff (Hg.) 2015 = Gottlosigkeit und Eigensinn. Religiöse Devianz im konfessionellen Zeitalter, hg. von Eric Piltz und Gerd Schwerhoff. Berlin 2015

Pistorius 1728 = Pistorius, Georg Tobias, Res furciferorum, Diebs-Händel; oder allerhand Gesetze, Ordnungen, Protocolle, eingeholte rechtliche Responsa, Gutachten und Urtheile, so die Diebe, ihre Captur, Inquisition, Tortur, und verdiente Straff betreffend; woraus man bey allerhand Furtis, als Kirchen-Straffen-Schloß-Hauß, Feld- Menschen-Vieh-Wildprät-Fisch- und andern kleinen und grossen, mit und ohne Gewalt ausgeübten Diebstählen sich informiren und Raths erhohlen kan [...]. Augsburg 1728

Pitaval 1747–1767 = Pitaval, Gayot von, Causes Célèbres, oder Erzählung sonderbarer Rechtshändel sammt deren gerichtlichen Entscheidung. Aus dem Französischen übersetzt, Bd. 1–9. Leipzig/ Stockholm 1747–1767

Plaum 1990 = Plaum, Bernd D., Strafrecht, Kriminalpolitik und Kriminalität im Fürstentum Siegen 1750–1810. St. Katharinen 1990

Pleister/Schild (Hg.) 1988 = Recht und Gerechtigkeit im Spiegel der europäischen Kunst, hg. von Wolfgang Pleister und Wolfgang Schild. Köln 1988

Poenal-Sanction 1722 = Verschärfte Poenal-Sanction und Verordnung gegen das schädliche Diebs-, Raub- und Zigeuner-Gesindel sowie die herrenlosen Jauner und Wildschützen, auch die müßigen und liederlichen Bettel-Leute vom 20.6.1722. In: Europäische Staats-Cantzley 40, S. 726–752

Quistorp 1782 = Quistorp, Johann Christian von, Ausführlicher Entwurf zu einem Gesetzbuch in peinlichen und Strafsachen, Tl. 1–3. Rostock/Leipzig 1782

Quistorp 1789 = Quistorp, Johann Christian von, Versuch einer Anweisung für Richter beym Verfahren in Criminal- und Straf-Sachen, wider solche, welche die Wahrheit nicht gestehen wollen, in Ländern, wo die Tortur abgeschaft worden. Leipzig 1789

Radbruch/Gwinner 1951 = Radbruch, Gustav und Gwinner, Heinrich, Geschichte des Verbrechens. Versuch einer historischen Kriminologie. Stuttgart 1951

Ranieri 1985 = Ranieri, Filippo, Stilus Curiae. Zum historischen Hintergrund der Relationstechnik. In: Rechtshistorisches Journal 4 (1985), S. 75–88

Ranieri/Härter (Hg.) 1997 = Biographisches Repertorium der Juristen im Alten Reich, 16.–18. Jahrhundert, A–E, hg. von Filippo Ranieri und Karl Härter. Katalog der Sammlung Lehnemann: juristische Schriften des 16.–18. Jahrhunderts, hg. von Ulrich Dingler und Karl Härter, 1 CD-ROM. Frankfurt am Main 1997

Regge 1977 = Regge, Jürgen, Kabinettsjustiz in Brandenburg-Preußen. Eine Studie zur Geschichte des landesherrlichen Bestätigungsrechts in der Strafrechtspflege des 17. und 18. Jahrhunderts. Berlin 1977

Regge 1988 = Regge, Jürgen, Das Reformprojekt eines „Allgemeinen Criminalrechts für die preußischen Staaten" (1799–1806). In: Das nachfriderizianische Preußen 1786–1806. Rechtshistorisches Kolloquium 11.–13. Juni 1987, Christian-Albrechts-Universität zu Kiel, hg. von Hans Hattenhauer und Götz Landwehr. Heidelberg 1988, S. 189–233

Rehse 2008 = Rehse, Birgit, Die Supplikations- und Gnadenpraxis in Brandenburg-Preußen. Eine Untersuchung am Beispiel der Kurmark unter Friedrich Wilhelm II. (1786–1797). Berlin 2008

Reichardt 2002 = Reichardt, Rolf, Bild- und Mediengeschichte. In: Eibach/Lottes (Hg.) 2002, S. 219–230

Reichertz/Schneider (Hg.) 2007 = Sozialgeschichte des Geständnisses. Zum Wandel der Geständniskultur, hg. von Jo Reichertz und Manfred Schneider. Wiesbaden 2007

Reinke 1990 = Reinke, Herbert, Die Liaison des Strafrechts mit der Statistik. Zu den Anfängen kriminalstatistischer Zählungen im 18. und 19. Jahrhundert. In: Zeitschrift für Neuere Rechtsgeschichte 12 (1990), S. 169–179

Reinke 1991 = Reinke, Herbert, „Verbrecher-Statistiken, welche in den neuesten Zeiten sehr beliebt geworden sind". Reflexionen über die Verwendung von Kriminalstatistiken in der historischen Forschung. In: Geschichte und Soziologie des Verbrechens, hg. von Philippe Robert und Clive Emsley. Pfaffenweiler 1991, S. 19–28

Reinke 2009 = Reinke, Herbert, Crime and criminal justice history in Germany. A report on recent trends. In: Crime, Histoire & Sociétés / Crime, History & Societies 13 (2009), URL: http:// chs. revues.org/index698.html

Reinke/Schwerhoff 2014 = Reinke, Herbert und Schwerhoff, Gerd, Jugendkriminalität im Wandel historischer Epochen. In: Handbuch Aggression, Gewalt und Kriminalität bei Kindern und Jugendlichen, hg. von Mechthild Schäfer, Uwe Sandfuchs, Peter Daschner und Wilfried Schubarth. Bad Heilbrunn 2014, S. 38–42

Remus 1594 = Remus, Georgius, Nemesis Karulina D. Karuli V. Herborn 1594, 2. Aufl. 1600 (ND Goldbach 2000)

Riedl 1998 = Riedl, Gerda (Bearb.), Der Hexerei verdächtig. Das Inquisitions- und Revisionsverfahren der Penzliner Bürgerin Benigna Schultzen. Göttingen 1998

Romer 1992 = Romer, Hermann, Historische Kriminologie – zum Forschungsstand in der deutschsprachigen Literatur der letzten zwanzig Jahre. In: Zeitschrift für Neuere Rechtsgeschichte 14 (1992), S. 227–242

Roodenburg/Spierenburg (Hg.) 2004 = Social control in Europe, Bd. 1–2, hg. von Herman Roodenburg und Pieter Spierenburg. Columbus 2004

Ross/Landwehr 2000 = Denunziation und Justiz. Historische Dimensionen eines sozialen Phänomens, hg. von Friso Ross und Achim Landwehr. Tübingen 2000

Roth 1997 = Roth, Andreas, Kriminalitätsbekämpfung in deutschen Großstädten 1850–1914. Ein Beitrag zur Geschichte des strafrechtlichen Ermittlungsverfahrens. Berlin 1997

Roth 1999 = Roth, Andreas, Strafrechtliche Zeitschriften im 19. Jahrhundert. Diskussionsforen oder Gesetzesinterpreten? In: Juristische Zeitschriften. Die neuen Medien des 18. – 20. Jahrhunderts, hg. von Michael Stolleis. Frankfurt am Main 1999, S. 303–330

Rothfuss 1997 = Rothfuss, Uli, Schäffer, Räuberfänger. Der erste „moderne" Kriminalist Württembergs. Tübingen 1997

RTA 1532 = Deutsche Reichstagsakten/Jüngere Reihe, Deutsche Reichstagsakten unter Kaiser Karl V. Der Reichstag in Regensburg und die Verhandlungen über einen Friedstand mit den Protestanten in Schweinfurt und Nürnberg 1532. Bearb. von Rosemarie Aulinger, 3 Teilbde. Göttingen 1992

Rublack 1998 = Rublack, Ulinka, Magd, Metz' oder Mörderin. Frauen vor frühneuzeitlichen Gerichten. Frankfurt am Main 1998

Rüdiger/Hommel 2007 = Rüdiger, Bernd und Hommel, Karsten, Kriminalität und Kriminalitätsbekämpfung in Leipzig in der frühen Neuzeit. der Bestand „Richterstube" im Stadtarchiv Leipzig. Prof. Dr. Renate Drucker zum 90. Geburtstag gewidmet. Leipzig 2007

Rudolph 2001 = Rudolph, Harriet, Eine gelinde Regierungsart. Peinliche Strafjustiz im geistlichen Territorium. Das Hochstift Osnabrück (1716–1803). Konstanz 2001

Rudolph 2005 = Rudolph, Harriet, „Pain in the Reality, yet a Delight in the Representation" – Verbale und visuelle Repräsentationen von Gewalt am Beginn der Neuzeit. In: Gewalt in der Frühen Neuzeit. Beiträge zur 5. Tagung der Arbeitsgemeinschaft Frühe Neuzeit im VHD, hg. von Claudia Ulbrich und Claudia Jarzebowski. Berlin 2005, S. 391–408

Rudolph 2007 = Rudolph, Harriet, Warhafftige Abcontrafactur? Die Evidenz des Verbrechens und die Effizienz der Strafjustiz in illustrierten Einblattdrucken (1550–1650). In: Evidentia. Reichweiten visueller Wahrnehmung in der Frühen Neuzeit, hg. von Gabriele Wimböck, Karin Leonhard und Markus Friedrich. Münster 2007, S. 161–183

Rudolph/Schnabel-Schüle (Hg.) 2003 = Justiz = Justice = Justicia? Rahmenbedingungen von Strafjustiz im frühneuzeitlichen Europa, hg. von Harriet Rudolph und Helga Schnabel-Schüle. Trier 2003

Rüping 1984 = Rüping, Hinrich, Die Carolina in der strafrechtlichen Kommentarliteratur. Zum Verhältnis von Gesetz und Wissenschaft im gemeinen deutschen Strafrecht. In: Landau/Schroeder (Hg.) 1984, S. 161–176

Rüping/Jerouschek 2011 = Rüping, Hinrich und Jerouschek, Günter, Grundriss der Strafrechtsgeschichte, 6., völlig überarb. Aufl. München 2011

Saam 1936 = Saam, Günther, Quellenstudien zur Geschichte des deutschen Zuchthauswesens bis zur Mitte des 19. Jahrhunderts. Berlin/Leipzig 1936

Saur 1577–1620 = Saur, Abraham, Fasciculus De Poenis, vulgo Straffbuch. Gründtliche und rechte Underweysung, wie heutiges Tags/ nach allgemeynen beschriebenen Geistlichen unnd Weltlichen Rechten/ Reichs auch LandsOrdnungen/ Statuten, Opinionen der Rechtsgelehrten/ und wolhergebrachten Gewohnheiten/ etliche grobe eusserliche Sünde/ Frevel/ und begangene Missethaten/ Bürgerlich und Peinlich zu straffen/ gepflogen werden. Allen und jeden/ so an peinlichen Gerichten zu handlen haben/ fast dienstlich/ förderlich und behülfflich/ Mit angehengten Allegationibus unnd Rechtsgründen. Frankfurt am Main 1577 (1579, 1581, 1583, 1587, 1590, 1596, 1598, 1620)

Schaffstein 1985 = Schaffstein, Friedrich, Studien zur Entwicklung der Deliktstatbestände im Gemeinen deutschen Strafrecht. Göttingen 1985

Schauz/Freitag 2007 = Verbrecher im Visier der Experten. Kriminalpolitik zwischen Wissenschaft und Praxis im 19. und frühen 20. Jahrhundert, hg. von Désirée Schauz und Sabine Freitag. Stuttgart 2007

Schennach 2010 = Schennach, Martin P., Gesetz und Herrschaft. Die Entstehung des Gesetzgebungsstaates am Beispiel Tirols. Köln/Weimar/Wien 2010

Schennach 2014 = Schennach, Martin P., Recht – Kultur – Geschichte. Rechtsgeschichte und Kulturgeschichte. Wissenschaftshistorische und methodische Annäherungen. In: Zeitschrift für Neuere Rechtsgeschichte 36 (2014), S. 2–31

Scheutz 2000 = Scheutz, Martin, Frühneuzeitliche Gerichtsakten als „Ego-Dokumente". Eine problematische Zuschreibung am Beispiel der Gaminger Gerichtsakten aus dem 18. Jahrhundert. In: Vom Lebenslauf zur Biographie. Geschichte, Quellen und Probleme der historischen Biographik und Autobiographik, hg. von Thomas Winkelbauer. Waidhofen/Thaya 2000, S. 99–134

Scheutz 2001 = Scheutz, Martin, Alltag und Kriminalität. Disziplinierungsversuche im steirisch-österreichischen Grenzgebiet im 18. Jahrhundert. München 2001

Scheutz 2003 = Scheutz, Martin, Ausgesperrt und gejagt, geduldet und versteckt. Bettlervisitationen im Niederösterreich des 18. Jahrhunderts. St. Pölten 2003

Scheutz 2004 = Scheutz, Martin, Gerichtsakten. In: Pauser/Scheutz/Winkelbauer (Hg.) 2004, S. 561–571

Scheutz 2005 = Scheutz, Martin, Scheiternde Mütter oder reulose Kindsmörderinnen? Gerichtsakten in der Frühen Neuzeit als Quelle. In: Scheutz/Winkelbauer (Hg.) 2005, S. 13–44

Scheutz/Tersch 2002 = Scheutz, Martin und Tersch, Harald, Der Salzburger Pfleger Kaspar Vogl und die Suche nach Gerechtigkeit. Ein Gefängnistagebuch aus dem beginnenden 17. Jahrhundert als Streit um Interpretationen: Supplikation oder Rebellion. In: Griesebner/Scheutz/Weigl (Hg.) 2002, S. 115–140

Scheutz/Winkelbauer (Hg.) 2005 = Diebe, Sodomiten und Wilderer? Waldviertler Gerichtsakten aus dem 18. Jahrhundert als Beitrag zur Sozialgeschichte, hg. von Martin Scheutz und Thomas Winkelbauer. St. Pölten 2005

Schieber (Hg.) 2013 = Hinrichtungen und Leibstrafen. Das Tagebuch des Nürnberger Henkers Franz Schmidt, hg. von Martin Schieber. Nürnberg 2013

Schild 1980 = Schild, Wolfgang, Alte Gerichtsbarkeit. Vom Gottesurteil bis zum Beginn der modernen Rechtsprechung. München 1980

Schild 1984 = Schild, Wolfgang, Der „entliche Rechtstag" als das Theater des Rechts. In: Landau/Schroeder (Hg.) 1984, S. 119–144

Schild 1991 = Schild, Wolfgang, Relationen und Referierkunst. Zur Juristenausbildung und zum Strafverfahren um 1790. In: Erzählte Kriminalität. Zur Typologie und Funktion von narritiven Darstellungen in Strafrechtspflege, Publizistik und Literatur zwischen 1770 und 1920, hg. von Jörg Schönert. Tübingen 1991, S. 159–176

Schild 1997 = Schild, Wolfgang, Die Halsgerichtsordnung Volkach aus 1504. Rothenburg ob der Tauber 1997

Schiller 1792–1795 = Merkwürdige Rechtsfälle als ein Beitrag zur Geschichte der Menschheit. Nach dem Französischen Werke des Pitaval durch mehrere Verfasser ausgearbeitet und mit einer Vorrede begleitet, hg. von Schiller, Bd. 1–4. Jena 1792–1795

Schilling (Hg.) 1999 = Institutionen, Instrumente und Akteure sozialer Kontrolle und Disziplinierung im frühneuzeitlichen Europa / Institutions, Instruments and Agents of Social Control and Discipline in Early Modern Europe, hg. von Heinz Schilling unter redaktioneller Mitarbeit von Lars Behrisch. Frankfurt am Main 1999

Schlosser/Sprandel/Willoweit (Hg.) 2002 = Herrschaftliches Strafen seit dem Hochmittelalter. Formen und Entwicklungsstufen, hg. von Hans Schlosser, Rolf Sprandel und Dietmar Willoweit. Köln u. a. 2002

Schlosser/Willoweit (Hg.) 1999 = Neue Wege strafrechtsgeschichtlicher Forschung, hg. von Hans Schlosser und Dietmar Willoweit. Köln 1999

Schmid 1766 = Schmid, Achatius Ludwig Karl, Kurze Anweisung wie die Regeln der Kunst zu referieren angewendet werden müssen. Auf wiederholtes Begehren entworfen. Jena 1766

Schmidt 1965 = Schmidt, Eberhard, Einführung in die Geschichte der deutschen Strafrechtspflege, 3. Aufl. Göttingen 1965 (unveränd. Nachdruck 1995)

Schmidt 1985 = Schmidt, Günter, Libelli Famosi. Zur Bedeutung der Schmähschriften, Scheltbriefe, Schandgemälde und Pasquille in der deutschen Rechtsgeschichte. Köln 1985

Schmidt 1990 = Stephani Schmidt, Die Abhandlung von der Criminal=Gesetzgebung von Hanns Ernst von Globig und Johann Georg Huster. Eine 1782 von der Ökonomischen Gesellschaft Bern gekrönte Preisschrift. Berlin 1990

Schmoeckel 2000 = Schmoeckel, Mathias, Humanität und Staatsraison. Die Abschaffung der Folter in Europa und die Entwicklung des gemeinen Strafprozeß- und Beweisrechts seit dem hohen Mittelalter. Köln u. a. 2000

Schnabel-Schüle 1993 = Schnabel-Schüle, Helga, Institutionelle und gesellschaftliche Rahmenbedingungen der Strafgerichtsbarkeit in Territorien des Reichs. In: Mohnhaupt/Simon (Hg.) 1993, S. 147–174

Schnabel-Schüle 1995 = Schnabel-Schüle, Helga, Die Strafe des Landesverweises in der Frühen Neuzeit. In: Ausweisung und Deportation. Formen der Zwangsmigration in der Geschichte, hg. von Andreas Gestrich, Gerhard Hirschfeld und Holger Sonnabend. Stuttgart 1995, S. 73–82

Schnabel-Schüle 1996 = Schnabel-Schüle, Helga, Ego-Dokumente im frühneuzeitlichen Strafprozeß. In: Schulze (Hg.) 1996, S. 295–318

Schnabel-Schüle 1997 = Schnabel-Schüle, Helga, Überwachen und Strafen im Territorialstaat. Bedingungen und Auswirkungen des Systems strafrechtlicher Sanktionen im frühneuzeitlichen Württemberg. Tübingen 1997

Schnyder 2010 = Schnyder, Sibylle, Tötung und Diebstahl. Delikt und Strafe in der gelehrten Strafrechtsliteratur des 16. Jahrhunderts. Köln u. a. 2010

Schöll 1793 = Johann Ulrich Schöll, Abriss des Jauner und Bettelwesens in Schwaben nach Akten und andern sichern Quellen. Stuttgart 1793

Schönert (Hg.) 1983 = Literatur und Kriminalität. Die gesellschaftliche Erfahrung von Verbrechen und Strafverfolgung als Gegenstand des Erzählens. Deutschland, England und Frankreich, hg. von Jörg Schönert. Tübingen 1983

Schönert (Hg.) 1991 = Erzählte Kriminalität. Zur Typologie und Funktion von narrativen Darstellungen in Strafrechtspflege, Publizistik und Literatur zwischen 1770 und 1920, hg. von Jörg Schönert. Tübingen 1991

Schönert 2015 = Schönert, Jörg, Kriminalität erzählen. Studien zur Kriminalität in der deutschsprachigen Literatur (1570–1920). Berlin u. a. 2015

Schorer 2001 = Schorer, Reinhold, Die Strafgerichtsbarkeit der Reichsstadt Augsburg 1156–1548. Köln u. a. 2001

Schröder 1991 = Schröder, Rainer, Die Strafgesetzgebung in Deutschland in der ersten Hälfte des 19. Jahrhunderts. In: Die Bedeutung der Wörter. Studien zur europäischen Rechtsgeschichte. Festschrift für Sten Gagnér zum 70. Geburtstag, hg. von Michael Stolleis. München 1991, S. 403–420

Schroeder (Hg.) 1986 = Die Carolina. Die Peinliche Gerichtsordnung Kaiser Karls V. von 1532, hg. von Friedrich-Christian Schroeder. Darmstadt 1986

Schultheiß 2007 = Schultheiß, Sven, Gerichtsverfassung und Verfahren. Das Zentgericht Burghaslach in Franken (14. – 19. Jahrhundert). Köln u. a. 2007

Schulze (Hg.) 1996 = Ego-Dokumente. Annäherung an den Menschen in der Geschichte, hg. von Winfried Schulze. Berlin 1996

Schulze/Vormbaum/Schmidt/Willenberg (Hg.) 2008 = Strafzweck und Strafform zwischen religiöser und weltlicher Wertevermittlung, hg. von Reiner Schulze, Thomas Vormbaum, Christine D. Schmidt und Nicola Willenberg. Münster 2008

Schumann 2016 = Schumann, Antje, Verhör, Vernehmung, Befragung: Zur Geschichte und Dogmatik des Rechtsbegriffs der Vernehmung im Strafprozess und seiner Auflösung im 20. Jahrhundert. Tübingen 2016

Schüßler 1996/1999/2000 = Schüßler, Martin, Quantifizierung, Impressionismus und Rechtstheorie. Ein Bericht zur Geschichte und zum heutigen Stand der Forschung über Kriminalität im Europa des Spätmittelalters und der frühen Neuzeit. In: Zeitschrift der Savigny-Stiftung für Rechtsgeschichte, Germanistische Abteilung 113 (1996), S. 247–278; Teil II ebd. 116 (1999), S. 482–497; Teil III. ebd. 117 (2000), S. 494–517

Schuster 2000 = Schuster, Peter, Eine Stadt vor Gericht. Recht und Alltag im spätmittelalterlichen Konstanz. Paderborn 2000

Schuster 2015 = Schuster, Peter, Verbrecher, Opfer, Heilige. Eine Geschichte des Tötens 1200–1700. Stuttgart 2015

Schuster 2016 = Schuster, Peter, Kriminalitätsforschung, historische. In: HRG, 2. Aufl., Bd. III, Sp. 275–276

Schwerhoff 1991 = Schwerhoff, Gerd, Köln im Kreuzverhör. Kriminalität, Herrschaft und Gesellschaft in einer frühneuzeitlichen Stadt. Bonn/Berlin 1991

Schwerhoff 1992 = Schwerhoff, Gerd, Devianz in der alteuropäischen Gesellschaft. Umrisse einer historischen Kriminalitätsforschung. In: Zeitschrift für historische Forschung 19 (1992), S. 385–414

Schwerhoff 1999 = Schwerhoff, Gerd, Aktenkundig und gerichtsnotorisch. Einführung in die historische Kriminalitätsforschung. Tübingen 1999

Schwerhoff 2002 = Schwerhoff, Gerd, Gerichtsakten und andere Quellen zur Kriminalitätsgeschichte. In: Aufriss der Historischen Wissenschaften, hg. von Michael Maurer, Bd. 4: Quellen. Stuttgart 2002, S. 267–301

Schwerhoff 2005 = Schwerhoff, Gerd, Zungen wie Schwerter. Blasphemie in alteuropäischen Gesellschaften 1200–1650. Konstanz 2005

Schwerhoff 2006a = Schwerhoff, Gerd, Vertreibung als Strafe. Der Stadt- und Landesverweis im Ancien Régime. In: Ausweisung – Abschiebung – Vertreibung in Europa: 16–20. Jahrhundert, hg. von Sylvia Hahn, Andrea Komlosy und Ilse Reiter. Innsbruck 2006, S. 48–72

Schwerhoff 2006b = Schwerhoff, Gerd, Straf-Akte(n). Zur visuellen Repräsentation der Kriminaljustiz in frühneuzeitlichen Gerichtsbüchern. In: Symbolische Kommunikation vor Gericht in der Frühen Neuzeit, hg. von Reiner Schulze. Berlin 2006, S. 317–334

Schwerhoff 2006c = Schwerhoff, Gerd, Gewaltkriminalität im Wandel (14.–18. Jh.) – Ergebnisse und Perspektiven der Forschung. In: Opitz/Studer/Tanner (Hg.) 2006, S. 55–72

Schwerhoff 2008 = Schwerhoff, Gerd, Art. Kriminalität. In: Enzyklopädie der Neuzeit, hg. von Friedrich Jaeger, Bd. 7. Stuttgart 2008, S. 206–226

Schwerhoff 2009 = Gerd Schwerhoff, Kriminalitätsgeschichte – Kriminalgeschichten: Verbrechen und Strafen im Medienverbund des 16. und 17. Jahrhunderts. In: Habermas/Schwerhoff (Hg.) 2009, S. 295–322

Schwerhoff 2011 = Schwerhoff, Gerd, Historische Kriminalitätsforschung. Frankfurt am Main 2011

Schwerhoff 2013 = Schwerhoff, Gerd, Violence and the Honour Code: From Social Integration to Social Distinction?. In: Crime, Histoire & Sociétés/Crime, History & Societies 17 (2013), S. 27–46

Schwerhoff 2017 = Schwerhoff, Gerd, Kriminalitätsgeschichte – eine kurze Standortbestimmung. In: Wüst (Hg.) 2017, S. 3–17

Schwerhoff/Reinke 2015 = Schwerhoff, Gerd und Reinke, Herbert, Aggression, Gewalt und Kriminalität als Gegenstand der Wissenschaften: Geschichtswissenschaft. In: Handbuch Aggression, Gewalt und Kriminalität bei Kindern und Jugendlichen, hg. von Wolfgang Melzer u. a. Bad Heilbrunn 2015, S. 145–151

Schwerhoff/Völker (Hg.) 2002 = Eide, Statuten und Prozesse. Ein Quellen- und Lesebuch zur Stadtgeschichte von Bautzen (14. – 19. Jahrhundert), hg. von Gerd Schwerhoff und Marion Völker. Bautzen 2002

Seidenspinner 1998 = Wolfgang Seidenspinner, Mythos Gegengesellschaft. Erkundungen in der Subkultur der Jauner. Münster u. a. 1998

Sellert 1983 = Sellert, Wolfgang, Die Krise des Straf- und Strafprozeßrechts im 16. Jahrhundert und die Säkularisierung der deutschen Strafrechtspflege. In: Säkulare Aspekte der Reformationszeit, hg. von Heinz Angermeier. München/Wien 1983, S. 27–48

Sellert 1993 = Sellert, Wolfgang, Recht und Gerechtigkeit in der Kunst. Göttingen 1993

Sellert 1998 = Sellert, Wolfgang, Urgicht, Urgichtbücher. In: HRG, 1. Aufl., Bd. V, Sp. 571

Sellert/Rüping (Hg.) 1989/94 = Studien- und Quellenbuch zur Geschichte der deutschen Strafrechtspflege in 2 Bänden, hg. von Wolfgang Sellert und Hinrich Rüping. Aalen 1989/94

Sère/Wettlaufer (Hg.) 2013 = Shame between punishment and penance. The social usages of shame in the Middle Ages and Early Modern Times, hg. von Bénédicte Sère und Jörg Wettlaufer. Florenz 2013

Siebenpfeiffer 2006 = Siebenpfeiffer, Hania, Narratio criminis – Harsdörffer „Der Grosse Schau-Platz jämmerlicher Mord-Geschichte" und die frühneuzeitliche Kriminalliteratur. In: Harsdörffer-Studien. Mit einer Bibliografie der Forschungsliteratur von 1847 bis 2005, hg. von Hans-Joachim Jakob und Hermann Korte. Frankfurt am Main u. a. 2006, S. 157–176

Siegburger Schöffengericht 2001–2012 = Protokolle des Siegburger Schöffengerichtes, hg. von den Stadtarchiven Siegburg und Troisdorf, Bd. 1–6, Bd. 1 und 2 von W. Günter Henseler, Andrea Korte-Böger und Elisabeth Sommer; Bd. 3 von W. Günter Henseler, Manuela Kerlin und Andrea Korte-Böger; Bd. 5 von W. Günter Henseler und Andrea Korte-Böger. Siegburg 2001–2012

Simon 1988 = Simon, Dieter, Normdurchsetzung. Anmerkungen zu einem Forschungsprojekt des Max-Planck-Instituts für Europäische Rechtsgeschichte. In: Ius Commune 15 (1988), S. 201–208

Simon-Muscheid/Simon 1996 = Simon-Muscheid, Katharina und Simon, Christian, Zur Lektüre von Gerichtsquellen: Fiktionale Realität oder Alltag in Gerichtsquellen. In: Arbeit, Liebe, Streit. Texte zur Geschichte des Geschlechterverhältnisses und des Alltags, 15. bis 18. Jahrhundert, hg. von Dorothea Rippmann u. a. Liestal 1996, S. 17–39

Sonnenfels 1775/1782 = Sonnenfels, Joseph von, Über die Abschaffung der Tortur. Zürich 1775 (2. Aufl. 1782)

Spicker-Beck 1995 = Spicker-Beck, Monika, Räuber, Mordbrenner, umschweifendes Gesind. Zur Kriminalität im 16. Jahrhundert. Freiburg 1995

Spierenburg 2013 = Spierenburg, Pieter, Violence and Punishment: Civilizing the Body Through Time. Cambridge 2013

Stobbe 1864 = Stobbe, Otto, Geschichte der deutschen Rechtsquellen, Bd. 2. Braunschweig 1864

Stollberg-Rilinger 2006 = Stollberg-Rilinger, Barbara, Das Heilige Römische Reich deutscher Nation. Vom Ende des Mittelalters bis 1806. München 2006

Stolleis 1988 = Stolleis, Michael, Geschichte des öffentlichen Rechts in Deutschland, Bd. 1: Reichspublizistik und Policeywissenschaft 1600–1800. München 1988

Stolleis 2000 = Stolleis, Michael, Was bedeutet „Normdurchsetzung" bei Policeyordnungen der frühen Neuzeit?. In: Grundlagen des Rechts. Festschrift für Peter Landau zum 65. Geburtstag, hg. von Richard H. Helmholz u. a. Paderborn u. a. 2000, S. 740–757

Stolleis 2004 = Stolleis, Michael, Das Auge des Gesetzes. Geschichte einer Metapher. München 2004

Streitt/Kocher/Schiller (Hg.) 2011 = Schande, Folter, Hinrichtung. Forschungen zu Rechtsprechung und Strafvollzug in Oberösterreich, hg. von Ute Streitt, Gernot Kocher und Elisabeth Schiller. Weitra 2011

Stübinger 2000 = Stübinger, Stephan, Schuld, Strafrecht und Geschichte. Die Entstehung der Schuldzurechnung in der deutschen Strafrechtshistorie. Köln u. a. 2000

Suter 1990 = Suter, Stefan, Die Gutachten der Basler Juristenfakultät in Straffällen. Vom ausgehenden 16. bis zum Beginn des 19. Jahrhunderts. Basel/Frankfurt am Main 1990

Szidzek 2002 = Szidzek, Christian, Das frühneuzeitliche Verbot der Appellation in Strafsachen. Zum Einfluß von Rezeption und Politik auf die Zuständigkeit insbesondere des Reichskammergerichts. Köln 2002

Temme/Künzel (Hg.) 2010 = Hat Strafrecht ein Geschlecht? Zur Deutung und Bedeutung der Kategorie Geschlecht in strafrechtlichen Diskursen vom 18. Jahrhundert bis heute, hg. von Gaby Temme und Christine Künzel. Bielefeld 2010

Tengler 1510 = Tengler, Ulrich, Layenspiegel: Von rechtmässigen ordnungen in Burgerlichenn vnd Peinlichen Regimenten. Straßburg 1510

Thauer 2001 = Thauer, Jenny, Gerichtspraxis in der ländlichen Gesellschaft eine mikrohistorische Untersuchung am Beispiel eines altmärkischen Patrimonialgerichts um 1700. Berlin 2001

Theresiana 1768 = Constitutio Criminalis Theresiana oder der römisch-kaiserl. zu Hungarn und Böheim [...] königl. apost. Maiestät Mariä Theresiä Erzherzogin zu Österreich [...] peinliche Gerichtsordnung; Instruction zu Theresianisch-peinlichen Gerichtsordnung. Wien 1769

Thiel 2003 = Thiel, Sybille, Strafe und Strafverfahren in der freien Reichsstadt Memmingen in den Jahren 1551–1689. Würzburg 2003

Thome 1992 = Thome, Helmut, Gesellschaftliche Modernisierung und Kriminalität. Zum Stand der sozialhistorischen Kriminalitätsforschung. In: Zeitschrift für Soziologie 21 (1992), S. 212–228

Trusen 1984 = Trusen, Winfried, Strafprozeß und Rezeption. Zu den Entwicklungen im Spätmittelalter und den Grundlagen der Carolina. In: Landau/Schroeder (Hg.) 1984, S. 29–118

Trusen 1988 = Trusen, Winfried, Der Inquisitionsprozeß. Seine historischen Grundlagen und frühen Formen. In: Zeitschrift der Savigny-Stiftung für Rechtsgeschichte, Kanonistische Abteilung 74 (1988), S. 168–230

Ulbricht (Hg.) 1995 = Von Huren und Rabenmüttern. Weibliche Kriminalität in der Frühen Neuzeit, hg. von Otto Ulbricht. Köln u. a. 1995

Ulbricht 1996 = Ulbricht, Otto, Supplikationen als Ego-Dokumente. Bittschriften von Leibeigenen aus der ersten Hälfte des 17. Jahrhunderts als Beispiel. In: Schulze (Hg.) 1996, S. 149–174

Valentinitsch 1992 = Valentinitsch, Helfried, Fahndungs-, Gerichts- und Strafvollzugsakten als Quelle zur Alltagsgeschichte des Barockzeitalters. In: Methoden und Probleme der Alltagsforschung im Zeitalter des Barock, hg. von Othmar Pickl und Helmuth Feigl. Wien 1992, S. 69–82

Vec 2009 = Vec, Milos, Multinormativität in der Rechtsgeschichte. In: Berlin-Brandenburgische Akademie der Wissenschaften (vormals Preußische Akademie der Wissenschaften). Jahrbuch 2008. Berlin 2009, S. 155–166

Verlohner 1725 = Verlohner, Lorenz Albert, Consilia seu responsa academico-criminali, oder Rechtliche Urtheil und Bescheide uber allerhand wichtige peinliche Fälle [...]. Frankfurt 1725

Vigelius 1583 = Vigelius, Nicolaus, Constitutiones Carolinae Publicorum Iudiciorum. Basel 1583, 3. Aufl. 1603 (ND Goldbach 2000)

Vismann 2001 = Vismann, Cornelia, Medientechnik und Recht. Frankfurt am Main, 2. Aufl. 2001

Vormbaum (Hg.) 1998 = Strafrechtsdenker der Neuzeit, hg. von Thomas Vormbaum. Baden-Baden 1998

Vormbaum 2009 = Vormbaum, Thomas, Einführung in die moderne Strafrechtsgeschichte. Berlin/ Heidelberg 2009

Wächter 1786 = Wächter, Carl Eberhard, Über Zuchthäuser und Zuchthausstrafen, wie jene zweckmäßig einzurichten und diese solcher Einrichtung gemäs zu bestimmen und anzuwenden seyen?. Stuttgart 1786

Waldhoff (Hg.) 2014 = Gnade vor Recht – Gnade durch Recht?, hg. von Christian Waldhoff. Berlin 2014

Wangermann 1770 = Wangermann, Friedrich Wilhelm, Anweisung zum Inquiriren. Kassel 1770 (1796)

Weber 2000 = Weber, Matthias, „Anzeige" und „Denunciation" in der frühneuzeitlichen Policeygesetzgebung. In: Policey und frühneuzeitliche Gesellschaft, hg. von Karl Härter. Frankfurt am Main 2000, S. 583–609

Weber 2002 = Weber, Matthias, Die Reichspolizeiordnungen von 1530, 1548 und 1577. Historische Einführung und Edition. Frankfurt am Main 2002

Wehrn 1800–1807 = Wehrn, Christian Wilhelm, Theoretisch-praktisches Handbuch der Referirkunst, Bd. 1–4. Leipzig 1800–1807

Weissenbruch 1727 = Weissenbruch, Johann Benjamin, Ausführliche Relation von der Famosen Ziegeuner- Diebs- Mord- u. Rauberbande, welche den 14. u. 15. Nov. Ao. 1726 zu Giessen durch Schwerdt, Strang u. Rad resp. justificirt worden [...]. Frankfurt/Leipzig 1727

Wernicke/Hoernes 1990 = Wernicke, Steffen und Hoernes, Martin, „Umb die Unzucht, die ich handelt han [...]". Quellen zum Urfehdewesen. St. Katharinen 1990

Westphal 2008 = Westphal, Jörn Robert, Die Darstellung von Unrecht in Flugblättern der Frühen Neuzeit. Mönchengladbach 2008

Wettmann-Jungblut 1990 = Wettmann-Jungblut, Peter, „Stelen inn rechter hungersnodt". Diebstahl, Eigentumsschutz und strafrechtliche Kontrolle im vorindustriellen Baden 1600–1850. In: Dülmen (Hg.) 1990, S. 133–177

Willoweit 1996 = Willoweit, Dietmar, Vertragen, Klagen, Rügen. Reaktionen auf Konflikt und Verbrechen in ländlichen Rechtsquellen Frankens. In: Strukturen der Gesellschaft im Mittelalter. Interdisziplinäre Mediävistik in Würzburg, hg. von Dieter Rödel und Joachim Schneider. Wiesbaden 1996, S. 196–223

Willoweit (Hg.) 1999 = Die Entstehung des öffentlichen Strafrechts. Bestandsaufnahme eines europäischen Forschungsproblems, hg. von Dietmar Willoweit. Köln 1999

Willoweit 2002 = Willoweit, Dietmar, Richten nach Gnade. Beobachtungen an Hand ländlicher Quellen vom Mittelrhein und angrenzender Landschaften. In: Schlosser/Sprandel/Willoweit (Hg.) 2002, S. 189–205

Willoweit 2009 = Willoweit, Dietmar, Entdogmatisierung der mittelalterlichen Strafrechtsgeschichte. In: Rechtsgeschichte 14 (2009), S. 14–39

Wiltenburg 2012 = Wiltenburg, Joy, Crime and culture in early modern Germany. Charlottesville, NC 2012

Winkelbauer 1992 = Winkelbauer, Thomas, „Und sollen sich die Parteien gütlich miteinander vertragen". Zur Behandlung von Streitigkeiten und von „Injurien" vor den Patrimonialgerichten in Ober- und Niederösterreich in der frühen Neuzeit. In: Zeitschrift der Savigny-Stiftung für Rechtsgeschichte, Germanistische Abteilung 109 (1992), S. 129–158

Wittke 2002 = Wittke, Margarete, Gewaltdelikte im Fürstbistum Münster, 1580–1620. Täter, Opfer und Justiz. Münster 2002

Wohlverdientes Todes-Urtheil 1754 = Wohlverdientes Todes-Urtheil nebst einer Moral-Rede deß Melchior Greill, welcher [...] den 21. Aug. 1754 [...] hingerichtet worden. München 1754

Wohlverdientes Todtes-Urtheil 1750 = Wohl-verdientes Todtes-Urtheil Sambt einem Traur-Gespräch, und Abschid-Lied Des Sebastian Lintzer, Welcher dann wegen solchen rauberischen Verbrechen allhier zu München [...] hingerichtet [...] worden. München 1750

Worms 1498/99 = Der Statt Wormbs Reformation. Mit Einleitung, bibliographischen Hinweisen und Sachregister [...], hg. von Gerhard Köbler. Gießen 1985

Würgler 1999 = Würgler, Andreas, Diffamierung und Kriminalisierung von ‚Devianz' in frühneuzeitlichen Konflikten. Für einen Dialog zwischen Protestforschung und Kriminalitätsgeschichte. In: Häberlein (Hg.) 1999, S. 317–347

Würgler 2009 = Würgler, Andreas, Medien in der frühen Neuzeit. München 2009

Wüst (Hg.) 2001–2015 = Die „gute" Policey im Reichskreis. Zur frühmodernen Normensetzung in den Kernregionen des Alten Reiches, hg. von Wolfgang Wüst, Bd. 1–7. Berlin/Erlangen 2001–2015

Wüst (Hg.) 2017 = Historische Kriminalitätsforschung in landesgeschichtlicher Perspektive. Fallstudien aus Bayern und seinen Nachbarländern 1500–1800. Referate der Tagung vom 14. bis 16. Oktober 2015 in Wildbad Kreuth, hg. von Wolfgang Wüst unter Mitarbeit von Marina Heller. Erlangen 2017

Wüst/Müller (Hg.) 2011 = Reichskreise und Regionen im frühmodernen Europa – Horizonte und Grenzen im spatial turn. Tagung bei der Akademie des Bistums Mainz, Erbacher Hof, 3.– 5. September 2010, hg. von Wolfgang Wüst und Michael Müller, unter Mitarbeit von Regina Hindelang. Frankfurt am Main u. a. 2011

Zoepfl (Hg.) 1842 = Die peinliche Gerichtsordnung Kaiser Karl's V. Nebst der Bamberger und der Brandenburger Halsgerichtsordnung sämmtlich nach den ältesten Drucken und mit den Projecten der peinlichen Gerichtsordnung Kaiser Karl's V. von den Jahren 1521 und 1529 beide zum erstenmale vollständig nach Handschriften, hg. von Heinrich Zoepfl. Heidelberg 1842

Zuchthausordnung 1732 = Edict. Die Ordnung wie es bey dem Zucht-Hause zu halten […]. Hannover 1732

10 Register

Aufgenommen wurden nur im Text erwähnte Personen, die in der Frühen Neuzeit gelebt haben.

https://doi.org/10.1515/9783110379808-010